目　　　次

《目　次》

《目　次》

XI 安全対策

XII 鋼索鉄道・索道

XIII 技術開発

《目　次》

鉄軌道事業者一覧

区分		鉄道		軌道		合計
		事 業 者 名	総数	事 業 者 名	総数	
JR		・北海道旅客鉄道・東日本旅客鉄道・東海旅客鉄道・西日本旅客鉄道・四国旅客鉄道・九州旅客鉄道	6		0	6
大手民鉄		・東武鉄道・西武鉄道・京成電鉄・京王電鉄・小田急電鉄・東急電鉄・京浜急行電鉄・東京地下鉄・相模鉄道・名古屋鉄道・近畿日本鉄道・南海電気鉄道・京阪電気鉄道・阪急電鉄・阪神電気鉄道・西日本鉄道	16	・(東急電鉄)・(名古屋鉄道)・(近畿日本鉄道)・(京阪電気鉄道)	4 (4)	16
準大手		・新京成電鉄・北大阪急行電鉄・泉北高速鉄道・☆神戸高速鉄道・山陽電気鉄道	5	(北大阪急行電鉄)	1 (1)	5
公営		・仙台市・東京都・横浜市・名古屋市・京都市・神戸市・福岡市	7	・札幌市交通事業振興公社・函館市・熊本市・鹿児島市・(★札幌市)・(東京都)	6 (2)	11
普通鉄道	中小民鉄	・津軽鉄道・弘南鉄道・仙台空港鉄道・福島交通・☆福島県・長野電鉄・上田電鉄・アルピコ交通・黒部峡谷鉄道・富山地方鉄道・北陸鉄道・関東鉄道・ひたちなか海浜鉄道・上毛電気鉄道・上信電鉄・秩父鉄道・銚子電気鉄道・小湊鐵道・流鉄・北総鉄道・☆千葉ニュータウン鉄道・芝山鉄道・東葉高速鉄道・埼玉高速鉄道・首都圏新都市鉄道・東京臨海高速鉄道・江ノ島電鉄・箱根登山鉄道・伊豆箱根鉄道・横浜高速鉄道・富士山麓電気鉄道・伊豆急行・岳南電車・静岡鉄道・大井川鐵道・遠州鉄道・豊橋鉄道・名古屋臨海高速鉄道・☆中部国際空港連絡鉄道・☆上飯田連絡線・東海交通事業・三岐鉄道・四日市あすなろう鉄道・☆四日市市・伊賀鉄道・☆伊予鉄道・養老鉄道・☆養老線管理機構・福井鉄道・えちぜん鉄道・近江鉄道・嵯峨野観光鉄道・叡山電鉄・☆大阪外環状鉄道・☆大阪港トランスポートシステム・☆関西高速鉄道・☆西大阪高速鉄道・☆中之島高速鉄道・☆奈良生駒高速鉄道・和歌山電鐵・和歌山県・紀州鉄道・能勢電鉄・神戸電鉄・水島臨海鉄道・一畑電車・高松琴平電気鉄道・伊予鉄道・筑豊電気鉄道・北九州市・☆佐賀・長崎鉄道管理センター・島原鉄道・熊本電気鉄道・(万葉線)・(大阪市高速電気軌道)・(広島電鉄) (以下転換鉄道等) ・道南いさりび鉄道・☆青森県・青い森鉄道・IGRいわて銀河鉄道・三陸鉄道・由利高原鉄道・秋田内陸縦貫鉄道・山形鉄道・阿武隈急行・会津鉄道・北越急行・えちごトキめき鉄道・しなの鉄道・あいの風とやま鉄道・のと鉄道・IRいしかわ鉄道・ハピラインふくい・鹿島臨海鉄道・真岡鐵道・野岩鉄道・わたらせ渓谷鐵道・いすみ鉄道・天竜浜名湖鉄道・愛知環状鉄道・伊勢鉄道・樽見鉄道・明知鉄道・長良川鉄道・信楽高原鐵道・☆甲賀市・WILLER TRAINS・☆北近畿タンゴ鉄道・北条鉄道・井原鉄道・錦川鉄道・智頭急行・☆八頭町・☆若桜町・若桜鉄道・土佐くろしお鉄道・阿佐海岸鉄道・甘木鉄道・平成筑豊鉄道・松浦鉄道・肥薩おれんじ鉄道・南阿蘇鉄道・☆南阿蘇鉄道管理機構・くま川鉄道	128 (3)	・万葉線・京福電気鉄道・阪堺電気軌道・岡山電気軌道・広島電鉄・とさでん交通・長崎電気軌道・★富山市・宇都宮ライトレール・★宇都宮市・★芳賀町・大阪市高速電気軌道・(富山地方鉄道)・(豊橋鉄道)・(福井鉄道)・(伊予鉄道)	16 (4)	137

（令和５年７月１日現在）

区分		鉄　道		軌　道		合計
		事 業 者 名	総数	事 業 者 名	総数	
普通鉄道	貨物鉄道	・日本貨物鉄道 ・八戸臨海鉄道・岩手開発鉄道・仙台臨海鉄道・福島臨海鉄道・京葉臨海鉄道・神奈川臨海鉄道・名古屋臨海鉄道・衣浦臨海鉄道・西濃鉄道	10		0	10
モノレール （懸垂式・ 跨座式）		・湘南モノレール・舞浜リゾートライン・東京モノレール・（東京都）	4 (1)	・千葉都市モノレール・スカイレールサービス・多摩都市モノレール・大阪モノレール・北九州高速鉄道・沖縄都市モノレール	6 	9
新交通 システム （案内軌 条式）		・札幌市・埼玉新都市交通・山万・ゆりかもめ・（西武鉄道）・（大阪市高速電気軌道）・（☆大阪港トランスポートシステム）・（神戸新交通）・（広島高速交通）	9 (5)	・横浜シーサイドライン・名古屋ガイドウェイバス・愛知高速交通・神戸新交通・広島高速交通・（東京都）・（ゆりかもめ）・（大阪市高速電気軌道）	8 (3)	9
鋼索鉄道		・青函トンネル記念館・立山黒部貫光・筑波観光鉄道・高尾登山電鉄・御岳登山鉄道・大山観光電鉄・十国峠・比叡山鉄道・鞍馬寺・丹後海陸交通・六甲山観光・こうべ未来都市機構・四国ケーブル・皿倉登山鉄道・ラクテンチ・（箱根登山鉄道）・（京福電気鉄道）・（京阪電気鉄道）・（近畿日本鉄道）・（南海電気鉄道）・（能勢電鉄）・（☆北九州市）	22 (7)		0	15
無軌条 電　車		・（立山黒部貫光）	1 (1)		0	0
		鉄道事業者数合計	208 (17)	軌道事業者数合計	41 (14)	218

1. （　）内は、区分の種別が重複している事業者である。
2. ☆印は、第３種鉄道事業者である。
3. ★印は、軌道整備事業者である。
4. 転換鉄道等とは、旧国鉄特定地方交通線の経営又は計画を承継した鉄道事業者若しくは並行在来線に係る鉄道事業者をいう。
5. 普通鉄道の区分において、「公営」とは地方公営企業法に基づき鉄軌道事業を行っている事業者をいう。

輸送状況

旅客の輸送機関別輸送量の推移

分類 / 年度	輸 送 人 員 （単位：千人）									
	自動車	指数	鉄道	指数	うちJR（国鉄）	指数	旅客船	指数	航空	指数
昭和40	14,863,470	(52.3)	15,798,168	(89.8)	6,721,827	(95.4)	126,007	(74.2)	5,194	(20.4
45	24,032,433	(84.6)	16,384,034	(93.2)	6,534,477	(92.7)	173,744	(102.3)	15,460	(60.7
50	28,411,450	(100.0)	17,587,925	(100.0)	7,048,013	(100.0)	169,864	(100.0)	25,467	(100.0
55	33,515,233	(118.0)	18,044,962	(102.4)	6,824,817	(96.8)	159,751	(94.0)	40,427	(158.7
60	34,678,904	(122.1)	18,989,649	(108.0)	6,943,358	(98.5)	153,477	(90.4)	43,777	(171.9
平成2	55,767,427	(196.3)	22,029,909	(125.3)	8,357,583	(118.6)	162,600	(95.7)	65,252	(256.2
7	61,271,653	(215.7)	22,708,819	(129.1)	8,982,280	(127.4)	148,828	(87.6)	78,101	(306.7
12	62,841,306	(221.2)	21,705,687	(123.4)	8,654,436	(122.8)	110,128	(64.8)	92,873	(364.7
17	65,946,689	(232.1)	22,614,234	(128.6)	8,683,855	(123.2)	103,175	(60.8)	94,490	(371.0
22	6,241,395	-	22,732,646	(129.3)	8,827,874	(125.3)	85,047	(50.1)	82,211	(322.8
27	6,031,303	-	24,366,949	(138.5)	9,307,791	(132.1)	87,900	(51.7)	95,870	(376.4
28	6,034,928	-	24,867,235	(141.4)	9,371,891	(143.4)	87,460	(50.3)	97,201	(381.7
29	6,084,966	-	25,061,253	(142.5)	9,488,101	(134.6)	88,200	(51.9)	99,316	(390.0
30	6,036,558	-	25,345,259	(144.1)	9,556,010	(135.6)	87,622	(51.6)	103,903	(408.0
令和元	5,799,913	-	25,201,654	(143.2)	9,503,003	(134.8)	80,200	(47.2)	101,873	(400.0
2	4,000,083	-	17,698,597	(100.6)	6,704,685	(95.1)	45,295	(26.7)	33,768	(132.6
3	4,270,000	-	18,840,503	(107.1)	7,059,072	(100.2)	49,130	(30.8)	45,330	(178

旅客の輸送機関別輸送分担率の推移

分類 / 年度	輸 送 人 員 （単位：％）			
	自 動 車	鉄 道	旅 客 船	航 空
昭和40	48.3	51.3	0.4	0.0
45	59.2	40.3	0.4	0.0
50	61.5	38.1	0.4	0.1
55	64.8	34.8	0.3	0.1
60	64.4	35.3	0.3	0.1
平成2	71.6	28.1	0.2	0.1
7	72.8	26.9	0.2	0.1
12	74.2	25.6	0.1	0.1
17	74.9	24.9	0.1	0.1
22	21.2	78.3	0.3	0.3
27	19.7	79.7	0.3	0.3
28	20.4	79.0	0.3	0.3
29	19.4	80.0	0.3	0.3
30	19.1	80.3	0.3	0.3
令和元	18.6	80.8	0.3	0.3
2	18.4	81.3	0.2	0.2
3	18.4	81.2	0.2	0.2

(注) 1. 自動車の輸送人員及び輸送人キロは、昭和62年度より軽自動車及び自家用貨物車を加えたので、各項目の合計は、昭和61年度以前と連続しない。平成22年度より、自家用乗用車、軽自動車の調査を除外し、営業用自動車のみの数値のため、21年度以前の数値とは連続しない。
2. 鉄道の輸送人員は、平成2年度以前の数値とは連続性を持たない。
3. 旅客船の輸送量については昭和45年度までは定期のみ、昭和50年度からは定期と不定期をあわせたものである。
なお、昭和40年度までの輸送人キロは、輸送人員に27キロメートル（1人平均輸送キロ）を乗じて推計した。

輸 送 人 キ ロ (単位:百万人キロ)									
自動車	指数	鉄道	指数	うちJR(国鉄)	指数	旅客船	指数	航空	指数
120,756	(33.5)	255,484	(78.9)	174,014	(80.8)	3,402	(49.3)	2,952	(15.4)
284,229	(78.8)	288,815	(89.2)	189,726	(88.1)	4,814	(69.8)	9,319	(48.7)
360,868	(100.0)	323,800	(100.0)	215,289	(100.0)	6,895	(100.0)	19,148	(100.0)
431,669	(119.6)	314,542	(97.1)	193,143	(89.7)	6,132	(88.9)	29,688	(155.0)
489,260	(135.6)	330,101	(101.9)	197,463	(91.7)	5,752	(83.4)	33,119	(173.0)
853,060	(236.4)	387,478	(119.7)	237,644	(110.4)	6,275	(91.0)	51,623	(269.6)
917,419	(254.2)	400,084	(123.6)	248,998	(115.7)	5,527	(80.2)	65,012	(339.5)
951,253	(263.7)	384,287	(118.7)	240,659	(111.8)	4,304	(62.4)	79,698	(416.2)
933,006	(258.5)	391,215	(120.8)	245,955	(114.2)	4,025	(58.4)	83,220	(434.6)
77,677	–	393,431	(121.5)	244,593	(113.6)	3,004	(43.6)	73,750	(385.2)
71,443	–	427,464	(132.0)	269,385	(125.1)	3,138	(45.5)	87,913	(459.1)
70,119	–	429,038	(148.6)	270,607	(142.6)	3,275	(47.5)	88,751	(463.5)
69,815	–	437,476	(135.1)	275,127	(127.8)	3,191	(46.3)	93,088	(486.1)
70,100	–	441,774	(136.4)	277,675	(129.0)	3,364	(48.8)	96,171	(502.2)
65,556	–	435,049	(134.3)	271,927	(126.3)	3,076	(44.6)	94,489	(493.4)
25,593	–	263,095	(81.3)	151,947	(70.6)	1,523	(22.1)	31,543	(164.7)
30,189	–	290,176	(89.6)	170,037	(79)	1,847	(26.8)	41,186	(215.1)

輸 送 人 キ ロ (単位:%)			
自 動 車	鉄 道	旅 客 船	航 空
31.6	66.8	0.9	0.8
48.4	49.2	0.8	1.6
50.8	45.6	1.0	2.7
55.2	40.2	0.8	3.8
57.0	38.5	0.7	3.9
65.7	29.8	0.5	4.0
66.1	28.8	0.4	4.7
67.0	27.1	0.3	5.6
66.1	27.7	0.3	5.9
14.2	71.8	0.5	13.5
12.1	72.5	0.5	14.9
12.6	72.8	0.6	14.0
11.6	72.5	0.5	15.4
11.5	72.3	0.5	15.7
11.0	72.7	0.5	15.8
8.0	81.8	0.5	9.8
8.3	79.9	0.5	11.3

4. 指数は昭和50年度を100としたものである。
5. 交通関連統計資料集・自動車輸送統計調査・鉄道統計年報・旅客輸送実績(国土交通省海事局作成)・数字
　で見る海事・航空輸送統計調査による。
6. 端数処理してあるため、合計が合わない場合がある。
7. 東日本大震災の影響のため、自動車の22年度及び23年度の数値には、北海道運輸局及び東北運輸局管内
　の23年3月及び4月の数値を含まない。

旅客の公共輸送機関別分担率(令和3年度)

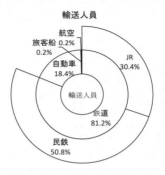

輸送人員

航空 0.2%
旅客船 0.2%
自動車 18.4%
JR 30.4%
輸送人員
鉄道 81.2%
民鉄 50.8%

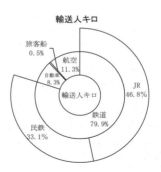

輸送人キロ

旅客船 0.5%
航空 11.3%
自動車 8.3%
JR 46.8%
輸送人キロ
鉄道 79.9%
民鉄 33.1%

(注)　自動車輸送統計調査・鉄道統計年報・旅客輸送実績(国土交通省海事局作成)
　　　航空輸送統計調査による。
(注)　四捨五入により合計が100%にならない場合がある。

旅客輸送量の推移
輸送人員

単位:百万人(%)

区分／年度	JR(国鉄)	大手民鉄	交通営団	地方交通	公　営	合　計
昭和40	6,721 (95.4)	5,168 (81.3)	696 (81.3)	1,042 (93.7)	2,171 (135.3)	15,797 (89.8)
45	6,534 (92.7)	5,983 (74.1)	1,148 (74.1)	1,128 (101.4)	1,591 (99.1)	16,384 (93.2)
50	7,048 (100.0)	6,361 (100.0)	1,462 (100.0)	1,112 (100.0)	1,605 (100.0)	17,588 (100.0)
55	6,824 (96.8)	6,629 (104.2)	1,603 (104.2)	1,151 (103.5)	1,797 (112.0)	18,004 (102.4)
60	6,941 (98.5)	6,885 (108.2)	1,866 (108.2)	1,177 (105.8)	2,120 (132.1)	18,989 (108.0)
平成2	8,356 (118.5)	7,835 (123.2)	2,137 (123.2)	1,055 (94.9)	2,646 (164.9)	22,028 (125.3)
7	8,982 (127.4)	7,766 (122.1)	2,090 (122.1)	1,108 (98.9)	2,761 (172.0)	22,709 (129.1)
12	8,654 (122.8)	7,153 (112.4)	2,042 (112.4)	1,161 (104.4)	2,696 (168.0)	21,706 (123.4)
17	8,683 (123.2)	9,130 (143.5)	–	1,325 (119.2)	2,903 (180.9)	22,042 (126.6)
22	8,828 (125.3)	9,413 (148.0)	–	1,431 (128.7)	3,061 (190.7)	22,733 (129.3)
27	9,308 (132.1)	10,091 (158.6)	–	1,600 (143.9)	3,368 (209.8)	24,367 (138.5)
28	9,372 (133.0)	10,443 (164.2)	–	1,621 (145.8)	3,431 (213.8)	24,867 (141.4)
29	9,488 (134.6)	10,386 (163.2)	–	1,655 (148.8)	3,352 (208.8)	25,061 (142.4)
30	9,556 (135.6)	10,505 (165.1)	–	1,685 (151.4)	3,599 (224.2)	25,345 (144.1)
令和元	9,503 (134.8)	10,466 (164.5)	–	1,682 (151.2)	3,549 (221.1)	25,201 (143.2)
2	6,705 (95.1)	7,325 (115.2)	–	1,165 (104.8)	2,504 (156.0)	17,699 (100.6)
3	7,059 (100.2)	7,855 (123.5)	–	1,266 (113.8)	2,660 (165.7)	18,840 (107.1)

輸送人キロ

単位:億人キロ(%)

区分／年度	JR(国鉄)	大手民鉄	交通営団	地方交通	公　営	合　計
昭和40	1,740 (80.8)	604 (73.1)	45 (42.9)	76 (92.7)	88 (120.5)	2,554 (78.9)
45	1,897 (88.1)	758 (91.8)	85 (81.0)	84 (102.4)	61 (83.6)	2,888 (89.2)
50	2,153 (100.0)	826 (100.0)	105 (100.0)	82 (100.0)	73 (100.0)	3,238 (100.0)
55	1,931 (89.7)	916 (110.9)	117 (111.4)	88 (107.3)	93 (127.4)	3,145 (97.1)
60	1,975 (91.7)	975 (118.0)	140 (133.3)	93 (113.4)	118 (161.6)	3,301 (101.9)
平成2	2,376 (110.4)	1,105 (133.8)	160 (152.4)	81 (98.8)	153 (209.6)	3,875 (119.7)
7	2,490 (115.7)	1,099 (133.1)	158 (150.4)	87 (106.1)	167 (228.8)	4,001 (123.6)
12	2,407 (111.8)	1,017 (123.1)	158 (150.5)	92 (112.2)	169 (231.5)	3,843 (118.7)
17	2,460 (114.3)	1,163 (140.8)	–	106 (129.3)	184 (252.1)	3,912 (121.6)
22	2,446 (113.6)	1,174 (142.1)	–	121 (147.6)	192 (263.0)	3,934 (121.5)
27	2,694 (125.1)	1,238 (149.9)	–	133 (162.2)	210 (287.7)	4,275 (132.0)
28	2,706 (125.7)	1,249 (151.2)	–	135 (164.6)	214 (293.2)	4,304 (132.9)
29	2,751 (127.8)	1,266 (153.3)	–	139 (169.5)	219 (300.0)	4,375 (135.1)
30	2,777 (129.0)	1,276 (154.5)	–	140 (170.7)	224 (306.8)	4,418 (136.4)
令和元	2,719 (126.2)	1,268 (153.5)	–	139 (169.5)	224 (306.8)	4,350 (134.3)
2	1,519 (70.6)	858 (103.9)	–	95 (115.9)	159 (217.8)	2,631 (81.3)
3	1,700 (79)	929 (112.5)	–	102 (124.4)	170 (232.9)	2,901 (89.6)

注)1. 鉄道統計年報による。　2. ( )内は昭和50年度を100とした指数である。
　3. 平成16年度以降の大手民鉄には、東京地下鉄(旧:交通営団)を含む。
　4. 地方交通には、準大手、モノレール、新交通システム、鋼索鉄道及び無軌条電車を含む。
　5. 端数処理をしているため、合計が合わない場合がある。
　6. 公営については、平成30年度以降には大阪市高速電気軌道、令和2年度以降には
　　札幌市交通事業振興公社を含む。

貨物の輸送機関別輸送量の推移

分類／年度	輸送トン数（単位：千トン）									
	自動車	指数	鉄道	指数	うちJR（国鉄）	指数	内航海運	指数	航空	指数
昭和40	2,193,195	(49.9)	243,524	(134.8)	191,060	(138.6)	179,645	(39.7)	33	(17.2)
45	4,626,069	(105.3)	250,360	(138.6)	193,106	(140.1)	376,647	(83.3)	116	(60.4)
50	4,392,859	(100.0)	180,616	(100.0)	137,879	(100.0)	452,054	(100.0)	192	(100.0)
55	5,317,950	(121.1)	162,827	(90.2)	117,896	(85.5)	500,258	(110.7)	329	(171.4)
60	5,048,048	(114.9)	96,285	(53.3)	65,497	(47.5)	452,385	(100.1)	538	(280.2)
平成2	6,113,565	(139.2)	86,619	(48.0)	58,400	(42.4)	575,199	(127.2)	874	(455.2)
7	6,016,571	(137.0)	76,932	(42.6)	51,456	(37.3)	548,542	(121.3)	960	(500.0)
12	5,773,619	(131.4)	59,274	(32.8)	39,620	(28.7)	537,021	(118.8)	1,103	(574.5)
17	4,965,874	(113.0)	52,473	(29.1)	36,864	(26.7)	426,145	(94.3)	1,082	(563.5)
22	4,270,375	（ － ）	43,647	(24.2)	30,790	(22.3)	366,734	(81.1)	1,004	(522.9)
27	4,094,030	(93.2)	43,210	(23.9)	30,565	(22.2)	365,486	(80.9)	1,014	(528.1)
令和元	4,117,399	(93.7)	42,660	(23.6)	29,323	(21.3)	341,450	(75.5)	871	(453.6)
2	3,786,998	(86.2)	39,124	(21.7)	26,773	(19.4)	306,076	(67.7)	490	(255.2)
3	3,888,397	(88.5)	38,912	(21.5)	26,437	(19.2)	324,659	(71.8)	557	(290.1)

貨物の輸送機関別輸送分担率の推移

分類／年度	輸送トン数（単位：%）			
	自動車	鉄道	内航海運	航空
昭和40	83.8	9.3	6.9	0.0
45	88.1	4.8	7.2	0.0
50	87.4	3.6	9.0	0.0
55	88.9	2.7	8.4	0.0
60	90.2	1.7	8.1	0.0
平成2	90.2	1.3	8.5	0.0
7	90.6	1.2	8.3	0.0
12	90.6	0.9	8.4	0.0
17	91.2	1.0	7.8	0.0
22	91.2	0.9	7.8	0.0
27	90.9	1.0	8.1	0.0
令和元	91.4	0.9	7.6	0.0
2	91.6	0.9	7.4	0.0
3	91.4	0.9	7.6	0.0

(注) 1. 自動車輸送統計年報、内航船舶輸送統計年報、航空輸送統計年報、鉄道輸送統計年報及
　　 びJR貨物資料（平成23年度以降）による。
　 2. 自動車については、調査方法及び集計方法が令和2年度より変更されたことから、時系列上の
　　 連続性を担保するため接続係数により平成22年度〜令和元年度の数値は旧統計数値を遡及
　　 改訂のうえ算出している。22年度より前の年度について、旧統計数値を用いているため連続性を
　　 持たない。また、22年度の自動車の数値は、東日本大震災による影響のため北海道運輸局及び
　　 東北運輸局管内の3月分の数値を含んでいない。

自動車	指数	鉄道	指数	うちJR(国鉄)	指数	内航海運	指数	航空	指数
48,392	(37.3)	56,678	(120.4)	55,788	(120.5)	80,635	(43.9)	21	(13.8)
135,916	(104.8)	63,031	(133.9)	62,043	(134.0)	151,243	(82.4)	74	(48.7)
129,701	(100.0)	47,058	(100.0)	46,288	(100.0)	183,579	(100.0)	152	(100.0)
178,901	(137.9)	37,428	(79.5)	36,688	(79.3)	222,173	(121.0)	290	(190.8)
205,941	(158.8)	21,919	(46.6)	21,410	(46.3)	205,818	(112.1)	482	(317.1)
274,244	(211.4)	27,196	(57.8)	26,728	(57.7)	244,546	(133.2)	799	(525.7)
294,648	(227.2)	25,101	(53.3)	24,702	(53.4)	238,330	(129.8)	924	(607.9)
313,118	(241.4)	22,136	(47.0)	21,855	(47.2)	241,671	(131.6)	1,075	(707.2)
334,979	(258.3)	22,813	(48.5)	22,601	(48.8)	211,576	(115.3)	1,075	(707.2)
286,538	(－)	20,398	(43.3)	20,228	(43.7)	179,898	(98.0)	1,032	(678.9)
240,195	(185.2)	21,519	(45.7)	21,212	(45.8)	180,381	(98.3)	1,056	(694.7)
251,471	(190.7)	19,993	(42.5)	19,669	(42.5)	169,680	(92.4)	925	(608.6)
213,419	(164.5)	18,340	(39.0)	18,045	(39.0)	153,824	(83.8)	528	(347.4)
224,095	(172.8)	18,042	(38.3)	17,716	(38.3)	161,795	(88.1)	609	(400.7)

輸 送 ト ン キ ロ (単位：百万トンキロ)

自　動　車	鉄　　道	内航海運	航　　空
26.1	30.5	43.4	0.0
38.8	18.0	43.2	0.0
36.0	13.1	50.9	0.0
40.8	8.5	50.6	0.1
47.4	5.0	47.4	0.1
50.2	5.0	44.7	0.1
52.7	4.5	42.6	0.2
54.2	3.8	41.8	0.2
58.7	4.0	37.1	0.2
58.7	4.2	36.9	0.2
54.2	4.9	40.7	0.2
56.9	4.5	38.4	0.2
55.3	4.7	39.8	0.1
55.4	4.5	40.0	0.2

輸 送 ト ン キ ロ (単位：%)

3. 指数は昭和50年度を100としたものである。なお、平成22年度の数値は北海道運輸局及び東北運輸局管内の3月分の数値を含んでいないため、同年度の指数は省略している。

4. 鉄道は有賃のみを計上している。

貨物主要物資別輸送量の推移（車扱）(単位：千トン)

区分 年度	農産品	原材料	工業製品	その他	合計
昭和40	10,479 [8,837]	87,037 [58,896]	62,832 [50,360]	10,166 [－]	250,525 [198,104]
45	9,166 [7,970]	74,850 [43,243]	82,392 [67,502]	9,618 [－]	247,099 [189,788]
50	6,953 [4,845]	67,529 [34,338]	56,063 [55,433]	39,839 [34,961]	172,316 [129,577]
55	5,556 [3,517]	53,374 [27,223]	64,628 [51,898]	32,851 [29,026]	156,409 [111,664]
60	1,494 [755]	32,617 [13,561]	36,381 [27,659]	16,222 [14,393]	86,714 [56,368]
平成2	1,196 [821]	20,360 [7,702]	42,855 [29,309]	985 [407]	65,396 [38,239]
7	655 [351]	17,274 [5,808]	36,219 [24,512]	569 [215]	54,718 [30,886]
12	19 [1]	12,414 [2,637]	24,138 [16,201]	340 [137]	36,912 [18,976]
17	0 [0]	10,218 [1,210]	20,494 [13,188]	853 [139]	31,566 [14,536]
22	0 [0]	7,136 [1,061]	13,115 [9,163]	249 [120]	20,500 [10,344]
27	0 [0]	6,970 [951]	11,410 [7,571]	250 [138]	18,630 [8,660]
令和元	0 [0]	6,932 [886]	12,116 [7,749]	288 [138]	19,337 [8,774]
2	0 [0]	6,160 [707]	11,602 [7,345]	253 [99]	18,016 [8,152]
3	0 [0]	6,381 [710]	11,548 [7,322]	261 [126]	18,190 [8,159]

(注) 1. []内はJR（国鉄）の数字である。
　　2. 昭和60年度までは、民鉄分は民鉄統計年報・陸運統計要覧、JR分については日本貨物鉄道(株)の資料による。
　　3. 昭和60年度までのJR分については、国鉄分の数字で有賃・無賃の合計値であり、合計は端数処理等の関係で合わない場合がある。また、混載車扱貨物、無賃扱貨物、事業用貨物等はその他に含む。
　　4. 平成2年度以降のJR分・民鉄分については、鉄道統計年報による。また、JR分の数字には無賃扱いのものは含まないこと等から、昭和60年度までの数字と連続性がない。
　　5. 端数処理のため、合計は合わない場合がある。

貨物の輸送分野別輸送量（令和3年度）

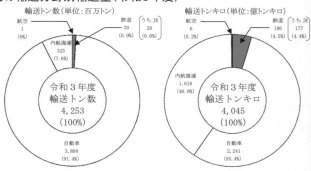

輸送トン数(単位：百万トン)

航空 1 (0%)　鉄道 39 (0.9%)　うちJR 26 (0.6%)　内航海運 325 (7.6%)　自動車 3,888 (91.4%)　令和3年度 輸送トン数 4,253 (100%)

輸送トンキロ(単位：億トンキロ)

航空 6 (0.2%)　鉄道 180 (4.5%)　うちJR 177 (4.4%)　内航海運 1,618 (40.0%)　自動車 2,241 (55.4%)　令和3年度 輸送トンキロ 4,045 (100%)

(注) 自動車輸送統計年報、内航船舶輸送統計年報、航空輸送統計年報、鉄道輸送統計年報を元に作成。

車扱・コンテナ別輸送量の推移

表1　輸送トン数

(単位：千トン)

区分 年度	JR 貨物(国鉄)			民　鉄			合　計		
	車扱	コンテナ	計	車扱	コンテナ	計	車扱	コンテナ	計
昭和40	188,045	3,015	191,060	52,311	152	52,463	240,356	3,167	243,523
45	184,141	8,965	193,106	57,167	86	57,254	241,308	9,051	250,360
50	125,765	12,114	137,879	42,553	184	42,737	168,318	12,298	180,616
55	107,941	9,955	117,896	44,745	187	44,931	152,686	10,142	162,827
60	53,313	12,184	65,497	30,346	443	30,788	83,659	12,627	96,285
平成 2	38,239	20,161	58,400	27,198	1,021	28,219	65,437	21,182	86,619
7	30,886	20,570	51,456	23,914	1,563	25,476	54,800	22,133	76,932
12	18,976	20,644	39,620	17,465	2,189	19,654	36,441	22,834	59,274
17	14,536	22,328	36,864	12,774	2,836	15,610	27,310	25,164	52,473
22	10,344	20,446	30,790	10,158	2,699	12,857	20,502	23,145	43,647
27	8,487	22,078	30,565	9,967	2,678	12,645	18,454	24,756	43,210
令和元	8,607	20,716	29,323	10,547	2,790	13,337	19,154	23,506	42,660
2	7,986	18,787	26,773	9,864	2,486	12,350	17,850	21,273	39,124
3	7,997	18,440	26,437	10,096	2,379	12,475	18,093	20,819	38,912

(注)　1．有賃のみ。
　　　2．昭和45年以前のコンテナには小口扱いを含む。
　　　3．交通関連統計資料集、鉄道輸送統計年報及びJR貨物資料による。
　　　4．端数処理のため、合計は合わない場合がある。

表2　輸送トンキロ

(単位：百万トンキロ)

区分 年度	JR 貨物(国鉄)			民　鉄	合　計
	車扱	コンテナ	計		
昭和40	54,198	1,590	55,788	890	56,678
45	55,695	6,348	62,043	988	63,031
50	36,910	9,378	46,288	770	47,058
55	28,491	8,197	36,688	740	37,428
60	10,691	10,720	21,410	510	21,919
平成 2	8,231	18,497	26,728	468	27,196
7	5,481	19,221	24,702	399	25,101
12	3,341	18,515	21,855	281	22,136
17	2,654	19,947	22,601	211	22,813
22	1,774	18,454	20,228	171	20,398
27	1,284	19,927	21,212	308	21,519
令和元	1,312	18,357	19,669	323	19,993
2	1,229	16,816	18,045	295	18,340
3	1,226	16,490	17,716	326	18,042

(注)　1．有賃のみ。
　　　2．昭和45年以前のコンテナには小口扱いを含む。
　　　3．交通関連統計資料集、鉄道輸送統計年報及びJR貨物決算による。
　　　4．端数処理のため、合計は合わない場合がある。

輸送状況

外国の輸送機関別輸送量の推移
（旅客－輸送人キロ）

国名	項目	年度	2000 (H12)		2005 (H17)		2010 (H22)		2015 (H27)	
日	J	R	2,407	(20)	2,460	(21)	2,446	(45)	2,694	(46)
	民	鉄	1,438	(12)	1,452	(12)	1,489	(27)	1,581	(27)
	バ	ス	873	(7)	881	(8)	700	(13)	649	(11)
	乗 用	車	6,430	(54)	5,991	(51)	77	(1)	65	(1)
	国 内 旅 客	船	43	(-)	40	(-)	30	(1)	31	(1)
本	国 内 航	空	797	(7)	832	(7)	738	(13)	883	(15)
		計	11,988	(100)	11,656	(100)	5,480	(100)	5,903	(100)
イ	鉄	道	465	(6)	520	(7)	647	(8)	780	(10)
ギ	道	路	6,941	(93)	7,171	(92)	6,987	(90)	7,115	(89)
リ	航	空	76	(1)	99	(1)	78	(1)	87	(1)
ス		計	7,483	(100)	7,790	(100)	7,769	(100)	7,982	(100)
ド	鉄	道	754	(7)	768	(7)	839	(8)	917	(8)
イ	公共道路交通		773	(7)	825	(8)	781	(7)	818	(7)
ツ	乗 用	車	8,496	(81)	8,757	(81)	9,024	(81)	9,457	(80)
	航	空	427	(4)	526	(5)	528	(5)	615	(5)
		計	10,450	(100)	10,876	(100)	11,172	(100)	11,808	(100)
フ	鉄	道	823	(10)	909	(10)	1,022	(12)	1,048	(11)
ラ	道	路	7,471	(88)	7,673	(88)	7,640	(87)	8,512	(88)
ン	航	空	151	(2)	129	(1)	127	(1)	143	(1)
ス		計	8,445	(100)	8,711	(100)	8,789	(100)	9,704	(100)
ア	鉄	道	488	(1)	501	(1)	578	(1)	633	(1)
メ	バ	ス	2,275	(4)	2,054	(4)	4,351	(6)	5,198	(7)
リ	乗 用	車	40,949	(79)	43,441	(79)	55,200	(80)	58,393	(78)
カ	航	空	8,054	(16)	9,219	(17)	8,927	(13)	10,174	(14)
		計	51,766	(100)	55,215	(100)	69,056	(100)	74,398	(100)

資料：日本は「交通経済統計要覧2021（令和3）年度版」、イギリスは「Transport Statistics
Great Britain 2022」、ドイツは「Verkehr in Zahlen 2022/2023」、フランスは「Comptes
des transports en 2021」および「Bilan annuel des transports en 2021」、アメリカは
「National Transportation Statistics」からの数値。
日本、イギリス（鉄道のみ）は4月1日～3月31日。イギリス（鉄道以外）、ドイツ、フランス、
アメリカは1月1日～12月31日。

(単位：億人キロ、%)

2016 (H28)		2017 (H29)		2018 (H30)		2019 (R1)		2020 (R2)	
2,720	(46)	2,751	(45)	2,777	(45)	2,719	(45)	1,521	(47)
1,598	(27)	1,622	(27)	1,639	(27)	1,631	(27)	1,111	(35)
637	(11)	635	(10)	641	(10)	601	(10)	225	(7)
64	(1)	63	(1)	60	(1)	55	(1)	30	(1)
33	(1)	32	(1)	34	(1)	31	(1)	15	(-)
907	(15)	945	(16)	963	(16)	946	(16)	316	(10)
5,959	(100)	6,048	(100)	6,114	(100)	5,983	(100)	3,218	(100)
798	(10)	807	(10)	818	(10)	804	(10)	157	(3)
7,183	(89)	7,274	(89)	7,330	(85)	7,410	(89)	5,310	(97)
81	(1)	92	(1)	94	(1)	92	(1)	23	(-)
8,062	(100)	8,173	(100)	8,585	(100)	8,306	(100)	5,490	(100)
942	(8)	955	(8)	982	(8)	1,020	(9)	588	(6)
814	(7)	797	(7)	801	(7)	789	(7)	457	(5)
9,652	(80)	9,124	(79)	9,133	(79)	9,174	(78)	7,987	(87)
640	(5)	675	(6)	704	(6)	718	(6)	187	(2)
12,048	(100)	11,551	(100)	11,620	(100)	11,702	(100)	9,220	(100)
1,042	(11)	1,106	(11)	1,080	(11)	1,124	(11)	649	(8)
8,650	(88)	8,730	(87)	8,718	(88)	8,679	(87)	7,181	(91)
148	(2)	154	(2)	159	(2)	162	(2)	72	(1)
9,841	(100)	9,990	(100)	9,957	(100)	9,965	(100)	7,902	(100)
637	(1)	633	(1)	623	(1)	634	(1)	327	(1)
5,233	(7)	5,552	(7)	5,929	(8)	5,823	(7)	4,915	(8)
59,542	(78)	59,705	(78)	60,022	(77)	60,606	(77)	51,903	(84)
10,645	(14)	11,032	(14)	11,626	(15)	12,142	(15)	4,896	(8)
76,057	(100)	76,922	(100)	78,200	(100)	79,205	(100)	62,041	(100)

(注) 1) 日本のバス及び乗用車は、2010年度より調査方法が変更となった為、2009年度以前とは連続しない。また、2010年度の数値には、2011年3月の北海道及び東北6県の数値(営業用バスを除く)を含まない。
2) 日本の乗用車には軽自動車等は含まない。
3) （ ）内はシェアを示す。
4) 四捨五入による端数処理をしているため合計が一致しないところがある。

輸送状況

（貨物－輸送トンキロ）

国名	項目	2000 (H12)		2005 (H17)		2010 (H22)		2015 (H27)	
日本	J　　　　R	219	(4)	226	(4)	202	(5)	215	(5)
	民　　　鉄	3	(-)	2	(-)	2	(-)		
	自　動　車	3,110	(54)	3,329	(59)	2,432	(55)	2,043	(50)
	内　航　海　運	2,417	(42)	2,116	(37)	1,799	(40)	1,804	(44)
	国　内　航　空	11	(-)	11	(-)	10	(-)	11	(-)
	計	5,760	(100)	5,684	(100)	4,445	(100)	4,073	(100)
イギリス	鉄　　　道	181	(7)	217	(9)	192	(9)	178	(9)
	道　　　路	1,505	(61)	1,526	(62)	1,389	(66)	1,433	(75)
	沿　岸　船　舶	670	(27)	609	(25)	419	(20)	314	(16)
	パイプライン	110	(5)	110	(4)	100	(5)	–	
	計	2,466	(100)	2,461	(100)	2,100	(100)	1,925	(100)
ドイツ	鉄　　　道	827	(16)	954	(16)	1,073	(17)	1,210	(18)
	道　　　路	3,463	(68)	4,027	(69)	4,406	(70)	4,646	(70)
	内　航　水　路	665	(13)	641	(11)	623	(10)	553	(8)
	航　　　空	8	(-)	10	(-)	14	(-)	15	(-)
	パイプライン	150	(3)	167	(3)	163	(3)	177	(3)
	計	5,113	(100)	5,800	(100)	6,279	(100)	6,601	(100)
フランス	鉄　　　道	577	(16)	407	(11)	300	(8)	363	(11)
	道　　　路	2,768	(76)	3,148	(82)	3,011	(84)	2,819	(84)
	内　陸　水　路	73	(2)	79	(2)	81	(2)	75	(2)
	パイプライン	217	(6)	209	(5)	176	(5)	114	(3)
	計	3,635	(100)	3,842	(100)	3,567	(100)	3,372	(100)
アメリカ	鉄　　　道	23,592	(29)	27,301	(32)	27,214	(34)	27,975	(34)
	ト　ラ　ッ　ク	31,722	(39)	35,568	(41)	29,463	(37)	31,961	(39)
	内　陸　水　路	10,393	(13)	9,518	(11)	8,083	(10)	7,894	(10)
	航　　　空	241	(-)	253	(-)	202	(-)	212	(-)
	パイプライン	15,576	(19)	13,932	(16)	15,385	(19)	14,204	(17)
	計	81,524	(100)	86,572	(100)	80,348	(100)	82,246	(100)

資料: 日本は「交通経済統計要覧2021(令和3)年度版」、イギリスは「Transport Statistics
　　　Great Britain 2022」、ドイツは「Verkehr in Zahlen 2022/2023」、フランスは「Comptes des
　　　transports en 2021」および「Bilan annuel des transports en 2021」、アメリカは「National
　　　Transportation Statistics」からの数値。
　　　日本、イギリス(鉄道のみ)は4月1日～3月31日。イギリス(鉄道以外)、ドイツ、フランス、
　　　アメリカは1月1日～12月31日。

（単位：億トンキロ、%）

2016 (H28)		2017(H29)		2018(H30)		2019(R1)		2020(R2)	
213	(5)	217	(5)	194	(5)	200	(5)	183	(5)
2,103	(51)	2,108	(51)	2,105	(51)	2,138	(53)	2,134	(55)
1,804	(44)	1,809	(44)	1,791	(44)	1,697	(42)	1,538	(40)
11	(-)	11	(-)	10	(-)	9	(-)	6	(-)
4,131	(100)	4,145	(100)	4,100	(100)	4,044	(100)	3,861	(100)
172	(9)	170	(9)	174	(9)	166	(9)	152	(9)
1,485	(76)	1,470	(78)	1,522	(78)	1,538	(78)	1,364	(77)
304	(15)	249	(13)	243	(13)	254	(13)	250	(14)
–	–	–	–	–	–	–	–	–	–
1,961	(100)	1,890	(100)	1,939	(100)	1,958	(100)	1,766	(100)
1,289	(19)	1,312	(19)	1,300	(19)	1,292	(19)	1,198	(18)
4,734	(70)	4,860	(70)	4,972	(72)	4,986	(71)	4,874	(73)
543	(8)	555	(8)	469	(7)	509	(7)	463	(7)
15	(-)	16	(-)	16	(-)	16	(-)	15	(-)
188	(3)	182	(3)	172	(2)	176	(3)	167	(2)
6,770	(100)	6,926	(100)	6,930	(100)	6,980	(100)	6,717	(100)
347	(10)	357	(10)	342	(9)	339	(10)	313	(9)
2,890	(85)	3,083	(85)	3,173	(86)	2,968	(85)	2,870	(86)
68	(2)	67	(2)	67	(2)	74	(2)	65	(2)
114	(3)	120	(3)	124	(3)	122	(3)	95	(3)
3,419	(100)	3,626	(100)	3,706	(100)	3,503	(100)	3,343	(100)
25,515	(32)	26,953	(31)	27,836	(31)	25,983	(30)	23,172	(27)
33,167	(41)	38,078	(44)	37,686	(42)	38,109	(44)	39,055	(46)
7,689	(10)	7,870	(9)	7,915	(9)	7,345	(8)	7,068	(8)
221	(-)	244	(-)	257	(-)	264	(-)	302	(-)
13,997	(17)	14,208	(16)	15,008	(17)	15,532	(18)	14,908	(18)
80,589	(100)	87,353	(100)	88,702	(100)	87,233	(100)	84,505	(100)

(注)1) 日本の鉄道は2011年度以降、JR、民鉄を区別せず、鉄道貨物としての数値を記載している。
   2) 日本の自動車は、2010年度より調査方法が変更となった為、2009年度以前とは連続しない。また、2010年度の数値には、東日本大震災の影響により、北海道及び東北運輸局管内の2011年3月分の数値を含まない。
   3) （ ）内はシェアを示す。
   4) 四捨五入による端数処理をしているため合計が一致しないところがある。

新幹線のあらまし

（単位km）

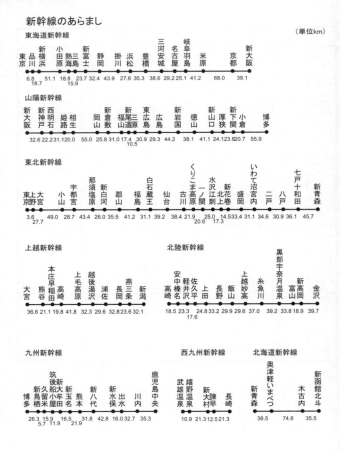

東海道新幹線

東京 — 品川 — 新横浜 — 小田原 — 熱海 — 三島 — 新富士 — 静岡 — 掛川 — 浜松 — 豊橋 — 三河安城 — 名古屋 — 岐阜羽島 — 米原 — 京都 — 新大阪

6.8　18.7　51.1　18.8　15.9　23.7　32.4　43.9　27.6　35.3　38.6　29.2　25.1　41.2　68.0　39.1

山陽新幹線

新大阪 — 新神戸 — 西明石 — 姫路 — 相生 — 岡山 — 倉敷 — 新倉敷 — 福山 — 三原 — 東広島 — 広島 — 新岩国 — 徳山 — 新山口 — 厚狭 — 新下関 — 小倉 — 博多

32.6　22.2　31.1　20.0　55.0　25.8　31.0　17.4　10.5　30.9　29.3　44.2　38.1　41.1　24.1　23.8　20.7　55.9

東北新幹線

東京 — 上野 — 大宮 — 小山 — 宇都宮 — 那須塩原 — 新白河 — 郡山 — 福島 — 白石蔵王 — 仙台 — 古川 — くりこま高原 — 一ノ関 — 水沢江刺 — 北上 — 新花巻 — 盛岡 — いわて沼宮内 — 二戸 — 八戸 — 七戸十和田 — 新青森

3.6　27.7　49.0　28.7　43.4　26.0　35.5　41.2　31.1　39.2　38.4　21.9　20.6　17.3　25.0　14.5　33.4　53.4　31.1　34.6　30.9　36.1　45.7

上越新幹線

大宮 — 熊谷 — 本庄早稲田 — 高崎 — 上毛高原 — 越後湯沢 — 浦佐 — 長岡 — 燕三条 — 新潟

36.6　21.1　19.8　41.8　32.3　29.6　32.8　23.6　32.1

北陸新幹線

高崎 — 安中榛名 — 軽井沢 — 佐久平 — 上田 — 長野 — 飯山 — 上越妙高 — 糸魚川 — 黒部宇奈月温泉 — 富山 — 新高岡 — 金沢

18.5　23.3　17.6　24.8　33.2　29.9　29.6　37.0　39.2　18.9　39.7

九州新幹線

博多 — 新鳥栖 — 久留米 — 筑後船小屋 — 新大牟田 — 新玉名 — 熊本 — 新八代 — 新水俣 — 出水 — 川内 — 鹿児島中央

26.3　5.7　15.9　11.9　16.5　21.9　31.8　42.8　16.0　32.7　35.3

西九州新幹線

武雄温泉 — 嬉野温泉 — 新大村 — 諫早 — 長崎

10.9　21.3　12.5　21.3

北海道新幹線

新青森 — 奥津軽いまべつ — 木古内 — 新函館北斗

38.5　74.8　35.5

	区間	路線延長	開業
東海道新幹線	東京―新大阪間	515.4km	1964年10月1日
山陽新幹線	新大阪―博多間	553.7km	新大阪―岡山1972年3月15日 岡山―博多間1975年3月10日
	計	1069.1km	
東北新幹線	東京―盛岡間	496.5km	大宮―盛岡1982年6月23日 上野―大宮1985年3月14日 東京―上野1991年6月20日
	盛岡―八戸間	96.6km	2002年12月1日
	八戸―新青森間	81.8km	2010年12月4日
上越新幹線	大宮―新潟間	269.5km	1982年11月15日
北陸新幹線	高崎―長野間	117.4km	1997年10月1日
	長野―金沢間	228.0km	2015年3月14日
九州新幹線	新八代―鹿児島中央間	126.8km	2004年3月13日
	博多―新八代間	130.0km	2011年3月12日
	武雄温泉―長崎間	66.0km	2022年9月23日
北海道新幹線	新青森―新函館北斗間	148.8km	2016年3月26日

(注) 東京―博多間の営業キロは1,196.6キロ、東京―新青森間713.7キロ、大宮―新潟間303.6キロ
高崎―長野間117.4キロ、博多―鹿児島中央間288.9キロ

建設基準	東海道新幹線	山陽新幹線	東北新幹線	上越新幹線	北陸新幹線	九州新幹線	北海道新幹線
最高速度	285km/h	300km/h	320km/h	275km/h	260km/h	260km/h	260km/h
最小曲線半径	2,500m	4,000m	4,000m	4,000m	4,000m	4,000m	4,000m
最急こう配	20/1000	15/1000	20/1000	30/1000	30/1000	35/1000	21/1000
縦曲線半径	10,000m	15,000m	15,000m	15,000m	15,000m	25,000m	25,000m
レール重量	60kg/m	60kg/m	60kg/m	60kg/m	60kg/m	60kg/m	60kg/m

(注) 国土交通省鉄道局資料による。

新幹線旅客輸送量の推移

年度		項目	営業キロ （km）	輸送人員 （千人）	輸送人キロ （百万人キロ）	一日平均輸送人 （人）
		昭和40	552.6	30,967	10,650	84,841
		45	552.6	84,627	27,890	231,855
		50	1176.5	157,218	27,800	231,855
		55	1176.5	125,636	41,790	344,209
		60	2011.8	179,833	55,423	492,693
		平成 2	2032.9	260,057	72,173	712,485
		7	2036.5	275,900	70,827	753,825
		12	2152.9	280,607	71,153	766,686
		17	2387.1	336,088	77,902	920,789
		22	2620.2	324,442	77,426	888,882
		27	2997.1	413,847	97,405	1,130,730
		28	2997.1	417,456	98,592	1,143,715
		29	2997.1	426,740	101,401	1,169,151
		30	2997.1	435,735	103,653	1,193,795
		令和元	2997.1	415,502	99,343	1,135,251
		2	2997.1	215,181	46,388	589,537
		3	2997.1	215,259	46,398	589,751
内訳	北海道	平成27	148.8	102	14	279
		28	148.8	2,116	306	5,781
		29	148.8	1,666	245	4,564
		30	148.8	1,599	266	4,380
		令和元	148.8	1,503	252	4,107
		2	148.8	531	79	1,455
		3	148.8	609	89	1,668
	東海道・山陽	平成 2	1197.6	195,942	57,406	524,493
		7	1197.6	196,267	54,576	536,249
		12	1196.6	188,890	53,475	516,093
		17	1196.6	204,075	58,625	559,110
		22	1196.6	201,337	59,287	551,608
		27	1196.6	235,017	71,125	642,123
		28	1196.6	237,452	71,863	648,966
		29	1196.6	244,420	74,392	669,644
		30	1196.6	250,178	76,199	685,419
		令和元	1196.6	240,136	73,332	657,907
		2	1196.6	95,667	25,411	262,101
		3	1196.6	122,874	34,296	336,641
	東北	平成 2	531.7	57,669	10,678	157,997
		7	535.3	71,669	11,956	195,817
		12	535.3	80,113	12,297	219,488
		17	631.9	81,680	13,484	223,781
		22	713.7	75,033	12,594	205,570
		27	713.7	90,448	15,536	247,126
		28	713.7	90,985	15,918	248,593
		29	713.7	92,117	16,014	252,375
		30	713.7	93,491	16,224	256,140
		令和元	713.7	88,830	15,490	243,370
		2	713.7	37,861	5,356	103,729
		3	713.7	45,878	6,898	125,693

内	上 越	平成 2	303.6	22,810	4,089	62,493
		7	303.6	27,254	4,295	74,464
		12	303.6	36,101	4,575	98,907
		17	303.6	36,723	4,590	100,611
		22	303.6	34,382	4,303	94,197
		27	303.6	42,960	4,913	117,377
		28	303.6	43,017	4,941	117,533
		29	303.6	43,636	5,025	119,551
		30	303.6	44,451	5,125	121,784
		令和元	303.6	41,845	4,825	114,644
		2	303.6	17,995	1,775	49,301
		3	303.6	22,523	2,393	61,707
	北 陸	平成12	117.4	9,427	806	25,827
		17	117.4	9,664	800	26,477
		22	117.4	9,288	753	25,447
		27	345.5	31,838	3,888	87,227
		28	345.5	30,726	3,712	83,951
		29	345.5	30,895	3,720	84,644
		30	345.5	31,671	3,807	86,770
		令和元	345.5	29,251	3,494	80,140
訳		2	345.5	12,079	1,326	33,093
		3	345.5	15,470	1,720	42,384
	九 州	平成17	137.6	3,946	403	10,811
		22	288.9	4,402	489	12,060
		27	288.9	13,482	1,929	36,836
		28	288.9	13,160	1,852	36,055
		29	288.9	14,006	2,005	38,373
		30	288.9	14,345	2,032	39,301
		令和元	288.9	13,937	1,950	38,184
		2	288.9	7,015	868	19,219
		3	288.9	7,905	1,002	21,658

(注) 1. 昭和60年度までは鉄道要覧、昭和63年度からは国土交通省鉄道局資料による。
 2. 昭和63年度からは会社間またがり旅客を重複計上しているため、
   それぞれ昭和60年度以前との数値との間に連続性はない。
 3. 東海道・山陽新幹線の営業キロについては、62. 4. 1の承継の際に実営業キロに
   改めたため、運賃計算上の営業キロとは、一致しない。(運賃計上は、岩国～
   櫛ヶ浜間を岩徳線経由で計上)

大都市圏内輸送機関別旅客輸送人員の推移

〔三大都市交通圏計〕　　　　　　　　　　　　　　　　　　　（単位：千人）

区分 年度	鉄　　　道		自 動 車	計
平成 2	19,084,103	〔6,608,371〕	18,606,705	37,690,808
7	19,606,137	〔6,975,387〕	19,894,173	39,500,310
12	18,786,207	〔6,820,532〕	19,466,761	38,252,968
17	19,285,253	〔6,965,421〕	19,572,001	38,857,254
22	19,966,583	〔7,138,306〕	3,180,470	23,147,050
24	20,251,851	〔7,240,308〕	2,496,750	22,748,601
25	20,741,261	〔7,378,077〕	2,437,497	23,178,758
26	20,787,553	〔7,346,648〕	2,425,536	23,213,089
27	21,369,290	〔7,527,468〕	2,421,484	23,790,774
28	21,622,053	〔7,585,798〕	2,414,738	24,036,791
29	21,980,483	〔7,681,022〕	2,431,589	24,412,072
30	22,257,583	〔7,744,437〕	2,414,035	24,671,618

〔首都交通圏〕　　　　　　　　　　　　　　　　　　　　　（単位：千人）

区分 年度	鉄　　　道		自 動 車	計
平成 2	12,799,323	〔5,109,080〕	9,953,061	22,752,384
7	13,319,952	〔5,373,786〕	10,701,383	24,021,335
12	12,979,230	〔5,252,299〕	10,431,631	23,410,861
17	13,574,938	〔5,381,263〕	10,291,518	23,866,456
22	14,396,605	〔5,555,399〕	2,041,473	16,438,078
24	14,605,857	〔5,629,877〕	1,568,606	16,174,463
25	14,970,044	〔5,728,135〕	1,509,191	16,479,235
26	15,009,242	〔5,708,692〕	1,500,762	16,510,004
27	15,433,854	〔5,850,301〕	1,503,469	16,937,323
28	15,633,104	〔5,897,379〕	1,493,277	17,126,381
29	15,902,758	〔5,971,386〕	1,516,308	17,419,066
30	16,134,205	〔6,031,362〕	1,515,307	17,649,512

(注) 1. 〔　〕内は、JR(国鉄)の数値である。ただし、新幹線は含まれていない。
　　　2. 都市・地域交通年報による。
　　　3. 首都交通圏は東京駅中心半径50km、中京交通圏は名古屋駅中心半径40km、京阪神交通圏は大阪駅中心半径50kmの範囲、特に交通不便な地区及びその大半が圏外にある行政区域を除く。

〔中京交通圏〕　　　　　　　　　　　　　　　　　　　（単位：千人）

年度 区分	鉄　　　　　道		自　動　車	計
平成 2	1,124,427	〔270,641〕	3,512,169	4,636,596
7	1,104,959	〔220,956〕	3,787,124	4,892,083
12	1,016,575	〔215,118〕	3,717,510	4,734,085
17	1,136,318	〔230,396〕	4,068,898	5,205,216
22	1,113,468	〔238,795〕	259,883	1,373,351
24	1,140,039	〔242,116〕	200,418	1,340,457
25	1,176,289	〔248,339〕	202,808	1,379,097
26	1,176,252	〔248,180〕	202,594	1,378,846
27	1,214,367	〔255,150〕	204,911	1,419,278
28	1,233,372	〔259,287〕	204,428	1,437,800
29	1,257,805	〔263,935〕	201,584	1,459,389
30	1,276,276	〔266,592〕	201,717	1,477,993

〔京阪神交通圏〕　　　　　　　　　　　　　　　　　　（単位：千人）

年度 区分	鉄　　　　　道		自　動　車	計
平成 2	5,160,353	〔1,228,650〕	5,141,475	10,301,828
7	5,181,226	〔1,380,645〕	5,405,666	10,586,892
12	4,790,402	〔1,353,115〕	5,317,620	10,108,022
17	4,573,997	〔1,353,762〕	5,211,585	9,785,582
22	4,456,510	〔1,344,112〕	879,111	5,335,621
24	4,505,955	〔1,368,315〕	727,726	5,233,681
25	4,594,928	〔1,401,603〕	725,478	5,320,426
26	4,602,022	〔1,389,776〕	721,880	5,323,902
27	4,721,069	〔1,422,017〕	713,104	5,434,173
28	4,755,577	〔1,429,132〕	717,033	5,472,610
29	4,819,920	〔1,445,701〕	713,697	5,533,617
30	4,847,102	〔1,446,483〕	697,011	5,544,113

4. 自動車はバス、ハイヤー・タクシー、自家用車の合計値である。ただし、平成22年10月の
　自動車輸送統計調査の調査方法変更により自家用車輸送人員の公表が行われなくなったた
　め、平成22年度以降はバス、ハイヤー・タクシーの合計値である。このため、平成21年度ま
　での数値と連続しない。
5. 端数処理してあるため、合計が合わない場合がある。

大都市旅客輸送

都市鉄道の現況

〔開業状況〕

	事業者名	路線名	区間	営業キロ	開業年月日
首都圏	埼玉高速鉄道	埼玉高速鉄道線	赤 羽 岩 淵 ～ 浦 和 美 園	14.6	H13. 3.28
	東京臨海高速鉄道	りんかい線	東京テレポート ～ 天王洲アイル	2.9	H13. 3.31
	舞浜リゾートライン	ディズニーリゾートライン	リゾート・ゲートウェイ・ステーション ～ リゾート・ゲートウェイ・ステーション	5.0	H13. 7.27
	芝 山 鉄 道	芝 山 鉄 道 線	東 成 田 ～ 芝 山 千 代 田	2.2	H14.10.27
	東京臨海高速鉄道	りんかい線	天王洲アイル ～ 大 崎	4.4	H14.12. 1
	東 京 地 下 鉄	半 蔵 門 線	水 天 宮 前 ～ 押 上	6.0	H15. 3.19
	横 浜 高 速 鉄 道	みなとみらい21線	横 浜 ～ 元 町・中 華 街	4.1	H16. 2. 1
	東京モノレール	東京モノレール羽田線	羽田空港第1ビル ～ 羽田空港第2ビル	0.9	H16.12. 1
	首都圏新都市鉄道	常 磐 新 線	秋 葉 原 ～ つ く ば	58.3	H17. 8.24
	ゆ り か も め	東京臨海新交通臨海線	有 明 ～ 豊 洲	2.7	H18. 3.27
	東 京 都	日暮里・舎人ライナー	日 暮 里 ～ 見沼代親水公園	9.7	H20. 3.30
	横 浜 市	グリーンライン	日 吉 ～ 中 山	13.0	H20. 3.30
	東 京 地 下 鉄	副 都 心 線	池 袋 ～ 渋 谷	8.9	H20. 6.14
	成田高速鉄道アクセス	成田高速鉄道アクセス線	印 旛 日 本 医 大 ～ 成田空港高速鉄道接続点	10.7	H22. 7.17
	相 模 鉄 道	相 鉄 新 横 浜 線	西 谷 ～ 羽 沢 横 浜 国 大	2.1	R1 .11.30
	相 模 鉄 道	相 鉄 新 横 浜 線	羽 沢 横 浜 国 大 ～ 新 横 浜	4.2	R5 . 3.18
	東 急 電 鉄	東 急 新 横 浜 線	新 横 浜 ～ 日 吉	5.8	R5 . 3.18
中京圏	名古屋ガイドウェイバス	ガイドウェイバス志段味線	大 曽 根 ～ 小 幡 緑 地	6.5	H13. 3.23
	名 古 屋 市	上 飯 田 線	平 安 通 ～ 上 飯 田	0.8	H15. 3.27
	名 古 屋 鉄 道	小 牧 線	上 飯 田 ～ 味 鋺	2.3	H15. 3.27
	名 古 屋 市	名 城 線	砂 田 橋 ～ 名 古 屋 大 学	4.5	H15.12.13
	名 古 屋 市	〃	名 古 屋 大 学 ～ 新 瑞 橋	5.6	H16.10. 6
	名古屋臨海高速鉄道	あ お な み 線	名 古 屋 ～ 金 城 ふ 頭	15.2	H16.10. 6
	名 古 屋 鉄 道	空 港 線	常 滑 ～ 中 部 国 際 空 港	4.2	H17. 1.29
	愛 知 高 速 交 通	東 部 丘 陵 線	藤 が 丘 ～ 八 草	8.9	H17. 3. 6
	名 古 屋 市	6 号 線	野 並 ～ 徳 重	4.1	H23. 3.27

神　戸　市	海　岸　線	三宮・花時計前～新　　長　　田	7.9	H13. 7. 7
京　都　市	東　西　線	六　　地　　蔵～醍　　　　　醐	2.4	H16.11.26
神戸新交通	ポートアイランド線	市　民　広　場～神　戸　空　港	4.3	H18. 2. 2
近　畿　日　本　鉄　道	けいはんな線	生　　　　　駒～学研奈良登美ヶ丘	8.6	H18. 3.27
大阪市高速電気軌道	今　里　筋　線	井　　高　　野～今　　　　　里	11.9	H18.12.24
大阪モノレール	国際文化公園 都市モノレール線	阪　大　病　院　前～彩　　　　　都　　西	4.2	H19. 3.19
京　都　市	東　西　線	二　　　　　条～太　秦　天　神　川	2.4	H20. 1.16
西日本旅客鉄道	おおさか東線	放　　　　　出～久　　宝　　寺	9.2	H20. 3.15
京　阪　電　気　鉄　道	中　之　島　線	中　　之　　島～天　　　　　満　　橋	3.0	H20.10.19
阪　神　電　気　鉄　道	阪　神　なんば　線	西　　九　　条～大　阪　難　波	3.8	H21. 3.20
西日本旅客鉄道	おおさか東線	放　　　　　出～新　　　　　大	11.1	H31. 3.16
沖縄都市モノレール	沖縄都市モノレール線	那　　覇　　空　　港～首　　　　　里	12.9	H15. 8.10
福　岡　市	七　隈　線	橋　　　　　本～天　　神　　南	12.0	H17. 2. 3
仙台空港鉄道	仙　台　空　港　線	名　　　　　取～仙　台　空　港	7.1	H19. 3.18
仙　台　市	東　　西　　線	八　木　山　動　物　公　園～荒　　　　　井	14.4	H27.12. 6
札　幌　市	都　　心　　線	西　4　丁　目～す　す　き　の	0.4	H27.12.20
西日本旅客鉄道	可　部　線	可　　　　　部～あ　き　亀　山	1.6	H29. 3. 4
沖縄都市モノレール	沖縄都市モノレール線	首　　里～て　だ　こ　浦　西	4.1	R1 .10. 1
福　岡　市	七　隈　線	天　　神　　南～博　　　　　多	1.6	R5 . 3.27

※　開業後、事業者名・路線名に変更があった場合には、現在の名称を用いて記載しています。

〔整備状況〕

	事　業　者　名	路　線　名	区　　間	建設キロ	開業(予定)
首都圏	東日本旅客鉄道	羽田空港アクセス線(仮称)	東京貨物ターミナル～羽田空港新駅(仮称)	5.0	令和13年度
近畿圏	北大阪急行電鉄	南　北　線　延　伸　線	千　里　中　央～箕　面　萱　野	2.5	令和5年度
	大阪港トランスポート シ　ス　テ　ム	北港テクノポート線	コ　ス　モ　ス　ク　エ　ア～新　　桜　　島	7.3	令和6年度 (※)
	大阪モノレール	大阪モノレール線	門　　真　　市～瓜　生　堂（仮称）	8.8	令和11年度
	関西高速鉄道	な　に　わ　筋　線	大　　　　　阪～ＪＲ難波・新今宮	7.2	令和13年春
その他圏域	広　島　電　鉄	駅　前　大　橋　線	広　　島　　駅～比　治　山　町　交　差　点	1.1	令和7年春
	岡山電気軌道	東　山　本　線	岡　　山　　駅～岡　山　駅　前	0.1	令和7年度

※　夢洲～新桜島間は工事未着手であり、開業予定年度は、コスモスクエア～夢洲間に係るもの。

複々線化の現況 （令和5年3月31日現在）

区分	事業者名	線名	区間	営業キロ程(km)	備考
開業線	JR東日本	東海道線	東　京 ～ 小田原	83.9	S.55.10 完成
	〃	山手線	大　崎 ～ 田　端	18.6	S. 4. 3 〃
	〃	中央線	御茶ノ水 ～ 代々木	7.0	S.44. 4 〃
	〃	中央線	新　宿 ～ 三　鷹	13.8	S.44. 4 〃
	〃	東北線	東　京 ～ 大　宮	32.9	S.43. 9 〃
	〃	常磐線	綾　瀬 ～ 取　手	29.7	S.57.11 〃
	〃	総武線	錦糸町 ～ 千　葉	34.4	S.56. 7 〃
	JR西日本	東海道線	草　津 ～ 神　戸	98.1	S.45. 3 〃
	〃	山陽線	神　戸 ～ 西明石	22.8	S.40. 3 〃
	東武鉄道	伊勢崎線	北千住 ～ 越　谷	17.3	H. 9. 3 〃
		伊勢崎線	越　谷 ～ 北越谷	1.6	H.13. 3 〃
		東上本線	和光市 ～ 志　木	5.3	S.62. 8 〃
		伊勢崎線	曳　舟 ～ とうきょうスカイツリー	1.3	H.15. 3 〃
	西武鉄道	池袋線	中村橋 ～ 練馬高野台	2.0	H.13.12 〃
	〃	池袋線	練　馬 ～ 中村橋	1.5	H.15. 3 〃
	〃	池袋線	練馬高野台 ～ 石神井公園	1.1	H.24.11 〃
	京成電鉄	本　線	青　砥 ～ 京成高砂	1.2	S.60. 8 〃
	京王電鉄	京王線	新　宿 ～ 笹　塚	3.6	S.53.10 〃
	小田急電鉄	小田原線	代々木上原 ～ 世田谷代田	2.1	S.53. 3 〃
	〃	小田原線	世田谷代田 ～ 喜多見	7.1	H.16.11 〃
	〃	小田原線	喜多見 ～ 和泉多摩川	1.7	H. 9. 6 〃
	〃	小田原線	和泉多摩川 ～ 登　戸	0.8	H.22. 3 〃
	東急電鉄	東横線	田園調布 ～ 武蔵小杉	2.6	H.12. 8 〃
	〃	東横線	武蔵小杉 ～ 日　吉	2.8	H.23. 9 〃
	〃	田園都市線	二子玉川 ～ 溝の口	2.0	H.22. 3 〃
	東京地下鉄	8号有楽町線	小竹向原 ～ 池　袋	3.2	H. 6.12 〃
	京浜急行電鉄	本　線	金沢文庫 ～ 金沢八景	1.4	H.11. 7 〃
	名古屋鉄道	名古屋本線	神宮前 ～ 金　山	2.2	H. 2. 4 〃
	近畿日本鉄道	大阪線	大阪上本町 ～ 布　施	4.1	S.53. 5 〃
	南海電気鉄道	南海本線	難　波 ～ 住ノ江	6.3	H. 7.11 〃
	京阪電気鉄道	京阪本線	天満橋 ～ 萱　島	11.5	S.57. 3 〃

(注) 国土交通省鉄道局資料による。

地下鉄の現況
〔地下鉄の営業線の状況〕　　　　　　（令和5年7月1日現在）

圏域	事業者名	号数及び線名	区　　間	営業キロ(km)	開　　業	3年度1日当たり平均輸送人員(千人)
札幌	札 幌 市	① 南　　北	麻　　生 真 駒 内	14.3	S46.12〜53.3	170
		② 東　　西	宮 の 沢 新さっぽろ	20.1	S51.6〜H11.2	195
		③ 東　　豊	栄　　町 福　　住	13.6	S63.12〜H6.10	113
	合　　計	3		48.0		479
仙台	仙 台 市	南　　北	富　　沢 泉 中 央	14.8	S62.7〜H4.7	160
		東　　西	八木山動物公園 荒　　井	13.9	H27.12	66
	合　　計	2		28.7		205
首都	東京地下鉄	② 日 比 谷	北 千 住 中 目 黒	20.3	S36.3〜39.8	851
		③ 銀　　座	浅　　草 渋　　谷	14.2	S2.12〜14.1	696
		④ 丸ノ内	池　　袋 荻　　窪	24.2	S29.1〜37.1	964
			中野坂上 方 南 町	3.2	S36.2〜37.3	
		⑤ 東　　西	中　　野 西 船 橋	30.8	S39.12〜44.3	1,038
		⑦ 南　　北	目　　黒 赤 羽 岩 淵	21.3	H3.11〜12.9	392
		⑧ 有 楽 町	和 光 市 新 木 場	28.3	S49.10〜63.6	826
		⑨ 千 代 田	綾　　瀬 代々木上原	21.9	S44.12〜53.3	925
			綾　　瀬 北 綾 瀬	2.1	S54.12	
		⑪ 半 蔵 門	渋　　谷 押　　上	16.8	S53.8〜H15.3	733
		⑬ 副 都 心	小竹向原 池　　袋	3.0	H6.12	431
			池　　袋 渋　　谷	8.9	H20.6	
	合　　計	9		195.0		5,216
都	東 京 都	① 浅　　草	西 馬 込 押　　上	18.3	S35.12〜43.11	522
		⑥ 三　　田	目　　黒 西高島平	26.5	S43.12〜H12.9	483
		⑩ 新　　宿	新　　宿 本 八 幡	23.5	S53.12〜H1.3	584
		⑫ 大 江 戸	都 庁 前 光 が 丘	40.7	H3.12〜12.12	677
	合　　計	4		109.0		1,997
	横 浜 市	① 1　号	関　　内 湘 南 台	19.7	S47.12〜H11.8	438
		③ 3　号	関　　内 あざみ野	20.7	S51.9〜H5.3	
		④ 4　号	日　　吉 中　　山	13.0	H20.3	116
	合　　計	3		53.4		533
	埼玉高速鉄道㈱	埼玉高速鉄道線	赤 羽 岩 淵 浦 和 美 園	14.6	H13.3	97
中京	名 古 屋 市	① 東　　山	高　　畑 藤 が 丘	20.6	S32.11〜57.9	466
		② 2　号 (名港・名城)	大 曽 根 金　　山	8.9	S40.10〜46.12	482
			金　　山 名 古 屋 港	6.0	S46.3	
		④ 名　　城	大 曽 根 金　　山	17.5	S49.3〜H16.10	
		⑤ 鶴　　舞	上 小 田 井 赤　　池	20.4	S52.3〜H5.8	241
		⑥ 桜　　通	中村区役所 徳　　重	19.1	H1.9〜H23.3	228
		上 飯 田	平 安 通 上 飯 田	0.8	H15.3	28
	合　　計	6		93.3		1,041
	名古屋鉄道㈱	小 牧 線	味　　鋺 上 飯 田	2.3	H15.3	29

大都市旅客輸送

圏域	事業者名	号数及び線名	区　間	営業キロ(km)	開　業	3年度1日当たり平均輸送人員(千人)
近畿	京都市	烏丸	国際会館　竹田	13.7	S56.5~H9.6	204
		東西	六地蔵　太秦天神川	17.5	H9.10~20.1	132
	合計	2		31.2		295
	大阪市高速電気軌道(株)	①御堂筋	江坂　中百舌鳥	24.5	S8.5~62.4	900
		②谷町	大日　八尾南	28.1	S42.3~58.2	415
		③四つ橋	西梅田　住之江公園	11.4	S17.5~47.11	205
		④中央	コスモスクエア　長田	17.9	S36.12~H17.7	259
		⑤千日前	野田阪神　南巽	12.6	S44.4~56.12	155
		⑥堺筋	天神橋筋六丁目　天下茶屋	8.5	S44.12~H5.3	255
		⑦長堀鶴見緑地	大正　門真南	15.0	H2.3~9.8	140
		⑧今里筋	井高野　今里	11.9	H18.12	57
	合計	8		129.9		1,925
	神戸市	北神	新神戸　谷上	7.5	R.2.6	246
		西神	西神中央　新長田	15.1	S52.3~62.3	
		山手	新長田　新神戸	7.6	S58.6~60.6	
		海岸	三宮・花時計前　新長田	7.9	H13.7	43
	合計	4		38.1		307
中国	広島高速交通(株)	広島新交通1号線	本通　県庁前	0.3	H6.8	53
九州	福岡市	①空港	姪浜　福岡空港	13.1	S56.7~H5.3	254
		②箱崎	中洲川端　貝塚	4.7	S57.4~61.11	28
		③七隈	橋本　博多	13.6	H17.2~R5.3	70
	合計	3		31.4		336
総合計		47		775.2		12,513

(注) 1. 横浜市3号線のうち新羽~あざみ野間8.6km、4号線のうち東山田~川和町間7.1km、及び神戸市西神線のうち名谷~西神中央間9.4kmはニュータウン鉄道としての整備であるが、それぞれ地下鉄路線と一体となって運営されているためキロ程に計上した。

2. 横浜市及び神戸市の輸送人員は、ニュータウン鉄道部分を含んでいる。

3. 広島高速交通の総営業キロは、新交通システム部分(県庁前・広域公園前間)を含めると18.4キロである。

4. 合計及び総合計の輸送人員は、複数線区にまたがる旅客を1人として計上している。

5. 端数整理のため計が合わない場合がある。

6. 国土交通省鉄道局資料による。

最混雑区間における混雑率
〔ＪＲ〕

(令和4(2022)年度)

事業者名	線名		区　間	時間帯	編成・本数(両・本)	輸送力(人)	輸送人員(人)	混雑率(%)
北海道	函館		琴　似→桑　園	7:30～8:30	6 × 10	8,376	8,579	102
			白　石→苗　穂	7:35～8:30	6 × 8	6,744	5,528	82
	千歳		白　石→苗　穂	7:29～8:28	6 × 7	5,820	4,382	75
	札沼		八　軒→桑　園	7:22～8:21	6 × 6	5,112	4,826	94
東日本	東北		岩　沼→仙　台	7:45～8:45	5.2 × 12	8,558	8,118	95
			松　島→仙　台	7:30～8:30	5.7 × 7	5,456	4,900	90
	仙山		作　並→仙　台	7:35～8:35	5.5 × 4	3,106	3,030	98
	仙石		陸前原ノ町→仙　台	7:40～8:40	4 × 10	5,004	4,850	97
	信越		新　津→新　潟	7:27～8:27	4.2 × 9	4,374	5,704	130
	白新		新発田→新　潟	7:26～8:26	5 × 4	2,462	3,130	127
	越後		吉　田→新　潟	7:53～8:53	5 × 2	3,286	3,660	111
	東海道		川　崎→品　川	7:39～8:39	13 × 17	31,348	42,060	134
	横須賀		武蔵小杉→西大井	7:26～8:26	13 × 10	18,664	23,160	124
	山手	外回り	上　野→御徒町	7:40～8:40	11 × 18	29,286	33,630	115
		内回り	新大久保→新　宿	7:45～8:45	11 × 20	32,540	40,990	126
	中央	快速	中　野→新　宿	7:41～8:41	10 × 29	42,920	59,610	139
		緩行	代々木→千駄ヶ谷	8:01～9:01	10 × 19	28,120	22,830	81
	宇都宮		土　呂→大　宮	7:03～8:03	13 × 12	22,128	23,810	108
	高崎		宮　原→大　宮	7:07～8:07	13 × 14	25,816	31,620	123
	京浜東北		川　口→赤　羽	7:20～8:20	10 × 23	34,040	48,260	142
			大井町→品　川	7:35～8:35	10 × 26	38,480	49,790	129
	常磐	快速	三河島→日暮里	7:34～8:34	14.2 × 15	30,804	39,440	128
		緩行	亀　有→綾　瀬	7:19～8:19	10 × 20	28,000	29,690	106
	総武	快速	新小岩→錦糸町	7:35～8:35	13 × 18	33,552	43,800	131
		緩行	錦糸町→両　国	7:34～8:34	10 × 25	37,000	46,860	127
	南武		武蔵中原→武蔵小杉	7:30～8:30	6 × 24	21,312	27,770	130
	武蔵野		東浦和→南浦和	7:05～8:05	8 × 14	16,576	24,520	148
	横浜		小　机→新横浜	7:30～8:30	8 × 17	20,128	25,110	125
	根岸		新杉田→磯　子	7:14～8:14	10 × 12	17,760	13,800	78
	五日市		東秋留→拝　島	7:12～8:12	6 × 5	4,440	4,120	93
	青梅		東立川→立　川	6:58～7:58	9 × 16	21,312	17,660	83
	埼京		板　橋→池　袋	7:51～8:51	10 × 19	27,960	41,770	149
	京葉		葛西臨海公園→新木場	7:29～8:29	9.2 × 21	29,896	30,460	102
東海	東海道 (1)		東静岡→静　岡	7:34～8:34	5.2 × 9	6,488	4,490	69
			安倍川→静　岡	7:31～8:30	6.2 × 10	7,976	7,070	89
	東海道 (2)		熱　田→名古屋	7:46～8:46	6.3 × 15	13,160	12,760	97
			枇杷島→名古屋	7:24～8:23	7.4 × 14	14,074	12,723	90
	中央		新守山→大曽根	7:40～8:39	8 × 14	16,800	18,840	112
	関西		八　田→名古屋	7:47～8:46	4 × 7	3,920	4,250	108

大都市旅客輸送

(令和4(2022)年度)

事業者名	線名		区　間	時間帯	編成・本数(両・本)	輸送力(人)	輸送人員(人)	混雑率(%)
西　日　本	東海道	快　速	茨　木　→　新　大　阪	7:35～8:35	12 × 12	19,531	19,850	102
			尼　　崎　→　大　　阪	7:15～8:15	11.6 × 11	17,390	16,800	97
		緩　行	東　淀　川　→　新　大　阪	7:30～8:30	7 × 12	13,068	13,830	106
			塚　　本　→　大　　阪	7:30～8:30	7 × 10	10,890	10,639	98
	大阪環状		鶴　　橋　→　玉　　造	7:20～8:20	8 × 16	18,950	21,794	115
			京　　橋　→　桜　ノ　宮	7:25～8:25	8 × 16	18,950	19,725	104
			玉　　造　→　鶴　　橋	7:25～8:25	8 × 13	14,973	11,647	78
	片町		鴫　　野　→　京　　橋	7:35～8:35	7 × 15	16,335	17,950	110
	関西	快　速	久　宝　寺　→　天　王　寺	7:35～8:35	7.3 × 9	9,054	8,900	98
		緩　行	東部市場前　→　天　王　寺	7:20～8:20	6 × 5	4,148	4,076	98
	阪和	快　速	堺　　市　→　天　王　寺	7:55～8:55	7.8 × 8	8,507	10,170	120
		緩　行	美　章　園　→　天　王　寺	7:15～8:15	4.7 × 6	3,862	4,500	117
	東　　西		大阪天満宮　→　北　新　地	7:30～8:30	7 × 15	16,335	12,770	78
	福知山	快　速	伊　　丹　→　尼　　崎	7:45～8:45	7.5 × 8	8,684	9,000	104
		緩　行	塚　　口　→　尼　　崎	7:15～8:15	7 × 8	8,712	6,900	79
	おおさか東		久　宝　寺　→　放　　出	7:30～8:30	6.3 × 7	6,248	6,030	97
	山　陽　(1)		西　　条　→　広　　島	7:30～8:30	7 × 6	5,646	5,380	95
			岩　　国　→　広　　島	7:30～8:30	6.1 × 9	7,380	6,670	90
	呉		広　　→　広　　島	7:30～8:30	5 × 7	4,686	4,117	88
	芸備		志　和　口　→　広　　島	7:30～8:30	4 × 4	1,928	1,683	87
	可部		可　　部　→　広　　島	7:30～8:30	4 × 5	2,580	3,150	122
	山　陽　(2)		東　岡　山　→　岡　　山	7:10～8:10	5 × 7	4,266	3,727	87
			倉　　敷　→　岡　　山	7:20～8:20	6 × 4	5,072	5,145	101
	宇野		茶　屋　町　→　岡　　山	7:40～8:40	5.6 × 5	3,384	3,310	98
	津山		福　　渡　→　岡　　山	7:10～8:10	2.7 × 3	936	771	82
	吉備		備中高松　→　岡　　山	7:20～8:20	3.3 × 3	1,184	1,119	95
九　　州	鹿児島 (1)	快　速	香　　椎　→　博　　多	7:50～8:50	7 × 3	2,820	2,650	94
		普　通		8:05～9:05	8.4 × 5	5,430	5,721	105
		快　速	二　日　市　→　博　　多	8:08～9:08	7 × 2	1,720	1,893	110
		普　通		7:20～8:20	7.5 × 6	5,490	5,058	92
	篠栗	快　速	吉　　塚　→　博　　多	9:02～10:02	2 × 1	280	240	86
		普　通		7:34～8:34	5.5 × 4	2,880	2,131	74
	鹿児島 (2)	快　速	折　　尾　→　小　　倉	8:00～9:00	8 × 1	880	733	83
		普　通		7:10～8:10	6 × 6	4,800	3,668	76
	日豊	快　速	行　　橋　→　小　　倉	7:20～8:20	6 × 1	840	650	77
		普　通		7:29～8:29	5.3 × 4	2,940	2,266	77
	日田彦山	快　速	田川後藤寺　→　城　　野	7:33～8:33	2 × 1	220	133	60
		普　通		7:21～8:21	2 × 1	220	266	121
	鹿児島 (3)		八　　代　→　熊　　本	8:06～9:06	2 × 3	740	826	112
	鹿児島 (4)		大　牟　田　→　熊　　本	7:25～8:25	2.7 × 3	1,080	1,099	102
	豊肥		肥後大津　→　熊　　本	7:58～8:58	2.8 × 4	1,360	1,836	135

国土交通省鉄道局資料による。

〔地下鉄・公営〕 (令和4(2022)年度)

事業者名	線 名	区 間	時間帯	編成・本数 (両・本)	輸送力 (人)	輸送人員 (人)	混雑率 (%)
札 幌 市	南　　　　北	中島公園 → すすきの	8:00〜9:00	6 × 15	12,420	11,881	96
	東　　　西	菊　　水 → バスセンター前	8:00〜9:00	7 × 15	13,650	16,214	119
	東　　　豊	北13条東 → さっぽろ	8:00〜9:00	4 × 16	8,256	9,131	111
仙 台 市	南　　　　北	北仙台 → 北四番丁	8:00〜9:00	4 × 17	9,792	12,071	123
	東　　　西	連　　坊 → 宮城野通	8:00〜9:00	4 × 11	4,268	4,444	104
埼玉高速鉄道	埼玉高速鉄道	川口元郷 → 赤羽岩淵	7:13〜8:13	6 × 16	14,112	15,523	110
東京地下鉄	日　比　谷	三ノ輪 → 入　谷	7:50〜8:50	7 × 27	27,945	37,726	135
	銀　　　座	赤坂見附 → 溜池山王	8:00〜9:00	6 × 26	15,860	14,908	94
	丸　ノ　内	新　大　塚 → 茗荷谷	8:00〜9:00	6 × 28	22,176	28,385	128
		四　ツ　谷 → 赤坂見附	8:10〜9:10	6 × 29	22,968	25,724	112
	東　　　西	木　　場 → 門前仲町	7:50〜8:50	10 × 27	40,500	55,890	138
		高田馬場 → 早稲田	8:00〜9:00	10 × 23	34,500	33,810	98
	南　北	駒　込 → 本駒込	8:00〜9:00	6 × 19	16,834	23,568	140
	有　楽　町	東池袋 → 護国寺	7:45〜8:45	10 × 24	36,432	47,726	131
	千　代　田	町　屋 → 西日暮里	7:45〜8:45	10 × 29	44,022	61,191	139
	半　蔵　門	渋　谷 → 表参道	8:00〜9:00	10 × 27	38,448	37,295	97
	副　都　心	要　　町 → 池　袋	7:45〜8:45	9 × 18	24,552	32,409	132
東 京 都	浅　　　草	本所吾妻橋 → 浅　草	7:30〜8:30	8 × 24	23,040	24,103	105
	三　　　田	西巣鴨 → 巣　鴨	7:40〜8:40	6.9 × 20	19,320	26,044	135
	新　　　宿	西大島 → 住　吉	7:40〜8:40	10 × 17	23,800	31,025	130
	大　江　戸	中　井 → 東中野	7:50〜8:50	8 × 20	15,600	21,014	135
横 浜 市	1 ・ 3 号	三ツ沢下町 → 横　浜	7:30〜8:30	6 × 13	10,088	12,676	126
	4　　　　号	日吉本町 → 日　吉	7:15〜8:15	4.1 × 18	7,044	8,980	127
名 古 屋 市	東　　　山	名古屋 → 伏　見	7:30〜8:30	6 × 28	17,335	22,502	130
	名城・名港	東別院 → 上前津	7:30〜8:30	6 × 15	11,790	15,390	131
	鶴　　　舞	塩釜口 → 八　事	7:30〜8:30	6 × 15	12,999	12,655	97
	桜　　　通	名古屋 → 国際センター	7:30〜8:30	5 × 13	9,151	9,707	106
	上　飯　田	上飯田 → 平安通	7:30〜8:30	4 × 8	4,208	4,680	111

大都市旅客輸送

〔地下鉄・公営〕　(令和4(2022)年度)

事業者名	線名		区間	時間帯	編成・本数(両×本)	輸送力(人)	輸送人員(人)	混雑率(%)
京都市	烏丸		京都→五条	7:30~8:30	6×15	12,540	12,960	103
	東西線		山科→御陵	7:30~8:30	6×11	6,600	7,645	116
大阪市高速電気軌道	御堂筋		梅田→淀屋橋	8:00~9:00	10×27	36,990	45,410	123
			難波→心斎橋	7:50~8:50	10×26	35,620	37,284	105
	谷町		東梅田→南森町	7:50~8:50	6×22	18,084	16,069	89
			谷町九丁目→谷町六丁目	7:50~8:50	6×23	18,906	19,235	102
	四つ橋		西梅田→肥後橋	7:50~8:50	6×21	17,262	13,300	77
			難波→四ツ橋	8:00~9:00	6×22	18,084	14,881	82
	中央		阿波座→本町	7:50~8:50	6×13	10,452	9,093	87
			森ノ宮→谷町四丁目	7:50~8:50	6×16	13,668	16,250	119
	千日前		日本橋→谷町九丁目	7:50~8:50	4×13	7,020	4,168	59
			鶴橋→谷町九丁目	7:50~8:50	4×17	7,560	7,729	102
	堺筋		南森町→北浜	7:50~8:50	8×21	22,080	17,962	81
			日本橋→長堀橋	7:50~8:50	8×21	22,080	19,624	89
	長堀鶴見緑地		谷町六丁目→玉造	7:40~8:40	4×18	6,840	4,448	65
			蒲生四丁目→京橋	7:40~8:40	4×20	7,600	8,085	106
	今里筋		鴫野→緑橋	7:40~8:40	4×14	5,264	3,836	73
			鴫野→蒲生四丁目	7:40~8:40	4×14	4,512	2,752	61
神戸市	西神・山手		妙法寺→板宿	7:15~8:14	6×17	12,954	13,629	105
	海岸		ハーバーランド→中央市場前	7:30~8:30	4×10	3,620	3,498	97
	北神		谷上→新神戸	7:15~8:14	6×7	5,334	4,831	81
広島高速交通	1号線		牛田→白島	7:45~8:45	6×22	6,292	7,465	119
福岡市	空港・箱崎		大濠公園→赤坂	8:00~8:59	6×20	16,200	20,445	126
	七隈		桜坂→薬院大通	8:00~8:59	4×15	5,730	6,493	113
熊本市	水前寺		味噌天神前→交通局前	7:30~8:30	1.2×23	1,636	1,402	86

国土交通省鉄道局資料による。

〔大手民鉄〕　(令和4(2022)年度)

事業者名	線名		区間	時間帯	編成・本数(両×本)	輸送力(人)	輸送人員(人)	混雑率(%)
東武鉄道	伊勢崎		小菅→北千住	7:30~8:30	8×37	39,874	50,482	127
	東上		北池袋→池袋	7:40~8:40	10×24	33,120	35,129	106
	野田		北大宮→大宮	7:30~8:30	6×13	10,764	10,580	98
			初石→流山おおたかの森前	8:10~9:10	6×10	8,280	7,418	90
			新船橋→船橋	7:20~8:20	6×12	9,936	11,177	112
西武鉄道	池袋		椎名町→池袋	7:42~8:42	9×25	31,301	36,450	116
	新宿		下落合→高田馬場	7:39~8:39	9.3×24	30,747	37,883	123
	西武有楽町		新桜台→小竹向原	7:33~8:33	9.8×16	21,606	18,551	86
京成電鉄	本線		大神宮下→京成船橋	7:20~8:20	7×17	14,520	13,520	93
	押上		京成曳舟→押上	7:40~8:40	8×23	22,264	28,465	128
京王電鉄	京王		下高井戸→明大前	7:40~8:40	9.9×26	26,136	46,647	129
	井の頭		池ノ上→駒場東大前	7:45~8:45	5×28	19,600	21,752	111
	相模原		京王多摩川→調布	7:20~8:20	10×12	16,800	14,754	88

〔大手民鉄〕 (令和4(2022)年度)

事業者名	線名	区間	時間帯	編成・本数 (両・本)	輸送力 (人)	輸送人員 (人)	混雑率 (%)
小田急電鉄	小田原	世田谷代田→下北沢	7:35〜8:35	9.8 × 37	48,878	62,589	128
	江ノ島	南林間→中央林間	7:15〜8:15	7.8 × 11	12,212	15,121	124
	多摩	五月台→新百合ヶ丘	7:20〜8:20	7.8 × 11	12,212	8,134	67
東急電鉄	東横	祐天寺→中目黒	7:50〜8:50	8.8 × 24	31,650	37,347	118
	目黒	不動前→目黒	7:50〜8:50	6.3 × 24	22,218	26,662	120
	田園都市	池尻大橋→渋谷	7:50〜8:50	10 × 27	40,338	50,423	125
	大井町	九品仏→自由が丘	7:50〜8:50	5.7 × 21	17,472	19,394	111
	池上	大崎広小路→五反田	7:50〜8:50	3 × 24	8,832	9,450	107
	多摩川	矢口渡→蒲田	7:50〜8:50	3 × 18	6,624	5,962	90
京浜急行電鉄	本線	戸部→横浜	7:30〜8:30	9 × 25	27,539	30,236	110
相模鉄道	本線	平沼橋→横浜	7:40〜8:39	9.7 × 23	31,360	33,766	108
名古屋鉄道	本線（東）	神宮前→金山	7:40〜8:40	6.2 × 35	22,086	29,163	132
	本線（西）	栄生→名鉄名古屋	7:30〜8:30	7.3 × 28	21,946	28,540	130
	常滑	豊田本町→神宮前	7:40〜8:40	5.6 × 17	9,400	12,077	128
	犬山	下小田井→枇杷島分岐点	7:40〜8:40	7.5 × 11	8,690	11,317	130
	瀬戸	矢場→大曽根	7:30〜8:30	4 × 14	7,000	8,754	125
	小牧	味鋺→上飯田	7:30〜8:30	3.7 × 11	3,712	4,146	112
	津島	甚目寺→須ヶ口	7:30〜8:30	6.7 × 6	4,630	5,616	121
近畿日本鉄道	名古屋	米野→名古屋	7:35〜8:35	4.7 × 18	11,560	12,320	107
	奈良	河内小阪→河内永和	7:41〜8:41	8.2 × 19	21,588	24,520	114
	大阪	俊徳道→布施	7:35〜8:35	7 × 20	19,040	21,100	111
	南大阪	北田辺→河堀口	7:32〜8:32	7 × 19	18,221	20,050	110
	京都	向島→桃山御陵前	7:28〜8:28	5.9 × 16	13,466	13,830	106
	けいはんな	荒本→長田	7:26〜8:26	6 × 17	13,362	9,900	74
南海電気鉄道	南海本線	粉浜→岸里玉出	7:16〜8:16	6.5 × 21	16,660	18,093	109
	高野	百舌鳥八幡→三国ヶ丘	7:20〜8:20	7.3 × 24	22,602	23,457	104
京阪電気鉄道	京阪本線	野江→京橋	7:40〜8:40	7.4 × 32	27,610	32,007	116
阪急電鉄	神戸本線	神崎川→十三	7:33〜8:33	8.6 × 24	26,574	35,638	134
	宝塚本線	三国→十三	7:31〜8:31	8.2 × 23	24,768	29,150	118
	京都本線	上新庄→淡路	7:35〜8:35	8.2 × 24	25,296	25,638	101
	千里	下新庄→淡路	7:34〜8:34	7.8 × 12	12,276	14,275	116
阪神電気鉄道	本線	出屋敷→尼崎	7:32〜8:31	5.6 × 25	17,364	16,661	96
	なんば	千鳥橋→西九条	7:32〜8:31	6.4 × 11	8,994	7,311	81
西日本鉄道	天神大牟田	平尾→薬院	8:00〜9:00	6.3 × 18	13,722	17,445	127
	貝塚	名島→貝塚	7:30〜8:30	2 × 6	1,488	2,288	154

国土交通省鉄道局資料による。

大都市旅客輸送

事業者名	線名	区間	時間帯	編成・本数(両・本)	輸送力(人)	輸送人員(人)	混雑率(%)
関東鉄道	竜ヶ崎線	竜ヶ崎→佐貫	7:20~8:20	2×3	810	383	47
関東鉄道	常総線	取手→西取手	8:00~9:00	2×8	2,240	1,800	80
流鉄	流山線	小金城趾→幸谷	7:00~8:00	2×5	1,415	804	57
新京成電鉄	新京成線	上本郷→松戸	7:23~8:18	6×14	10,444	9,789	94
新京成電鉄	新京成線	前原→新津田沼	7:06~8:01	6×13	9,698	9,580	99
北総鉄道	北総線	新柴又→京成高砂	6:50~7:50	8×9	10,080	7,700	76
東葉高速鉄道	東葉高速線	東海神→西船橋	7:08~8:07	10×12	18,216	14,408	79
東京臨海高速鉄道	りんかい線	大井町→品川シーサイド	8:00~9:00	10×11	17,204	15,312	89
江ノ島電鉄	江ノ島電鉄線	藤沢→石上	7:37~8:36	4×5	1,500	1,363	91
首都圏新都市鉄道	つくばエクスプレス	青井→北千住	7:29~8:29	6×24	19,944	27,480	138
三岐鉄道	三岐線	大矢知→近鉄富田	7:30~8:30	3×3	1,437	819	57
三岐鉄道	北勢線	西別所→馬道	7:00~8:00	3.3×4	610	695	114
樽見鉄道	樽見線	東大垣→大垣	7:12~8:12	1×2	238	141	59
長良川鉄道	越美南線	前平公園→美濃太田	7:00~8:00	1.5×2	316	133	42
愛知環状鉄道	愛知環状鉄道線	新上挙母→三河豊田	7:35~8:35	2.8×8	3,166	1,489	47
東海交通事業	城北線	比良→小田井	7:40~8:40	1×3	330	111	34
名古屋臨海高速鉄道	西名古屋港線	ささしまライブ→名古屋	7:30~8:30	4×6	3,486	2,250	65
四日市あすなろう鉄道	内部線	赤堀→あすなろう四日市	7:00~8:00	3×6	1,044	799	77
静岡鉄道	静岡清水線	古庄→長沼	8:00~9:00	2×10	2,480	2,076	84
遠州鉄道	鉄道線	助信→八幡	7:30~8:30	4×5	2,720	2,315	85
養老鉄道	養老線	北大垣→室	7:10~8:10	2.7×3	1,088	1,102	101
天竜浜名湖	天竜浜名湖線	西掛川→掛川市役所前	7:00~8:00	1×3	360	219	61
叡山電鉄	叡山本線	元田中→出町柳	7:00~8:00	1.5×11	1,642	870	53
京福電気鉄道	嵐山本線	蚕ノ社→嵐電天神川	7:30~8:29	1.5×12	1,655	1,027	62
京福電気鉄道	北野線	撮影所前→常盤	7:30~8:29	1×6	552	412	75
北大阪急行電鉄	南北線	緑地公園→江坂	7:00~8:00	10×11	15,132	13,165	87
泉北高速鉄道	泉北高速鉄道線	深井→中百舌鳥	6:54~7:53	7.8×13	13,308	14,283	107
水間鉄道	水間線	近義の里→貝塚市役所前	7:00~8:00	2×3	750	470	63
能勢電鉄	妙見線	絹延橋→川西能勢口	7:00~8:00	5.2×13	8,521	5,610	66
能勢電鉄	日生線	日生中央→山下	6:45~7:45	6.3×7	5,515	1,291	23
神戸電鉄	有馬線	花山→谷上	7:00~8:00	3.6×11	4,560	3,802	83
山陽電気鉄道	本線	西新町→明石	7:00~8:00	4.4×15	7,986	6,896	86
阪堺電気軌道	阪堺線	今船→今池	7:30~8:30	1×4	300	99	33
阪堺電気軌道	上町線	松虫→阿倍野	7:30~8:30	1.3×18	1,350	1,201	89
広島電鉄	2号線	東高須→広電西広島	7:00~7:59	3×15	2,250	3,147	140
岡山電気軌道	東山線	岡山駅前停留場→東山停留場	7:10~8:10	1×15	1,200	769	64
筑豊電気鉄道	筑豊電気鉄道線	萩原→熊西	6:55~7:54	1.8×11	1,038	1,024	99
熊本電気鉄道	菊池線	亀井→北熊本	7:30~8:30	2×4	1,084	822	76

国土交通省鉄道局資料による。

〔モノレール〕 (令和4(2022)年度)

事業者名	線　名	区　間			時間帯	編成・本数 (両×本)	輸送力 (人)	輸送人員 (人)	混雑率 (%)
東　　京 モノレール	東京モノレール 羽田空港線	モノレール 浜松町	→	天王洲 アイル	7:30～8:30	6 × 15	8,700	6,699	77
多摩都市 モノレール	多摩都市 モノレール線	柴崎体育 館	→	立川南	7:26～8:26	4 × 8	3,296	3,281	100
千葉都市 モノレール	2　　号	千葉公園	→	千　葉	7:30～8:30	2 × 10	1,610	2,125	132
湘　南 モノレール	江の島	富士見町	→	大　船	7:19～8:11	3 × 8	1,776	2,387	134
大　阪 モノレール	大　阪 モノレール	少　路	→	千里中央	8:00～8:59	4 × 7	2,856	3,000	105
北九州高速 鉄　　道	北九州モノレール	片　野	→	香春口三萩野	7:30～8:30	4 × 9	3,528	2,451	69

〔新交通システム〕 (令和3(2021)年度)

事業者名	線　名	区　間			時間帯	編成・本数 (両×本)	輸送力 (人)	輸送人員 (人)	混雑率 (%)
山　万	ユーカリが丘線	地区 センター	→	ユーカリが丘	6:55～7:55	3 × 8	1,120	244	22
埼玉 新都市交通	伊奈線	鉄道博物館	→	大　宮	7:00～8:00	6 × 12	3,144	3,693	117
東　京　都	日暮里・舎人 ライナー	赤土 小学校前	→	西日暮里	7:20～8:20	5 × 19	4,771	7,389	155
ゆりかもめ	東京臨海 新交通臨海線	汐留	→	竹芝	7:00～8:00	6 × 13	3,978	2,818	71
横浜 シーサイドライン	金沢 シーサイドライン	新杉田	→	南部市場	7:32～8:32	5 × 16	3,776	3,676	97
愛知高速 交　通	東部丘陵線	杁ヶ池公園	→	長久手古戦場	8:00～9:00	3 × 9	2,196	2,030	92
名　古　屋 ガイドウェイバス	志段味線	守山	→	砂田橋	7:22～8:22	1 × 24	1,656	1,278	77
大阪市高速 電気軌道	南港 ポートタウン線	コスモ スクエア	→	トレード センター前	7:50～8:50	4 × 25	4,032	4,051	100
		住之江 公園	→	平林	7:40～8:40	4 × 25	4,032	2,945	73
神戸新交通	ポートアイランド線	貿易 センター	→	ポート ターミナル	8:00～9:00	6 × 27	8,127	8,283	102
	六甲アイランド線	魚崎	→	南魚崎	7:30～8:30	4 × 21	3,822	3,453	90

国土交通省鉄道局資料による。

大都市旅客輸送

主要駅の1日平均乗車人員の推移　（単位：人）

区分	事業者名	駅名	平成26年度	平成27年度	平成28年度	平成29年度	平成30年度
首 都 圏	JR東日本	新　宿	748,156	760,044	769,307	778,616	789,364
		池　袋	549,504	556,781	559,921	566,515	566,992
		渋　谷	371,789	372,235	371,334	370,668	370,855
		東　京	417,822	434,634	439,553	452,548	467,164
	東　武	池　袋	236,737	239,683	239,912	241,150	241,521
		北千住	217,405	220,743	223,214	225,784	288,060
	西　武	池　袋	241,573	244,273	244,972	247,058	247,767
	京　成	京成船橋	46,003	46,675	46,973	47,225	47,142
	京　王	新　宿	364,781	375,658	380,825	388,841	394,526
	小田急	新　宿	248,101	250,227	251,970	253,879	260,180
	東　急	渋　谷	552,784	565,844	573,677	580,805	583,474
	京　急	横　浜	154,400	156,566	158,263	160,397	162,003
	相　鉄	横　浜	208,074	210,656	212,049	213,874	214,345
	東京地下鉄	池　袋	260,841	269,664	273,523	278,863	282,126
		渋　谷	485,548	504,314	516,863	529,079	535,975
中 京 圏	JR東海	名古屋	198,504	204,508	208,912	216,041	219,918
		高蔵寺	19,951	20,090	15,712	15,816	15,819
	名　鉄	名鉄名古屋	138,647	141,678	143,463	148,077	150,611
	近　鉄	近鉄名古屋	59,992	61,749	62,811	63,414	63,173
	名古屋市	名古屋	180,068	184,555	189,605	196,367	199,882
京 阪 神 圏	JR西日本	大　阪	423,759	431,743	431,542	436,186	433,636
		天王寺	141,463	143,202	145,099	148,255	147,871
		鶴　橋	95,699	97,240	98,200	99,474	100,066
	近　鉄	大阪難波	100,252	101,883	101,570	101,655	100,907
	南　海	難　波	123,214	126,710	127,819	128,879	128,742
	京　阪	京　橋	87,532	87,997	84,997	87,704	86,518
	阪　急	梅　田	303,288	307,497	307,729	311,195	313,003
	阪　神	梅　田	81,841	83,276	85,334	86,438	87,342
	大阪市	梅　田	218,093	597,344	580,751	218,421	219,739
		難　波	122,389	339,377	326,381	122,833	126,412

(注)1. 連絡乗客を含む。
　　　2. 都市・地域交通年報及び一般財団法人　運輸総合研究所調べによる。

東京圏の最混雑区間における平均混雑率・輸送力・輸送人員の推移

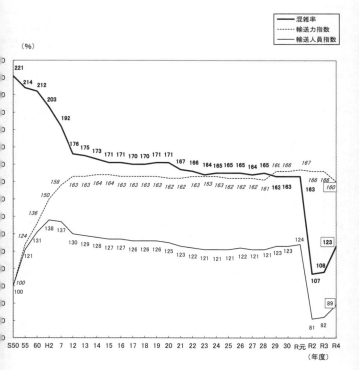

（注）1. 混雑率は主要31路線の平均
　　　2. 輸送力、輸送人員は昭和50年度を100とした指数

大都市旅客輸送

大阪圏の最混雑区間における平均混雑率・輸送力・輸送人員の推移

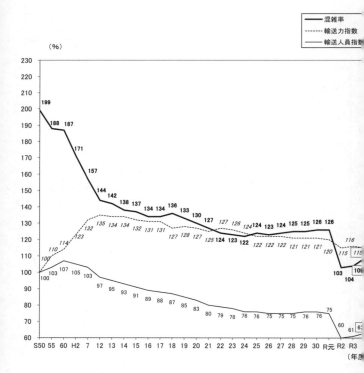

凡例:
- ── 混雑率
- ---- 輸送力指数
- ── 輸送人員指数

(注)1. 混雑率は主要20路線の平均
   2. 輸送力、輸送人員は昭和50年度を100とした指数

S50 55 60 H2 7 12 13 14 15 16 17 18 19 20 21 22 23 24 25 26 27 28 29 30 R元 R2 R3 (年度)

混雑率: 199 188 187 171 157 144 142 138 137 134 134 136 133 130 127 127 126 124 124 123 124 125 125 126 126 103 104

輸送力指数: 100 110 114 123 132 135 134 134 132 131 131 127 128 127 125 124 123 122 122 122 122 121 121 121 120 115 115 116

輸送人員指数: 100 103 107 105 103 97 95 93 91 89 88 87 85 83 80 79 78 76 76 75 75 75 76 76 75 60 61 63

大都市旅客輸送

名古屋圏の最混雑区間における平均混雑率・輸送力・輸送人員の推移

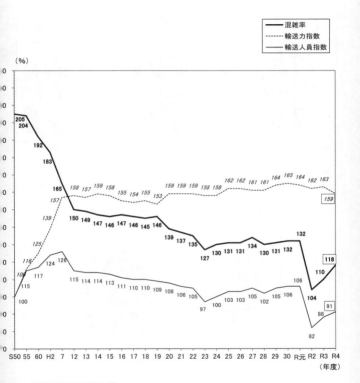

(注) 1. 混雑率は主要8路線の平均
　　 2. 輸送力、輸送人員は昭和50年度を100とした指数

混雑率の目安

100%

定員乗車(座席につくか,吊革につかまるか,ドア付近の柱につかまることができる)。

150%

広げて楽に新聞を読める。

180%

折りたたむなど無理をすれば新聞を読める。

200%

体がふれあい相当圧迫感があるが,週刊誌程度なら何とか読める。

250%

電車がゆれるたびに体が斜めになって身動きができず,手も動かせない。

都市鉄道の直通運転の状況

線名	事業者名	乗り入れ区間			乗り入れ開始年月日
		事業者名	線名	区間	
	東京都	京成	押上・本線・東成田線	押上～東成田	S35.12.4
	東京都	京成	本線	京成成田～成田空港	H10.11.18
	東京都	京成	成田空港線	京成高砂～成田空港	H22.7.17
	東京都	京急	本線・久里浜線	泉岳寺～三崎口	S43.6.21
	東京都	京急	空港線	京急蒲田～羽田空港第1・第2ターミナル	H5.4.1
	東京都	北総	北総線	京成高砂～印旛日本医大	H3.3.31
	東京都	芝山	芝山鉄道線	東成田～芝山千代田	H14.10.27
	京成	東京都	浅草線	押上～西馬込	S35.12.4
	京成	京急	本線・久里浜線	泉岳寺～三崎口	S43.6.21
	京成	京急	空港線	京急蒲田～羽田空港第1・第2ターミナル	H5.4.1
	京成	北総	北総線	京成高砂～印旛日本医大	H3.3.31
	京成	芝山	芝山鉄道線	東成田～芝山千代田	H14.10.27
1号線（浅草線）	京急	東京都	浅草線	泉岳寺～押上	S43.6.21
	京急	京成	押上・本線・東成田線	押上～東成田	S48.12.16
	京急	京成	本線	京成成田～成田空港	H10.11.18
	京急	京成	成田空港線	京成高砂～成田空港	H22.7.17
	京急	北総	北総線	京成高砂～印旛日本医大	H3.3.31
	京急	芝山	芝山鉄道線	東成田～芝山千代田	H14.10.27
	北総	東京都	浅草線	押上～西馬込	H3.3.31
	北総	京成	本線・押上線	京成高砂～押上	H3.3.31
	北総	京急	本線	泉岳寺～京急蒲田	H3.3.31
	北総	京急	空港線	京急蒲田～羽田空港第1・第2ターミナル	H7.4.1
	芝山	京成	東成田・本線	東成田～京成上野	H14.10.27
	芝山	京成	押上線	青砥～押上	H14.10.27
	芝山	東京都	浅草線	押上～西馬込	H14.10.27
	芝山	京急	本線	泉岳寺～京急蒲田	H14.10.27
	芝山	京急	空港線	京急蒲田～羽田空港第1・第2ターミナル	H14.10.27

路線略図
（太線は相互乗り入れ区間）

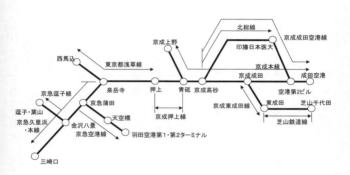

大都市旅客輸送

線名	事業者名	乗り入れ区間 事業者名	線名	区間	乗り入れ開始年月日
2号線 （日比谷線）	東京地下鉄	東武	伊勢崎線	北千住～北越谷	S37.5.31
	東京地下鉄	東武	伊勢崎線	北越谷～北春日部	S41.9.1
	東京地下鉄	東武	伊勢崎線	北春日部～東武動物公園	S56.3.16
	東京地下鉄	東武	伊勢崎線	東武動物公園～久喜	R2.6.6
	東京地下鉄	東武	日光線	東武動物公園～南栗橋	H25.3.16
	東武	東京地下鉄	日比谷線	北千住～人形町	S37.5.31
	東武	東京地下鉄	日比谷線	人形町～東銀座	S38.2.28
	東武	東京地下鉄	日比谷線	東銀座～中目黒	S39.7.22
5号線 （東西線）	東京地下鉄	JR東日本	中央線	中野～荻窪	S41.4.28
	東京地下鉄	JR東日本	中央線	荻窪～三鷹	S44.4.8
	東京地下鉄	JR東日本	総武線	西船橋～津田沼	S44.4.8
	東京地下鉄	東葉高速	東葉高速線	西船橋～東葉勝田台	H8.4.27
	JR東日本	東京地下鉄	東西線	中野～大手町	S41.10.1
	JR東日本	東京地下鉄	東西線	大手町～東陽町	S42.9.14
	JR東日本	東京地下鉄	東西線	東陽町～西船橋	S44.3.29
	東葉高速	東京地下鉄	東西線	西船橋～中野	H8.4.27
6号線 （三田線）	東京都	東急	目黒・東横線	目黒～武蔵小杉	H12.9.26
	東京都	東急	目黒・東横線	武蔵小杉～日吉	H20.6.22
	東京都	東急	東急新横浜線	日吉～新横浜	R5.3.18
	東急	東京都	三田線	目黒～西高島平	H12.9.26
	東急	相模鉄道	相鉄本線・相鉄新横浜線	新横浜～海老名	R5.3.18
	東急	相模鉄道	相鉄いずみ野線	二俣川～湘南台	R5.3.18
	相模鉄道	東急	目黒・東横線、東急新横浜線	新横浜～目黒	R5.3.18
	相模鉄道	東京都	三田線	目黒～西高島平	R5.3.18
7号線 （南北線）	東京地下鉄	東急	目黒・東横線	目黒～武蔵小杉	H12.9.26
	東京地下鉄	東急	目黒・東横線	武蔵小杉～日吉	H20.6.22
	東京地下鉄	東急	東急新横浜線	日吉～新横浜	R5.3.18
	東京地下鉄	埼玉高速鉄道	埼玉高速鉄道線	赤羽岩淵～浦和美園	H13.3.28
	東急	東京地下鉄	南北線	目黒～赤羽岩淵	H12.9.26
	東急	埼玉高速鉄道	埼玉高速鉄道線	赤羽岩淵～浦和美園	H13.3.28
	東急	相模鉄道	相鉄本線・相鉄新横浜線	新横浜～海老名	R5.3.18
	東急	相模鉄道	相鉄いずみ野線	二俣川～湘南台	R5.3.18
	埼玉高速鉄道	東京地下鉄	南北線	赤羽岩淵～目黒	H13.3.28
	埼玉高速鉄道	東急	目黒・東横線	目黒～武蔵小杉	H13.3.28
	埼玉高速鉄道	東急	目黒・東横線	武蔵小杉～日吉	H20.6.22
	埼玉高速鉄道	東急	東急新横浜線	日吉～新横浜	R5.3.18
	相模鉄道	東急	東急新横浜線・目黒・東横線	新横浜～目黒	R5.3.18
	相模鉄道	東京地下鉄	南北線	目黒～赤羽岩淵	R5.3.18
	相模鉄道	埼玉高速鉄道	埼玉高速鉄道線	赤羽岩淵～浦和美園	R5.3.18

路線略図
（太線は相互乗り入れ区間）

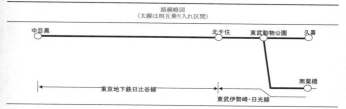

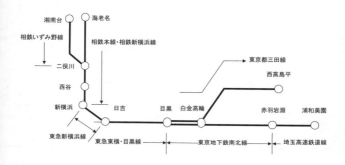

大都市旅客輸送

線 名	事業者名	乗 り 入 れ 区 間			乗り入れ
		事 業 者 名	線 名	区 間	開始年月日
8号線 (有楽町線)	東京地下鉄	東 武	東 上 本 線	和 光 市 ～ 川 越 市	S62. 8.25
	東京地下鉄	東 武	東 上 本 線	川 越 市 ～ 森 林 公 園	H20. 6.14
	東京地下鉄	西 武	西武有楽町線	小 竹 向 原 ～ 新 桜 台	S58.10. 1
	東京地下鉄	西 武	西武有楽町線	新 桜 台 ～ 練 馬	H6.12. 7
	東京地下鉄	西 武	池 袋 線	練 馬 ～ 飯 能	H10. 3.26
	東 武	東京地下鉄	有 楽 町 線	和 光 市 ～ 新 富 町	S62. 8.25
	東 武	東京地下鉄	有 楽 町 線	新 富 町 ～ 新 木 場	S63. 6. 8
	西 武	東京地下鉄	有 楽 町 線	小 竹 向 原 ～ 新 富 町	S58.10. 1
	西 武	東京地下鉄	有 楽 町 線	小 竹 向 原 ～ 新 木 場	H6.12. 7
9号線 (千代田線)	東京地下鉄	JR東日本	常 磐 線	綾 瀬 ～ 我 孫 子	S46. 4.20
	東京地下鉄	JR東日本	常 磐 線	我 孫 子 ～ 取 手	S57.11.15
	東京地下鉄	小 田 急	小 田 原 線	代 々 木 上 原 ～ 本 厚 木	S53. 3.31
	東京地下鉄	小 田 急	多 摩 線	新 百 合 ヶ 丘 ～ 唐 木 田	H14. 3.23
	東京地下鉄	小 田 急	小 田 原 線	本 厚 木 ～ 伊 勢 原	H30. 3.17
	JR東日本	東京地下鉄	千 代 田 線	綾 瀬 ～ 代 々 木 上 原	S46. 4.20
	JR東日本	小 田 急	小 田 原 線	代 々 木 上 原 ～ 本 厚 木	H28. 3.26
	JR東日本	小 田 急	多 摩 線	新 百 合 ヶ 丘 ～ 唐 木 田	H28. 3.26
	JR東日本	小 田 急	小 田 原 線	本 厚 木 ～ 伊 勢 原	H30. 3.17
	JR東日本	東京地下鉄	千 代 田 線	北 綾 瀬 ～ 綾 瀬	H31. 3.16
	小 田 急	東京地下鉄	千 代 田 線	代 々 木 上 原 ～ 綾 瀬	S53. 3.31
	小 田 急	JR東日本	常 磐 線	綾 瀬 ～ 取 手	H28. 3.26
	小 田 急	東京地下鉄	千 代 田 線	北 綾 瀬 ～ 綾 瀬	H31. 3.16
10号線 (新宿線)	東 京 都	京 王 電 鉄	京王・高尾線	新 宿 ～ 高 尾 山 口	S55. 3.16
	東 京 都	京 王 電 鉄	相 模 原 線	調 布 ～ 橋 本	S55. 3.16
	京 王	東 京 都	新 宿 線	新 宿 ～ 本 八 幡	S55. 3.16

路線略図
（太線は相互乗り入れ区間）

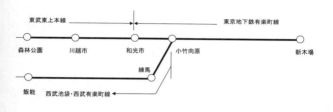

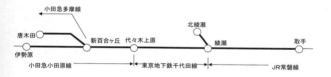

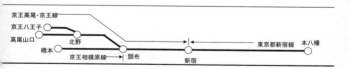

線名	事業者名	乗り入れ区間			乗り入れ開始年月日
		事業者名	線名	区間	
11号線 (半蔵門線)	東京地下鉄	東急	田園都市線	渋谷～二子玉川	S53.8.1
	東京地下鉄	東急	田園都市線	二子玉川～長津田	S54.8.12
	東京地下鉄	東急	田園都市線	長津田～つきみ野	S56.4.1
	東京地下鉄	東急	田園都市線	つきみ野～中央林間	S59.4.9
	東京地下鉄	東武	伊勢崎・日光線	押上～南栗橋	H15.3.19
	東京地下鉄	東武	伊勢崎線	東武動物公園～久喜	H18.3.18
	東急	東京地下鉄	半蔵門線	渋谷～青山一丁目	S53.8.1
	東急	東京地下鉄	半蔵門線	青山一丁目～永田町	S54.9.21
	東急	東京地下鉄	半蔵門線	永田町～半蔵門	S57.12.9
	東急	東京地下鉄	半蔵門線	半蔵門～三越前	H1.1.26
	東急	東京地下鉄	半蔵門線	三越前～水天宮前	H2.11.28
	東急	東京地下鉄	半蔵門線	水天宮前～押上	H15.3.19
	東急	東武	伊勢崎・日光線	押上～南栗橋	H15.3.19
	東急	東武	伊勢崎線	東武動物公園～久喜	H18.3.18
	東武	東急	半蔵門線	押上～渋谷	H15.3.19
	東武	東急	田園都市線	渋谷～中央林間	H15.3.19
13号線 (副都心線)	東京地下鉄	東武	東上本線	和光市～森林公園	H20.6.14
	東京地下鉄	東武	東上本線	和光市～小川町	H31.3.16
	東京地下鉄	西武	西武有楽町・池袋線	小竹向原～飯能	H20.6.14
	東京地下鉄	東急	東横線	渋谷～横浜	H25.3.16
	東京地下鉄	横浜高速	みなとみらい21線	横浜～元町・中華街	H25.3.16
	東武	東京地下鉄	副都心線	和光市～渋谷	H20.6.14
	東武	東急	東横線	渋谷～横浜	H25.3.16
	東武	東急	東急新横浜線	日吉～新横浜	R5.3.18
	東武	横浜高速	みなとみらい21線	横浜～元町・中華街	H25.3.16
	西武	東京地下鉄	副都心線	小竹向原～渋谷	H20.6.14
	西武	東急	東横線	渋谷～横浜	H25.3.16
	西武	横浜高速	みなとみらい21線	横浜～元町・中華街	H25.3.16
	東急	東京地下鉄	副都心線	渋谷～和光市	H25.3.16
	東急	西武	西武有楽町・池袋線	小竹向原～飯能	H25.3.16
	東急	東武	東上本線	和光市～森林公園	H25.3.16
	東急	東武	東上本線	森林公園～小川町	H31.3.16
	東急	相模鉄道	相鉄本線・相鉄新横浜線	新横浜～海老名	R5.3.18
	東急	相模鉄道	相鉄いずみ野線	二俣川～湘南台	R5.3.18
	東急	横浜高速	みなとみらい21線	横浜～元町・中華街	H16.2.1
	横浜高速	東急	東横線	横浜～渋谷	H16.2.1
	横浜高速	東京地下鉄	副都心線	渋谷～和光市	H25.3.16
	横浜高速	西武	西武有楽町・池袋線	小竹向原～飯能	H25.3.16
	横浜高速	東武	東上本線	和光市～森林公園	H25.3.16
	横浜高速	東武	東上本線	和光市～小川町	H31.3.16
	相模鉄道	東急	東急新横浜線・東横線	新横浜～渋谷	R5.3.18
	相模鉄道	東京地下鉄	副都心線	渋谷～和光市	R5.3.18

路線略図
（太線は相互乗り入れ区間）

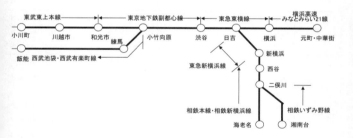

大都市旅客輸送

線名	事業者名	乗り入れ区間			乗り入れ開始年月日
		事業者名	線名	区間	
りんかい線	東京臨海高速	JR東日本	埼京・川越線	大崎～川越	H14.12.1
	JR東日本	東京臨海高速	りんかい線	大崎～新木場	H14.12.1
相鉄新横浜線	相模鉄道	JR東日本	東海道貨物・埼京・川越線	羽沢横浜国大～川越	R1.11.30
	JR東日本	相模鉄道	相鉄本線・相鉄新横浜線	羽沢横浜国大～海老名	R1.11.30
	相模鉄道	東急	東急新横浜・目黒・東横線	新横浜～目黒・渋谷	R5.3.18
	東急	相模鉄道	相鉄新横浜・いずみ野・相鉄本線	新横浜～湘南台・海老名	R5.3.18
新京成線	新京成	京成	千葉線	京成津田沼～千葉中央	H18.12.10
3号線 (鶴舞線)	名古屋市	名鉄	豊田・三河線	赤池～豊田市	S54.7.29
	名古屋市	名鉄	犬山線	上小田井～犬山	H5.8.12
	名鉄	名古屋市	鶴舞線	赤池～上小田井	S54.7.29
上飯田線	名鉄	名古屋市	上飯田線	上飯田～平安通	H15.3.27
	名古屋市	名鉄	小牧線	上飯田～犬山	H15.3.27
1号線 (御堂筋線)	大阪メトロ	北大阪急行	南北線	江坂～千里中央	S45.2.24
	北大阪急行	大阪メトロ	御堂筋線	江坂～あびこ	S45.2.24
	北大阪急行	大阪メトロ	御堂筋線	あびこ～なかもず	S62.4.18
4号線 (中央線)	近鉄	大阪メトロ	中央線	長田～大阪港	S61.10.1
	近鉄	大阪メトロ	中央線	大阪港～コスモスクエア	H9.12.18
	大阪メトロ	近鉄	東大阪線	長田～生駒	S61.10.1
	大阪メトロ	近鉄	けいはんな線	生駒～学研奈良登美ヶ丘	H18.3.27
6号線 (堺筋線)	阪急	大阪メトロ	堺筋線	天神橋筋六丁目～動物園前	S44.12.6
	阪急	大阪メトロ	堺筋線	動物園前～天下茶屋	H5.3.4
	大阪メトロ	阪急	千里線	天神橋筋六丁目～北千里	S44.12.6
	大阪メトロ	阪急	京都線	天神橋筋六丁目～高槻市	S44.12.6
泉北高速鉄道線	泉北高速鉄道	南海	南海本線・高野線	中百舌鳥～難波	S46.4.1
	南海	泉北高速鉄道	泉北高速鉄道線	中百舌鳥～泉ヶ丘	S46.4.1
	南海	泉北高速鉄道	泉北高速鉄道線	泉ヶ丘～栂・美木多	S48.12.7
	南海	泉北高速鉄道	泉北高速鉄道線	栂・美木多～光明池	S52.8.20
	南海	泉北高速鉄道	泉北高速鉄道線	光明池～和泉中央	H7.4.1

路線略図
（太線は相互乗り入れ区間）

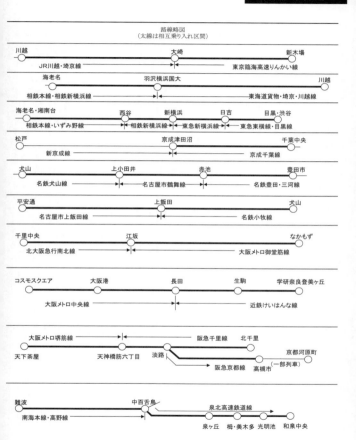

大都市旅客輸送

線　名	事業者名	乗　り　入　れ　区　間			乗り入れ開始年月日
		事業者名	線　名	区　間	
神戸高速線	阪　　神	山　　陽	本　　線	西　　代～須磨浦公園	S43.4.7
	阪　　神	山　　陽	本　　線	須磨浦公園～山陽姫路	H10.2.15
	山　　陽	阪　　急	神戸高速線	新　開　地～神　戸　三　宮(阪　急)	S43.4.7
	山　　陽	阪　　神	神戸高速線・本線	西　　代～大　　石	S43.4.7
	山　　陽	阪　　神	本　　線	大　　石～大　阪　梅　田(阪　神)	H10.2.15
阪神なんば線	近　　鉄	阪　　神	本　　線・阪神なんば線	神　戸　三　宮(阪　神)～大　阪　難　波	H21.3.20
	阪　　神	近　　鉄	難　波・大　阪・奈　良　線	大　阪　難　波～近　鉄　奈　良	H21.3.20
烏丸線	京　都　市	近　　鉄	京　都　線	竹　　田～新　田　辺	S63.8.28
	京　都　市	近　　鉄	京　都　線・奈　良　線	新　田　辺～奈　　良	H12.3.15
	近　　鉄	京　都　市	烏　丸　線	竹　　田～北　大　路	S63.8.28
	近　　鉄	京　都　市	烏　丸　線	北　大　路～北　　山	H2.10.24
	近　　鉄	京　都　市	烏　丸　線	北　　山～国　際　会　館	H9.6.3
東西線(京都市)	京　　阪	京　都　市	東　西　線	御　　陵～京都市役所前	H9.10.12
	京　　阪	京　都　市	東　西　線	京都市役所前～太秦天神川	H20.1.16
妙見・日生線	阪　　急	能　勢　電　鉄	妙見・日生線	川西能勢口～日　生　中　央	H9.11.17
	能　勢　電　鉄	阪　　急	宝　塚　線	川西能勢口～大　阪　梅　田(阪　急)	H9.11.17
1号線(空港線)	福　岡　市	ＪＲ九州	筑　肥　線	姪　　浜～筑　前　前　原	S58.3.22
	福　岡　市	ＪＲ九州	筑　肥　線	筑前前原～筑前深江	H14.3.23
	ＪＲ九州	福　岡　市	1　号　線	姪　　浜～博　　多	S58.3.22
	ＪＲ九州	福　岡　市	1　号　線	博　　多～福　岡　空　港	H5.3.3

注1　直通運転は行われているものの、その本数がわずかな区間に関しては、一部記載を省略している。
注2　乗り入れ開始年月日は、乗り入れ区間路線への乗り入れ開始時としている。

路線略図
(太線は相互乗り入れ区間)

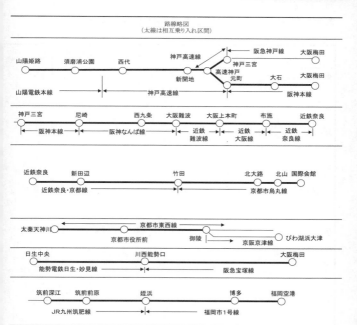

大都市旅客輸送

大手民鉄主要線区における所要時間及び最高速度

（令和5年7月1日現在）

事業者名	線区(区間)	営業キロ (km)	所要時間	表定速度 (km/h)	最高速度 (km/h)	最高列車種別
東 武 鉄 道	伊勢崎・日光線 (浅草ー東武日光)	135.5	1:47	76.0	120	特急 スペーシア
	東上本線 (池袋ー小川町)	64.1	0:59	65.2	100	川越特急
西 武 鉄 道	池袋・西武秩父線 (池袋ー西武秩父)	76.8	1:17	59.8	105	特急 ちちぶ号
	新宿線 (西武新宿ー本川越)	47.5	0:44	64.8	105	特急 小江戸号
京 成 電 鉄	本線・成田空港線 (京成上野 ー成田空港)	64.1	0:44	87.4	160	特急 スカイライナー
京 王 電 鉄	京王線 (新宿ー京王八王子)	37.9	0:36	63.2	110	京王 ライナー
小 田 急 電 鉄	小田原線 (新宿ー小田原)	82.5	0:59	83.9	110	特急 スーパー はこね号
東 急 電 鉄	東横線 (渋谷ー横浜)	24.2	0:26	55.8	110	特急
	田園都市線 (渋谷ー中央林間)	31.5	0:35	54.0	110	急行
京浜急行電鉄	本線・久里浜線 (泉岳寺ー三崎口)	66.9	1:08	59.0	120	快特
相 模 鉄 道	本線 (横浜ー海老名)	24.6	0:26	56.0	100	特急
名 古 屋 鉄 道	名古屋本線 (豊橋ー名鉄岐阜)	99.8	1:19	75.8	120	快速特急

(令和5年7月1日現在)

事業者名	線区(区間)	営業キロ (km)	所要時間	表定速度 (km/h)	最高速度 (km/h)	最高列車 種　別
近畿日本鉄道	大阪線 (大阪上本町 　ー伊勢中川)	108.9	1:18	83.8	130	特急
	京都線 (京都 　ー大和西大寺)	34.6	0:28	74.1	105	特急
南海電気鉄道	南海本線 (難波ー和歌山市)	64.2	0:57	67.4	110	特急
京阪電気鉄道	京阪本線・鴨東線 (淀屋橋ー出町柳)	51.6	0:48	64.5	110	快速特急
阪　急　電　鉄	神戸本線 (大阪梅田 　ー神戸三宮)	32.3	0:27	70.9	115	特急
	京都本線 (大阪梅田 　ー京都河原町)	47.7	0:42	67.3	115	特急
阪神電気鉄道	本線 (元町ー大阪梅田)	32.1	0:33	57.8	106	特急
西日本鉄道	天神大牟田線 (福岡(天神) 　ー大牟田)	74.8	1:02	72.4	110	特急

(注)　所要時間及び表定速度は、当該区間を運行する列車のうち備考欄に記載した最も速い列車
　　によるものである。国土交通省鉄道局資料による。

モノレールの現状

事業所名 / 線名 / 項目	営 業 線			
事業所名	東京モノレール㈱		多摩都市モノレール㈱	
線名	東京モノレール羽田空港線		多摩都市モノレール線	
区　　間	モノレール浜松町・羽田空港第2ターミナル		多摩センター・上北台	
営業キロ(建設キロ) (km)	17.8		16.0	
駅 数 (駅)	11		19	
平 均 駅 間 距 離	1,780		889	
免 ・ 特 許 日	羽田・浜松町	整備場・羽田空港第2ターミナル	立川北・上北台	多摩センター・立川北
	S36.12.26	S60. 7.24	S62.12.26	
工 事 施 行 認 可 日	S38. 4.17	S61. 9.19 (1次) S63. 3.17 (2次)	H 2. 6.26	H 3. 9. 3
工 事 着 手 日	S38. 5. 1	S61.11.15	H 2.12.21	H 3.11.28
開 業 日	S39. 9.17	H16.12. 1	H10.11.27	H12. 1.10
形 式	跨座型		跨座型	
単 ・ 複 線 の 別	複線		複線	
保有車両数(両)	120		64	
車 両 長 (m)	15.2・16.4・16.6		14.6・15.5	
定員 (人 / 両)	76・84・85・86・88・89		98・108	
所 要 時 分	普通　　　24分00秒 区間快速　21分00秒 空港快速　18分55秒		36分00秒	
表定速度 (km／時)	普通　　　44.5 区間快速　50.9 空港快速　56.5		27.0	
1編成車両数(両)	6		4	
ワンマン運転状況	ワンマン運転		ワンマン運転	
1日当たり輸送人員(人) (令和4年度)	90,957		130,550	

（令和 5 年 3 月 31 日現在）

営　　業　　線		
大阪モノレール㈱		北九州高速鉄道㈱
大阪モノレール線	国際文化公園都市モノレール線(彩都線)	北九州モノレール小倉線
大阪空港・門真市	万博記念公園・彩都西	小倉・企救丘
21.2	6.8	8.8
14	4	13
1,631	1,700	733

大阪空港・柴原	柴原・千里中央	千里中央・南茨木	南茨木・門真市	万博記念公園・阪大病院前	阪大病院前・彩都西	小倉(現平和通)・企救丘	小倉・平和通
S57. 3.31			H2. 7. 3	H5. 1.27	H7. 9.26	S51.12. 6	H6. 6.27
S62.12.25	S62.12.25	S57.10.19(1次) S58.12.14(2次)	H3. 3.22	H6. 3.18	H9. 1. 6(1次) H9. 4.30(2次)	S53. 9.14	H7. 8. 7
S63. 1. 6	S57.11.17		H3. 3.25	H6. 3.22	H9. 3.27	S53.10.20	H7.10.16
H9. 4. 1	H6. 9.30	H2. 6. 1	H9. 8.22	H10.10. 1	H19. 3.19	S60. 1. 9	H10. 4. 1

大阪モノレール㈱		北九州高速鉄道㈱
跨座型		跨座型
複線		複線
92		36
14.6・15.5		14.6・15.5
95・96・97・100・105・107・108・110		93・103
上り 37分50秒 下り 37分40秒	上り 12分05秒 下り 11分30秒	19分00秒
上り 33.6 下り 33.8	上り 33.8 下り 35.5	27.4
4		4
ワンマン運転		ワンマン運転
121,441		30,910

大都市旅客輸送

区分 項目	営 業 線		
事業所名	沖縄都市 モノレール㈱	千葉都市モノレール㈱	
線名	沖縄都市 モノレール線	1 号 線	2 号 線
区　　　間	那覇空港 ・てだこ浦西	千葉みなと ・県庁前	千　葉 ・千城台
営業キロ(建設キロ)(km)	17.0	3.2	12.0
駅 数 （ 駅 ）	19	6（千葉駅含)	13
平均駅間距離(m)	940	640	1,000
免 ・ 特 許 日	那覇空港 ・首里 / 首里・ てだこ浦西	千葉みなと ・千葉 / 千葉 ・県庁前	スポーツセンター ・千城台 / 千葉 ・スポーツセンター
	H 8. 3.22 / H24. 1.26	S56. 3. 5	
工事施行認可日	H 8.10.28 / H25. 4. 4 (1次) H25. 6.27 (2次)	H 1.11.14 / H 3.11.29	S56.10.14 / S61. 7.30
工 事 着 手 日	H 8.11.26 / H25. 9.27	H 1.11.27 / H 4. 1.13	S57. 1.29 / S61. 8.14
開 業 日	H15. 8.10 / R 1.10. 1	H 7. 8. 1 / H11. 3.24	S63. 3.28 / H 3. 6.12
形　　　式	跨座型	懸垂型	
単・複線の別	複線	複線	
保有車両数(両)	42	32	
車 両 長 （ m)	14.7	14.8	
定員（人／両)	82・83	78・82・84	
所 要 時 分	約37分	9分30秒	24分00秒
表定速度 (km／時)	約27.4	20.2	30.0
1編成車両数(両)	2	2	
ワンマン運転状況	ワンマン運転	ワンマン運転	
1日当たり輸送人員 (人) (令和4年度)	46,326	48,949	

（令和5年3月31日現在）

営　　業　　線			
湘　南 モノレール㈱	スカイレール サービス㈱	東　京　都	㈱舞　浜 リゾートライン
江の島線	広島短距離交通 瀬　野　線	上野懸垂線 ※令和5年3月31日現在休止中	ディズニー リゾートライン
大　船 ・湘南江の島	みどり口 ・みどり中央	上野動物園東園 ・上野動物園西園	リゾートゲートウェイ・ステーション ・リゾートゲートウェイ・ステーション
6.6	1.3	0.3	5.0
8	3	2	4
943	650	300	1,250
大　船　西鎌倉 ・西鎌倉・湘南江の島	—	—	—
S40.10.29	H 8. 7.29	S32. 6.22	H 9. 6.27
S43. 5.30	H 8.12. 6	S32.10.12	H10. 9. 2(1次) H10.11.18(2次)
S43. 6. 5	H 8.12. 9	S32.10.17	H10.10. 6
S45. 3. 7　S46. 7. 2	H10. 8.28	S32.12.17	H13. 7.27
懸垂型	懸垂型	懸垂型	跨座型
単線	複線	単線	単線(環状線)
21	7	—	36
13.4	3.2	—	13.0・14.35
70・82	25	—	79・84・88・92・93・97・98
13分45秒	5分50秒	—	12分45秒
28.8	約15.0	—	23.5
3	1	—	6
2人乗務	無人運転	—	自動運転
27,408	1,474	—	51,440

新交通システムの現状

区分　事業所名　線名　　項目	営　　　業　　　線		
事業所名	山　万㈱	埼　玉 新都市交通㈱	西武鉄道㈱
線名	ユーカリが丘線	伊　奈　線	山　口　線
区　　　　間	ユーカリが丘 ・公　園	大　宮 ・内　宿	多摩湖 ・西武球場前
営業キロ(建設キロ)(km)	4.1	12.7	2.8
駅　数　（駅）	6	13	3
平均駅間距離(m)	683	1,058	1,400
免　・　特　許　日	ユーカリが丘 ・中学校　／　中学校 ・公　園	大　宮 ・羽　貫　／　羽　貫 ・内　宿	―
	S53.12.28	S56.4.3	S57.9.13
工事施行認可日	S54.12.21	S56.10.12	S59.4.16
工　事　着　手　日	S54.12.22	S56.10.13	S59.4.26
開　　業　　日	S57.11.2　／　S58.9.22	S58.12.22　／　H2.8.2	S60.4.25
形　　　　　式	中央案内軌条式	側方案内軌条式	側方案内軌条式
単・複線の別	単線	単線・複線	単線
保有車両数(両)	9	84	12
車　両　長　（m）	8.0・9.2	8.0	8.5
定員（人／両）	140/編成	43	71・80
所　要　時　分	14分15秒	25分00秒	上り 6分40秒 下り 7分10秒
表定速度 (km/時)	21.5	31.0	上り 25.2 下り 23.4
1編成車両数(両)	3	6	4
ワンマン運転状況	ワンマン運転	ワンマン運転	ワンマン運転
1日当たり輸送人員(人) （令和4年度）	1,604	47,696	3,354

（令和5年3月31日現在）

営　業　線

㈱ゆりかもめ	東京都	㈱横浜シーサイドライン
東京臨海新交通臨海線	日暮里・舎人ライナー	金沢シーサイドライン
新橋・豊洲	日暮里・見沼代親水公園	新杉田・金沢八景
14.7	9.7	10.8
16	13	14
986	808	831

新橋(仮駅)・有明	新橋・新橋(仮駅)	有明・豊洲	—	新杉田・金沢八景(暫定駅)	金沢八景(暫定駅)・金沢八景
S63. 11. 28	H10. 7. 10		H 7. 12. 28	S59. 4. 17	
H 1. 3. 10 / H 3. 6. 20	H11. 12. 8		H 9. 10. 30	S59. 10. 25	
H 1. 3. 11 / H 3. 12. 20	H11. 12. 13		H 9. 12. 1	S59. 11. 8	
H 7. 11. 1	H13. 3. 22	H18. 3. 27	H20. 3. 30	H 1. 7. 5	H31. 3. 31

側方案内軌条式	側方案内軌条式	側方案内軌条式
複線	複線	複線
156	100	90
9.0	9.0	8.4
49・52	47・48・49・50・51・53・54	46・47・48・49
上り 31分15秒 下り 31分00秒	約20分	25分10秒
上り 28.2 下り 28.5	上り27.7 下り27.9	25.3
6	5	5
無人運転	無人運転	無人運転
100,351	84,320	53,286

大都市旅客輸送

区分 事業所名 線名 項目	営　業　線		
	名古屋 ガイドウェイバス㈱	愛知高速交通㈱	大阪市高速電気軌道㈱
	ガイドウェイバス 志段味線	東部丘陵線	南港ポートタウン線
区　　　　間	大曽根 ・小幡緑地	藤が丘 ・八草	コスモスクエア ・住之江公園※
営業キロ(建設キロ)(km)	6.5	8.9	7.9
駅　数　(　駅　)	9	9	10
平均駅間距離(m)	813	1,113	878
免　・　特　許　日	— H6.10.25	— H13.10.3	中ふ頭 ・住之江公園 S52.12.7	コスモスクエア ・中ふ頭 H17.6.7
工事施行認可日	H8.1.17	H14.3.26	S53.2.28	—
工　事　着　手　日	H8.1.31	H14.3.27	S53.3.1	—
開　　業　　日	H13.3.23	H17.3.6	S56.3.16	H17.7.1
形　　　　　式	側方案内軌条式	常電導吸引型磁気浮上・ リニアインダクションモーター推進方式	側方案内軌条式
単・複線の別	複線	複線	複線
保有車両数(両)	28	27	80
車両長(m)	10.5	13.5・14.0	7.6
定員(人／両)	69	244／編成	40・43
所　要　時　分	13分00秒	17分00秒	18分25秒
表定速度(km／時)	30.0	約31.4	25.7
1編成車両数(両)	1	3	4
ワンマン運転状況	ワンマン運転	無人運転 (藤が丘〜はなみずき通って1名添乗)	無人運転
1日当たり輸送人員(人) (令和4年度)	10,738	23,323	61,185

※コスモスクエア〜中ふ頭についてはH17.6.30まで㈱大阪港トランスポートシステムが営業

（令和 5 年 3 月 31 日現在）

営　　業　　線				
神戸新交通㈱			広島高速交通㈱	
ポートアイランド線		六 甲アイランド線	広島新交通 1 号線	
三　宮・神戸空港		住　吉・マリンパーク	本　通・広域公園前	
10.8		4.5	18.4	
12		6	22	
900		900	876	
三　宮・中公園(ループ部)	中公園・神戸空港	—	本　通・長楽寺	長楽寺・広域公園前
S52.12.7	H3.9.4 / H14.11.6	S61.4.25	S63.8.22	H3.3.5
S53.3.6	H3.12.7 / H14.12.18	S61.8.25	S63.12.7 H1.9.14	H3.8.29 H4.1.31
S53.3.7	H14.3.27 / H14.12.20	S61.9.2	H1.3.1	H3.8.31
S56.2.5	H18.2.2	H2.2.21	H6.8.20	
側方案内軌条式			側方案内軌条式	
単線・複線		複線	複線	
114		48	150	
8.0		8.0	8.4 ～ 8.6	
48・50、49・51		42・46、44・47	43・50、40・46	
約18分	(三宮～神戸空港)約18分	10分00秒	35 ～ 39分	
21.4	28.1	27.0	30.0	
6		4	6	
無人運転			ワンマン運転	
65,276		34,737	59,086	

(注)　1.　平成 17 年 7 月、㈱大阪港トランスポートシステム(OTS)から、コスモスクエア～中ふ頭間(1.3km)の営業譲渡
　　　2.　広島高速交通の営業キロは、地下鉄部分（本通・県庁前間）0.3km を含む。

大都市旅客輸送

モノレールの概況（令和4年度）

事業者名	線　　名	輸送人員 （千人）	輸送密度 （人／日）	財 営業収入
東京モノレール	東京モノレール羽田空港線	33,199	54,917	8,958
多摩都市モノレール	多摩都市モノレール線	47,650	40,742	8,013
大阪モノレール	大阪モノレール線・彩都線	44,326	26,896	9,512
北九州高速鉄道	小　　倉　　線	11,282	15,403	2,378
沖縄都市モノレール	沖縄都市モノレール線	16,909	13,904	3,634
千葉都市モノレール	1号線・2号線	17,866	12,382	3,286
湘南モノレール	江　の　島　線	※10,004	13,818	※ 1,626
スカイレールサービス	広島短距離交通瀬野線	538	1,374	63
東　京　都	上　野　懸　垂　線	－	－	－
舞浜リゾートライン	ディズニーリゾートライン	18,776	25,801	5,192

※R2.10.1～R3.9.30 で集計

新交通システムの概況（令和4年度）

事業者名	線　　名	輸送人員 （千人）	輸送密度 （人／日）	財 営業収入
山　　　　万	ユーカリが丘線	※576	835	※195
埼玉新都市交通	伊　　奈　　線	17,409	23,047	3,274
西　武　鉄　道	山　　口　　線	1,224	2,398	49
ゆりかもめ	東京臨海新交通臨海線	36,628	34,501	8,070
東　京　都	日暮里・舎人ライナー	30,777	47,490	5,770
横浜シーサイドライン	金沢シーサイドライン	19,289	21,296	3,850
名古屋ガイドウェイバス	ガイドウェイバス志段味線	3,920	8,130	613
愛知高速交通	東　部　丘　陵　線	8,513	13,252	1,566
大阪市高速電気軌道	南港ポートタウン線	22,332	22,343	2,649
神　戸　新　交　通	ポートアイランド線	23,826	25,677	4,235
	六甲アイランド線	12,679	26,134	2,013
広島高速交通	広島新交通1号線	21,566	22,577	4,268

※営業年度は1月～12月

務　（百万円）		客車走行キロ（千km）	職員数（人）	都道府県	資本金（百万円）
営業費用	営業損益				
8,657	301	16,130	303	東 京 都	3,000
6,638	1,375	5,476	243	東 京 都	100
7,578	1,934	9,322	260	大 阪 府	14,538
1,843	535	2,678	121	福 岡 県	100
3,889	△255	2,970	229	沖 縄 県	100
3,151	135	2,374	170	千 葉 県	100
※1,818	※ △192	※2,014	92	神奈川県	100
166	△103	91	19	広 島 県	20
―	―	―	―	東 京 都	―
4,802	390	2,192	202	千 葉 県	5,500

務　（百万円）		客車走行キロ（千km）	職員数（人）	都道府県	資本金（百万円）
営業費用	営業損益				
256	△61	402	23	千 葉 県	3,000
3,019	255	5,922	128	埼 玉 県	2,000
242	△193	459	10	埼 玉 県	56,665
7,996	73	15,210	205	東 京 都	13,756
5,823	△53	8,124	79	東 京 都	10,354
3,590	260	6,082	117	神奈川県	10,100
826	△213	676	34	愛 知 県	3,000
1,472	94	2,538	78	愛 知 県	100
5,234	△2,585	5,018	171	大 阪 府	250,000
5,535	713	8,279 / 2,626	184	兵 庫 県	100
4,631	△363	9,678	207	広 島 県	10,000

空港アクセス鉄道の整備状況

空　　港	事 業 者 名	開 業 時 期	都 心 駅までの距離
新千歳国際	Ｊ Ｒ 北 海 道	平成 4 年 7 月	46.6km（札幌駅）
仙　　　台	仙台空港鉄道	平成 19 年 3 月	17.5km（仙台駅）
成 田 国 際	Ｊ Ｒ 東 日 本	平成 3 年 3 月	78.2km（東京駅）
	京 成 電 鉄	平成 3 年 3 月	66.2km（日暮里駅）
	京 成 電 鉄	平成 22 年 7 月	62.0km（日暮里駅）
東 京 国 際	東京モノレール	昭和 39 年 9 月平成 5 年 9 月 (現・羽田空港第 1 ターミナル駅)平成 16 年 12 月 (現・羽田空港第 2 ターミナル駅)	17.8km（浜松町駅）
	京 浜 急 行 電 鉄	平成 10 年 11 月	14.5km（品川駅）

空　港	事 業 者 名	開 業 時 期	都 心 駅 までの距離
中 部 国 際	名 古 屋 鉄 道	平成 17 年 1 月	39.3km （名鉄名古屋駅）
大 阪 国 際	大阪モノレール	平成 9 年 4 月	13.3km （梅田駅）
関 西 国 際	Ｊ Ｒ 西 日 本	平成 6 年 6 月	46.0km （天王寺駅）
	南 海 電 気 鉄 道	平成 6 年 6 月	42.8km （難波駅）
神 　 戸	神 戸 新 交 通	平成 18 年 2 月	8.2km （三宮駅）
福 　 岡	福 　 岡 　 市	平成 5 年 3 月	3.3km （博多駅）
宮 　 崎	Ｊ 　 Ｒ 　 九 　 州	平成 8 年 7 月	6.0km （宮崎駅）
那 　 覇	沖 縄 都 市 モ ノ レ ー ル	平成 15 年 8 月	6.0km （県庁前駅）

※事業者名に第3種鉄道事業者は記していない。

地方交通の概況(令和3年度)

項目 事業者名	営業キロ (km)	輸送人員 (千人)	輸送密度 (人/1日)
道南いさりび鉄道	37.8	523	417
津軽鉄道	20.7	177	245
弘南鉄道	30.7	1,336	1,200
青い森鉄道	121.9	3,438	1,616
青森県	-	-	-
IGRいわて銀河鉄道	82.0	4,356	2,231
三陸鉄道	163.0	636	232
由利高原鉄道	23.0	131	215
秋田内陸縦貫鉄道	94.2	180	168
山形鉄道	30.5	369	345
仙台空港鉄道	7.1	2,811	4,260
阿武隈急行	54.9	1,571	987
福島交通	9.2	1,672	2,363
会津鉄道	57.4	305	393
北越急行	59.5	740	722
えちごトキめき鉄道	97.0	2,988	1,155
長野電鉄	33.2	6,044	4,725
しなの鉄道	102.4	10,310	3,884
上田電鉄	11.6	637	806
アルピコ交通	14.4	1,124	1,558
富山地方鉄道	※ 108.4	10,264	1,607
あいの風とやま鉄道	100.1	11,371	5,686
黒部峡谷鉄道	20.1	542	2,784
のと鉄道	33.1	421	492
北陸鉄道	20.6	2,117	1,753
ＩＲいしかわ鉄道	17.8	6,399	10,025
関東鉄道	55.6	8,262	2,669
鹿島臨海鉄道	53.0	1,497	1,297
ひたちなか海浜鉄道	14.3	718	1,187
真岡鐵道	41.9	690	818
野岩鉄道	30.7	145	205

財務			職員数 (人)	都道府県	資本金 (百万円)
営業収益 (千円)	営業費用 (千円)	全事業経常 損益(千円)			
1,707,839	1,958,220	△ 257,308	102	北海道	466
90,476	148,760	△ 47,416	29	青森	73
279,941	476,528	△ 198,368	45	青森	175
1,888,815	1,856,619	30,277	325	青森	2,900
3,510,064	4,173,350	△ 630,540	6	青森	-
4,049,655	4,571,223	△ 340,576	186	岩手	1,850
325,328	1,065,499	△ 690,147	85	岩手	306
44,684	163,510	△ 100,353	29	秋田	100
101,967	474,250	△ 198,233	46	秋田	300
119,059	263,890	△ 137,583	32	山形	478
659,639	1,004,084	△ 347,526	52	宮城	7,129
431,025	1,055,343	△ 614,365	88	福島・宮城	1,500
366,522	439,653	△ 1,957,173	49	福島	100
258,826	776,159	△ 434,789	72	福島	1,500
349,226	1,286,294	△ 758,063	67	新潟	4,568
3,524,275	4,186,392	△ 467,583	242	新潟	6,677
1,445,331	1,745,783	△ 63,508	110	長野	495
3,472,259	4,014,774	△ 543,076	269	長野	2,392
201,654	285,925	△ 19,422	31	長野	10
278,423	363,424	△ 564,847	29	長野	50
2,043,130	2,599,665	△ 961,906	246	富山	1,558
5,015,351	5,527,263	△ 487,028	403	富山	4,000
1,193,948	1,935,320	△ 609,986	187	富山	100
114,564	449,809	△ 54,556	40	石川	450
443,487	644,852	△ 787,810	39	石川	1,815
2,057,580	2,095,087	△ 2,256	114	石川	2,006
1,967,757	2,115,592	△ 195,520	181	茨城	100
832,614	964,436	△ 74,375	91	茨城	1,226
214,620	322,137	△ 106,667	27	茨城	178
224,126	510,482	△ 126,140	49	栃木・茨城	100
182,195	511,730	△ 308,466	45	栃木・福島	1,000

地方旅客輸送

項　　目 事業者名	営業キロ （ｋｍ）	輸送人員 （千人）	輸送密度 （人／1日）
上毛電気鉄道	25.4	1,196	1,467
上信電鉄	33.7	1,528	1,679
わたらせ渓谷鐵道	44.1	237	218
秩父鉄道	71.7	5,293	2,872
埼玉高速鉄道	14.6	34,033	45,600
銚子電気鉄道	6.4	272	506
小湊鉄道	39.1	816	743
いすみ鉄道	26.8	222	294
流鉄	5.7	2,245	3,740
北総鉄道	32.3	30,030	31,999
千葉ニュータウン鉄道	－	－	－
東葉高速鉄道	16.2	42,382	64,755
芝山鉄道	2.2	416	1,139
成田空港高速鉄道	－	－	－
首都圏新都市鉄道	58.3	100,448	87,050
東京臨海高速鉄道	12.2	54,303	66,956
江ノ島電鉄	10.0	11,077	11,603
箱根登山鉄道	☆　16.2	4,685	4,695
伊豆箱根鉄道	☆　29.7	12,892	8,144
横浜高速鉄道	4.1	52,049	92,025
富士山麓電気鉄道	26.6	1,704	1,929
成田高速鉄道アクセス	－	－	－
伊豆急行	45.7	2,565	3,020
岳南電車	9.2	628	764
静岡鉄道	11.0	9,146	12,269
大井川鐵道	65.0	322	262
遠州鉄道	17.8	7,297	8,521
天竜浜名湖鉄道	67.7	1,146	573
豊橋鉄道	※　23.4	7,086	4,447

財務			職員数(人)	都道府県	資本金(百万円)
営業収益(千円)	営業費用(千円)	全事業経常損益(千円)			
290,345	569,711	△ 263,187	54	群馬	60
491,052	710,051	△ 388,213	102	群馬	280
135,963	442,463	△ 236,921	36	群馬・栃木	325
2,943,981	3,181,190	△ 112,439	268	埼玉	750
9,096,466	6,583,957	2,278,422	183	埼玉	100
77,636	237,912	535	31	千葉	69
345,544	439,360	△ 42,634	77	千葉	203
64,585	263,202	△ 183,219	33	千葉	269
278,783	393,511	△ 25,678	48	千葉	38
14,123,400	11,187,753	2,583,794	318	千葉	24,900
2,615,431	2,493,593	△ 108,235	2	千葉	10
13,136,162	9,738,150	2,251,724	299	千葉	62,600
66,080	373,727	△ 217,909	16	千葉	100
2,965,766	2,768,516	98,264	3	千葉	9,100
34,818,865	36,998,691	△ 4,323,294	732	東京	185,016
13,092,523	14,440,457	△ 2,024,123	313	東京	124,279
2,307,917	2,569,609	△ 440,560	161	神奈川	300
1,885,542	3,810,104	△ 1,625,791	186	神奈川	100
1,965,569	2,544,288	△ 1,257,187	240	神奈川・静岡	640
9,152,545	10,315,275	△ 2,154,378	125	神奈川	50,719
966,089	1,333,771	1,024,195	99	山梨	9,126
1,901,146	1,593,883	310,006	12	千葉	19,008
2,379,323	3,039,194	△ 626,411	254	静岡	90
159,307	246,599	△ 83,282	25	静岡	100
1,266,554	1,448,764	△ 26,816	108	静岡	1,800
571,411	914,943	△ 361,300	135	静岡	100
1,316,879	1,363,573	1,820,479	99	静岡	3,800
392,132	798,684	△ 389,471	71	静岡	100
1,284,676	1,553,330	41,136	187	愛知	100

項目 事業者名	営業キロ （km）	輸送人員 （千人）	輸送密度 （人／1日）
名古屋臨海高速鉄道	15.2	10,737	9,324
中部国際空港連絡鉄道	-	-	-
上飯田連絡線	-	-	-
愛知環状鉄道	45.3	13,129	8,266
東海交通事業	11.2	384	483
三岐鉄道	48.0	4,347	2,175
伊勢鉄道	22.3	826	1,552
伊賀鉄道	16.6	1,041	1,775
四日市あすなろう鉄道	7.0	2,306	2,954
四日市市	-	-	-
養老鉄道	57.5	4,927	2,456
樽見鉄道	34.5	485	404
明知鉄道	25.1	256	407
長良川鉄道	72.1	541	245
えちぜん鉄道	53.0	2,649	1,522
近江鉄道	59.5	3,693	1,371
信楽高原鐵道	14.7	314	701
北近畿タンゴ鉄道	-	-	-
嵯峨野観光鉄道	7.3	462	2,019
叡山電鉄	14.4	4,546	3,383
WILLER TRAINS	114.0	1,065	476
大阪港トランスポートシステム	-	-	-
関西高速鉄道	-	-	-
新関西国際空港	-	-	-
水間鉄道	5.5	1,532	2,797
大阪外環状鉄道	-	-	-
中之島高速鉄道	-	-	-
西大阪高速鉄道	-	-	-
奈良生駒高速鉄道	-	-	-
紀州鉄道	2.7	60	145
和歌山電鐵	14.3	1,422	2,107
和歌山県	-	-	-

財務			職員数 （人）	都道府県	資本金 （百万円）
営業収益 （千円）	営業費用 （千円）	全事業経常 損益（千円）			
1,981,169	2,431,113	△ 440,311	135	愛知	100
1,102,833	1,001,841	42,480	3	愛知	8,800
1,800,000	926,979	789,342	3	愛知	14,028
3,423,854	4,163,989	△ 698,434	237	愛知	9,475
88,886	285,527	247,274	30	愛知	100
1,383,985	1,806,758	△ 153,700	153	三重	400
302,034	559,624	△ 241,554	35	三重	360
273,000	394,499	△ 121,279	45	三重	65
385,656	361,714	35,622	45	三重	50
0	421,104	△ 421,104	5	三重	－
1,301,496	1,396,331	△ 53,685	120	三重・岐阜	100
144,267	305,990	△ 83,573	37	岐阜	100
72,608	265,677	△ 169,875	20	岐阜	200
222,976	602,427	△ 366,071	79	岐阜	400
685,284	1,183,651	△ 231,727	173	福井	497
868,300	1,290,381	273,296	109	滋賀	405
147,532	166,987	△ 15,906	19	滋賀	432
147,893	1,316,406	△ 1,166,850	6	京都	1,400
287,571	525,940	△ 198,434	79	京都	200
983,967	1,148,419	△ 95,744	102	京都	250
698,121	1,188,398	△ 76,557	147	京都	50
81,000	32,441	323,149	3	大阪	5,000
10,524,013	6,911,787	2,409,002	44	大阪	80,835
3,138,452	3,645,283	△ 12,724,417	3	大阪	300,000
234,320	288,010	△ 69,636	25	大阪	100
2,341,871	3,193,183	△ 1,056,560	7	大阪	24,637
2,055,482	1,815,763	△ 29,984	6	大阪	26,136
1,503,042	1,237,786	17,650	3	大阪	17,800
1,912,382	1,132,381	590,066	4	奈良	10,255
9,829	72,732	55,213	11	和歌山	95
252,182	427,936	28,804	39	和歌山	30,000
227	123	104	－	和歌山	－

地方旅客輸送

項目 事業者名	営業キロ （ｋｍ）	輸送人員 （千人）	輸送密度 （人／１日）
能勢電鉄	☆ 15.4	15,333	18,113
神戸電鉄	69.6	46,882	12,509
北条鉄道	13.6	278	395
水島臨海鉄道	10.4	1,342	2,325
井原鉄道	41.7	846	755
錦川鉄道	32.7	136	223
智頭急行	56.1	515	1,083
若桜鉄道	19.2	366	348
若桜町	-	-	-
八頭町	-	-	-
一畑電車	42.2	1,002	1,066
高松琴平電気鉄道	60.0	11,523	4,290
伊予鉄道	※ 43.5	14,268	4,409
土佐くろしお鉄道	109.3	1,424	635
阿佐海岸鉄道	10.0	49	111
筑豊電気鉄道	16.0	3,492	3,769
甘木鉄道	13.7	1,060	1,489
平成筑豊鉄道	51.3	1,280	626
北九州市	-	-	-
松浦鉄道	93.8	2,253	656
島原鉄道	43.2	1,002	851
肥薩おれんじ鉄道	116.9	803	486
熊本電気鉄道	13.1	1,098	1,225
南阿蘇鉄道	17.7	29	32
くま川鉄道	24.8	425	665

(注) 国土交通省鉄道局資料による。

財務			職員数 （人）	都道府県	資本金 （百万円）
営業収益 （千円）	営業費用 （千円）	全事業経常 損益(千円)			
2,593,115	2,885,141	△ 16,156	116	兵庫	100
8,397,658	8,531,790	498,596	457	兵庫	11,711
83,311	160,505	△ 35,437	17	兵庫	100
614,748	727,086	△ 35,107	60	岡山	850
261,595	522,764	△ 256,101	51	岡山・広島	700
72,327	181,646	△ 122,412	21	山口	100
1,799,870	2,221,299	△ 282,838	79	兵庫・鳥取	450
256,979	282,569	△ 12,415	23	鳥取	100
0	47,486	△ 66,193	0	鳥取	－
0	161,044	△ 163,608	0	鳥取	－
306,149	654,320	△ 363,323	66	島根	100
2,204,376	2,330,809	△ 238,003	259	香川	90
2,849,986	2,987,718	△ 126,916	284	愛媛	100
657,315	1,371,457	△ 690,769	110	高知	499
7,318	98,434	△ 81,397	11	徳島	100
703,912	908,324	△ 858	59	福岡	100
189,590	314,460	△ 117,256	31	福岡	156
318,513	637,665	11,444	58	福岡	273
818	47,175	△ 46,357	1	福岡	318
636,857	905,624	△ 266,115	99	佐賀・長崎	300
362,932	615,286	△ 573,727	90	長崎	90
1,619,644	2,169,538	△ 535,506	126	熊本・鹿児島	1,560
285,413	469,565	△ 311,726	38	熊本	100
24,185	77,994	△ 44,192	10	熊本	100
65,938	729,241	△ 576,771	27	熊本	100

※は軌道を含む。
☆は鋼索鉄道を含む。
第三種鉄道事業の営業キロは含まず。

路面電車事業の概要（令和3年度）

都道府県	事業者名	営業キロ	編成数	車両等	
				低床式車両の導入状況	
北海道	札幌市交通事業振興公社	8.9	36	○	3連接式・単車
北海道	札幌市交通局（一条・山鼻軌道線・山鼻西・都心軌道線）	—	—	—	—
北海道	函館市企業局	10.9	32	○	2連接式
富山県	富山地方鉄道（市内軌道線・富山港線）	15.2(6.5)	30	○	3連接式・2連接式
富山県	万葉線	12.9(4.9)	11	○	2連接式
富山県	富山市	—	—	—	—
東京都	東急電鉄（世田谷軌道線）	5.0	10		
東京都	東京都交通局（荒川線）	12.2	33		
愛知県	豊橋鉄道（市内軌道線）	5.4	16	○	3連接式
福井県	福井鉄道	21.5(18.1)	14	○	3連接式
滋賀県京都府	京阪電気鉄道（大津線）	21.6	23		
大阪府	阪堺電気軌道	18.3	35	○	3連接式
京都府	京福電気鉄道（嵐山線）	11.0	27		
岡山県	岡山電気軌道	4.7	22	○	2連接式
広島県	広島電鉄（市内軌道線）	19.0	136	○	5連接式・3連接式
高知県	とさでん交通	25.3	62	○	3連接式
愛媛県	伊予鉄道（市内軌道線）	9.6(2.7)	38	○	単車
長崎県	長崎電気軌道	11.5	72	○	3連接式・単車
熊本県	熊本市交通局	12.1	45	○	2連接式
鹿児島県	鹿児島市交通局	13.1	55	○	5連接式・3連接式・2連接式

※国土交通省鉄道局資料による。
※営業キロの（　）内は、表示路線における鉄道区間の延長内数。
※富山地方鉄道（市内軌道線）の車両編成数は、富山市所有（旧富山ライトレール）を含む。
※路面電車における輸送密度については、均一運賃の場合があり、輸送人キロではなく輸送人数を用いて「人／日・キロ」としている。
※福井鉄道、京福電気鉄道（嵐山線）、広島電鉄の財務数値は鉄道事業分を含む。
※軌道整備事業者は、財務のみ記載している。

輸送人員（千人）	輸送密度（人/日・キロ）	財務				
		営業収益（千円）	営業費用（千円）	営業損益（千円）	全事業経常損益（千円）	資本金（百万円）
6,804	5,352	1,600,386	1,595,802	4,584	27,895	－
－	－	420,063	1,325,289	▲ 905,226	1,943,680	173,725
3,475	2,620	616,381	1,445,398	▲ 829,017	▲ 264,120	383
6,230	3,153	890,514	859,984	30,530	▲ 961,906	1,558
895	1,110	162,394	377,238	▲ 214,844	▲ 213,503	100
－	－	23,586	24,260	▲ 674	436	－
17,626	23,179	1,727,424	2,134,148	▲ 406,724	▲ 7,054,102	100
15,529	9,159	2,590,664	2,804,132	▲ 213,468	▲ 12,809,624	550,242
2,303	3,253	365,012	457,571	▲ 92,559	41,136	100
1,756	2,082	302,265	746,677	▲ 444,412	▲ 857,414	100
14,120	7,983	1,686,136	2,868,443	▲ 1,182,307	862,201	100
6,113	3,628	1,154,867	1,367,234	▲ 212,367	▲ 53,538	90
6,050	5,799	957,481	1,322,012	▲ 364,531	322,555	1,000
2,468	2,741	282,883	386,219	▲ 103,336	99,058	200
27,103	10,329	3,519,544	4,520,641	▲ 1,001,097	▲ 2,968,574	2,336
4,541	2,254	812,856	1,024,268	▲ 211,412	▲ 1,083,612	100
4,672	2,697	694,815	798,760	▲ 103,945	▲ 126,916	100
11,308	8,686	1,471,794	1,552,881	▲ 81,087	▲ 11,995	210
7,344	5,590	1,165,049	1,988,223	▲ 823,174	▲ 57,964	2,015
8,724	6,568	1,315,549	1,937,329	▲ 621,780	▲ 526,415	3,002

地方旅客輸送

旧国鉄線から第三セクター等に転換した路線

所在道府県	線　名	区　間	
北　海　道	池　　北　　線	池　田　～　北　見	140.0km
青　　　　森	黒　石　　線	川　部　～　黒　石	6.2km
青　　　　森	大　　畑　　線	下　北　～　大　畑	18.0km
秋　　　　田	阿仁合線・鷹角線・角館線	鷹ノ巣　～　角　館	94.2km
秋　　　　田	矢　島　　線	羽後本荘　～　矢　島	23.0km
岩　　　　手	久慈線・盛線・宮古線	久　慈　～　宮　古 釜　石　～　　　盛	71.0km 36.6km
山　　　　形	長　井　　線	赤　湯　～　荒　砥	30.5km
宮城・福島	丸　森　　線	福　島　～　槻　木	54.9km
福　　　　島	会　津　　線	西若松　～　会津高原	57.4km
福島・栃木	野　岩　　線	会津高原　～　新　藤　原	30.7km
栃木・茨城	真　岡　　線	下　館　～　茂　木	41.9km
群馬・栃木	足　尾　　線	桐　生　～　足尾本山	46.0km
茨　　　　城	鹿　島　　線	水　戸　～　北　鹿　島	53.0km
千　　　　葉	木　原　　線	大　原　～　上総中野	26.8km
静　　　　岡	二　　俣　　線	掛　川　～　新　所　原	67.7km
愛　　　　知	岡多線・瀬戸線	岡　崎　～　高　蔵　寺	45.3km
新　　　　潟	北　越　北　線	六　日　町　～　犀　潟	59.5km
石　　　　川	能　登　　線	穴　水　～　蛸　島	61.0km
岐阜・富山	神　岡　　線	猪　谷　～　奥飛騨温泉口	19.9km

（令和5年3月31日現在）

経営主体（〔　〕内は出資者）	備　　　考
北海道ちほく高原鉄道㈱ 〔北海道、北見市、関係6町、金融機関等〕	平成元.6.4開業、平成18.4.21廃止
弘　南　鉄　道　㈱ 〔地元有力者〕	昭和59.11.1開業、平成10.4.1廃止
下　北　交　通　㈱ 〔地元有力者〕	昭和60.7.1開業、平成13.4.1廃止
秋田内陸縦貫鉄道㈱ 〔秋田県、関係8市村、金融機関、商工団体等〕	昭和61.11.1鷹ノ巣～比立内・角館～松葉開業 平成元.4.1松葉～比立内開業
由利高原鉄道㈱ 〔秋田県、本荘市、矢島町、由利町、金融機関等〕	昭和60.10.1開業
三　陸　鉄　道　㈱ 〔岩手県、関係28市町村、農、漁、林業団体等〕	昭和59.4.1開業
山　形　鉄　道　㈱ 〔山形県、長井市、南陽市、関係6市町村、金融機関等〕	昭和63.10.25開業
阿　武　隈　急　行　㈱ 〔福島県、宮城県、両県関係24市町村、福島交通㈱〕	昭和61.7.1槻木～丸森開業 昭和63.7.1福島～丸森開業
会　津　鉄　道　㈱ 〔福島県、関係28市町村、金融機関等〕	昭和62.7.16開業
野　岩　鉄　道　㈱ 〔福島県、栃木県、両県関係31市町村、東武鉄道等〕	昭和61.10.9開業
真　岡　鐵　道　㈱ 〔栃木市、真岡市地関係6市町村、金融機関、地元商工会等〕	昭和63.4.11開業
わたらせ渓谷鐵道㈱ 〔群馬県、関係5市町村、金融機関等〕	平成元.3.29桐生～間藤開業、平成10.6.2 間藤～足尾本山未開業線の免許の失効
鹿島臨海鉄道㈱ 〔茨城県、日本貨物鉄道㈱、鹿島臨海工業地帯立地企業21社〕	昭和60.3.14開業
い　す　み　鉄　道　㈱ 〔千葉県、関係7市町、金融機関等〕	昭和63.3.24開業
天竜浜名湖鉄道㈱ 〔静岡県、関係12市町村、金融機関等〕	昭和62.3.15開業
愛　知　環　状　鉄　道　㈱ 〔愛知県、豊田市、瀬戸市、岡崎市、春日井市、地元企業等〕	昭和63.1.31開業
北　越　急　行　㈱ 〔新潟県、上越市、十日町市他6町村、金融機関等〕	平成9.3.22開業
の　と　鉄　道　㈱ 〔石川県、関係7市町村、金融機関、商工団体等〕	昭和63.3.25開業、平成17.4.1廃止
神　岡　鉄　道　㈱ 〔岐阜県、富山県、両県関係4市町村、三井金属鉱業㈱〕	昭和59.10.1開業、平成18.12.1廃止

地方旅客輸送

所在道府県	線　　名	区　　間	
岐　　　　阜	樽　　見　　線	大　垣　～　樽　見	34.5km
岐　　　　阜	明　　知　　線	恵　那　～　明　智	25.1km
岐　　　　阜	越　美　南　線	美濃太田　～　北　　濃	72.1km
三　　　　重	伊　　勢　　線	河原田　～　　津	22.3km
滋　　　　賀	信　　楽　　線	貴生川　～　信　楽	14.7km
京都・兵庫	宮福線・宮津線	宮　津　～　福　知　山 西舞鶴　～　豊　　岡	30.4km 83.6km
兵　　　　庫	三　　木　　線	厄　神　～　三　　木	6.6km
兵　　　　庫	北　　条　　線	粟　生　～　北　条　町	13.7km
岡山・兵庫・鳥取	智　　頭　　線	上　郡　～　智　　頭	56.1km
岡　山・広　島	井　　原　　線	総　社　～　神　辺	41.7km
鳥　　　　取	若　　桜　　線	郡　家　～　若　桜	19.2km
山　　　　口	岩　　日　　線	川　西　～　錦　　町	32.7km
高　　　　知	中村線・宿毛線・阿佐線	窪　川　～　宿　毛 後　免　～　奈半利	66.6km 42.7km
徳島・高知	阿　　佐　　線	海　部　～　甲　浦	8.5km
福　岡・佐　賀	甘　　木　　線	基　山　～　甘　　木	13.7km
福　　　　岡	伊田線・糸田線・田川線	直　方　～　行　　橋 金　田　～　田川後藤寺	42.4km 6.8km
長崎・佐賀	松　　浦　　線	有　田　～　佐世保	93.8km
宮　　　　崎	高　千　穂　線	延　岡　～　高千穂	50.0km
熊　　　　本	高　　森　　線	立　野　～　高　森	17.7km
熊　　　　本	湯　　前　　線	人　吉　～　湯　前	24.8km

経営主体(〔　〕内は出資者)	備　　考
樽 見 鉄 道 ㈱ 〔岐阜県、関係8市町村、西濃鉄道㈱、住友セメント㈱等〕	昭和59.10.6 大垣〜神海開業 平成元.3.25 神海〜樽見開業
明 知 鉄 道 ㈱ 〔岐阜県、関係13市町村、金融機関等〕	昭和60.11.16 開業
長 良 川 鉄 道 ㈱ 〔岐阜県、関係13市町村、金融機関等〕	昭和61.12.11 開業
伊 勢 鉄 道 ㈱ 〔三重県、関係22市町村、交通事業者等〕	昭和62.3.27 開業
信 楽 高 原 鐵 道 ㈱ 〔滋賀県、信楽町他関係6町、近江鉄道㈱、金融機関等〕	昭和62.7.13 開業 平成25.4.1 第2種鉄道事業者へ移行
北 近 畿 タ ン ゴ 鉄 道 ㈱ 〔兵庫県、京都府、関係19市町、金融機関等〕	昭和63.7.16 宮津〜福知山開業 平成2.4.1 西舞鶴〜豊岡開業 平成27.4.1 第3種鉄道事業者へ移行
三 木 鉄 道 ㈱ 〔兵庫県、三木市、加古川市、金融機関等〕	昭和60.4.1 開業、平成20.4.1 廃止
北 条 鉄 道 ㈱ 〔兵庫県、加西市、小野市、金融機関等〕	昭和60.4.1 開業
智 頭 急 行 ㈱ 〔鳥取県、兵庫県、岡山県、関係31市町村、金融機関等〕	平成6.12.3 開業
井 原 鉄 道 ㈱ 〔岡山県、広島県、井原市他12市町村、金融機関等〕	平成11.1.11 開業
若 桜 鉄 道 ㈱ 〔鳥取県、関係5市町、金融機関等〕	昭和62.10.14 開業 平成21.4.1 第2種鉄道事業者へ移行
錦 川 鉄 道 ㈱ 〔山口県、岩国市、錦町他3町、金融機関等〕	昭和62.7.25 開業
土佐くろしお鉄道㈱ 〔高知県、関係23市町村、金融機関等〕	昭和63.4.1 窪川〜中村開業 平成9.10.1 宿毛 〜中村開業 平成14.7.1 後免〜奈半利開業
阿 佐 海 岸 鉄 道 ㈱ 〔徳島県、高知県、関係21市町村、金融機関等〕	平成4.3.26 開業
甘 木 鉄 道 ㈱ 〔甘木市他関係5市町村、甘木商工会議所等〕	昭和61.4.1 開業
平 成 筑 豊 鉄 道 ㈱ 〔福岡県、田川市、関係10市町、金融機関等〕	平成元.10.1 開業
松 浦 鉄 道 ㈱ 〔長崎県、佐賀県、関係14市町、金融機関、地元企業等〕	昭和63.4.1 開業
高 千 穂 鉄 道 ㈱ 〔宮崎県、関係4市町村、金融機関等〕	平成4.28 開業 平成19.9.6 一部廃止(延岡〜 槇峰) 平成20.12.28 廃止
南 阿 蘇 鉄 道 ㈱ 〔高森町他関係5町村〕	昭和61.4.1 開業
く ま 川 鉄 道 ㈱ 〔人吉市、関係13市町村地元企業等〕	平成元.10.1 開業

(注)国土交通省鉄道局資料による。

地方旅客輸送

地方中小鉄道の路線廃止状況

地方中小鉄道は、少子高齢化やモータリゼーションの進展等により、経営環境が厳しい状況にある。

年度	計(キロ)	一部廃止		全部廃止	
		事業者数	営業キロ(キロ)	事業者数	営業キロ(キロ)
平成 12	0	0	0	0	0
13	38.4	2	20.4	1	18.0
14	39.4	1	12.9	2	26.5
15	0	0	0	0	0
16	0	0	0	0	0
17	79.1	1	61.0	1	18.1
18	159.9	0	0	2	159.9
19	82.0	1	29.1	2	52.9
20	62.8	1	35.3	2	27.5
21	2.1	1	2.1	0	0
22	0	0	0	0	0
23	0	0	0	0	0
24	39.1	1	24.4	1	14.7
25	0	0	0	0	0
26	0	0	0	0	0
27	0.2	1	0.2	0	0
28	0	0	0	0	0
29	0	0	0	0	0
30	0	0	0	0	0
令和元	0	0	0	0	0
2	0	0	0	0	0
3	0	0	0	0	0
4	0	0	0	0	0

(注) 国土交通省鉄道局資料による。

事業者数と営業キロの推移

分類＼年度		昭和40	45	50	55	60
事業者数	JR（国鉄）	1	1	1	1	1
	大手民鉄	14	14	14	14	14
	準大手	4	6	7	7	7
	地下鉄	4	4	6	7	9
	地方交通	80	68	58	60	69
旅客営業キロ	JR（国鉄）	20,376.3	20,520.1	20,963.2	21,038.3	20,478.7
	大手民鉄	2,846.0	2,877.4	2,836.2	2,842.0	2,817.4
	準大手	184.9	194.5	205.0	211.9	211.9
	地下鉄	117.4	225.6	288.9	365.7	438.5
	地方交通	2,656.7	2,216.2	1,765.7	1,731.5	1,935.5

分類＼年度		平成2	7	12	17	22
事業者数	JR（国鉄）	6	6	6	6	6
	大手民鉄	15	15	15	16	16
	準大手	6	6	6	5	5
	地下鉄	10	10	10	10	10
	地方交通	94	101	109	115	116
旅客営業キロ	JR（国鉄）	20,174.6	20,013.0	20,051.1	19,998.5	20,124.3
	大手民鉄	2,863.3	2,864.2	2,867.2	2,951.2	2,917.1
	準大手	179.0	186.7	186.7	117.1	109.9
	地下鉄	514.7	564.3	650.1	691.7	735.1
	地方交通	3,285.3	3,287.2	3,321.9	3,443.0	3,646.4

分類＼年度		25	26	27	28	29
事業者数	JR（国鉄）	6	6	6	6	6
	大手民鉄	16	16	16	16	16
	準大手	5	5	5	5	5
	地下鉄	10	10	10	10	10
	地方交通	115	118	122	122	122
旅客営業キロ	JR（国鉄）	20,127.1	20,022.0	20,132.1	20,117.0	20,117.0
	大手民鉄	2,917.1	2,917.1	2,910.1	2,910.1	2,910.1
	準大手	109.9	109.9	109.9	109.9	109.9
	地下鉄	735.1	735.1	749.0	749.0	749.0
	地方交通	3,607.5	3,710.8	3,612.7	3,711.5	4,222.5

分類＼年度		30	令和元	2	3
事業者数	JR（国鉄）	6	6	6	6
	大手民鉄	16	16	16	16
	準大手	5	5	5	5
	地下鉄	10	10	10	10
	地方交通	121	123	124	124
旅客営業キロ	JR（国鉄）	19,955.8	19,939.7	19,791.6	19,675.6
	大手民鉄	2,910.1	2,912.1	2,912.1	2,912.1
	準大手	109.9	109.9	109.9	109.9
	地下鉄	749.0	748.9	756.4	786.5
	地方交通	4,271.8	4,093.0	4,097.9	4,212.6

（注）1.鉄道要覧・鉄道統計年報による。
　　　2.JR（国鉄）は旅客線のみである。
　　　3.昭和60年度までのJR（国鉄）の旅客営業キロは新幹線を含まないため、昭和60年度以降の数値との間に連続性はない。
　　　4.地方交通の事業者数は、P8の区分を参考に中小民鉄から地方公共団体を除いたもの、営業キロは、鋼索鉄道を除いたものである。
　　　5.地方交通は、平成22年度より統計手法が異なっているため、数値に連続性はない。

経営の概況

項目 年度	営業キロ (km)	輸送人員(百万人)		
		定 期	定期外	合 計
昭 和 50	26,557	11,181	6,406	17,588
60	26,310	12,000	6,989	18,989
平 成 7	27,136	14,031	8,688	22,719
12	27,438	12,966	8,739	21,705
17	27,636	12,775	9,267	22,042
22	27,643	13,176	9,557	22,733
25	27,607	13,687	9,999	23,685
26	27,849	13,622	9,992	23,614
27	27,913	14,029	10,339	24,368
28	27,909	14,351	10,516	24,867
29	27,901	14,467	10,594	25,061
30	27,789	14,669	10,676	25,345
令 和 元	27,787	14,801	10,400	25,201
2	27,633	11,269	6,430	17,699
3	27,538	11,367	7,474	18,841

〔令和3年度の細目〕

項目 区分	営業キロ (km)	輸送人員(百万人)		
		定 期	定期外	合 計
J R	19,675.6	4,574	2,485	7,059
大 手 民 鉄	2,912.1	4,677	3,178	7,855
準 大 手	118.1	181	105	286
公 営	489.8	1,104	847	1,951
地 方 交 通	4,085.8	587	378	965
そ の 他	236.7	153	155	308

(注) 1. 鉄道統計年報による。
   2. その他は、モノレール、新交通システム、鋼索鉄道及び無軌条電車
     の合計である(大手・公営を除く)。
   3. 端数処理のため合計があわないことがある。

輸送人キロ(百万人キロ)			収入(百万円)		
定　期	定期外	合　計	定　期	定期外	合　計
147,844	175,956	323,800	383,734	1,428,594	1,812,327
167,997	162,104	330,101	1,085,525	3,162,834	4,248,359
208,978	191,107	400,084	1,579,365	4,270,898	5,850,263
198,593	185,694	384,287	1,591,126	4,249,867	5,840,993
196,797	194,418	391,215	1,579,954	4,401,306	5,891,260
199,886	193,448	393,431	1,621,762	4,267,782	5,889,544
204,957	209,463	414,421	1,650,887	4,614,505	6,265,392
201,587	211,184	412,771	1,659,989	4,672,666	6,332,656
206,583	220,884	427,467	1,692,190	4,903,865	6,596,055
207,493	221,545	429,038	1,714,666	4,952,228	6,666,894
210,390	227,112	437,502	1,714,306	5,111,530	6,825,837
212,049	229,726	441,774	1,763,107	5,128,152	6,891,259
213,505	221,543	435,049	1,779,238	4,970,152	6,749,391
160,421	102,673	263,095	1,358,068	2,290,899	3,648,966
161,976	128,201	290,177	1,368,533	2,864,406	4,232,939

輸送人キロ(百万人キロ)			収入(百万円)		
定　期	定期外	合　計	定　期	定期外	合　計
87,124	82,913	170,037	591,821	1,809,286	2,401,107
58,882	33,988	92,870	503,586	670,001	1,173,587
1,377	451	1,828	10,806	16,838	27,644
7,772	5,047	12,819	134,115	170,036	304,151
5,670	2,984	8,654	104,109	97,629	201,738
818	771	1,589	19,215	37,586	56,801

経営の状況

ＪＲ及び大手民鉄の概要（令和３年度）

事業者名	資本金 （百万円）	旅客営業 キロ(km)	車両走行 キロ(千km)	輸送人員 1日平均 （千人）	輸送人員 定期占有率 （％）
ＪＲ北海道	9,000	2,372.3	124,686	263	66
ＪＲ東日本	200,000	7,302.7	2,249,452	13,134	64
ＪＲ東海	112,000	1,970.8	1,133,054	1,086	61
ＪＲ西日本	226,136	4,903.1	1,255,948	4,030	69
ＪＲ四国	3,500	853.7	53,123	94	73
ＪＲ九州	16,000	2,273.0	267,060	733	71
東武鉄道	102,135	463.3	268,088	2,014	66
西武鉄道	56,665	176.6	167,787	1,392	61
京成電鉄	36,803	152.3	99,399	617	60
京王電鉄	59,023	84.7	124,536	1,373	57
小田急電鉄	60,359	120.5	182,529	1,591	60
東急電鉄	100	104.9	144,467	2,458	57
京浜急行電鉄	43,738	87.0	114,126	987	56
相鉄鉄道	100	38.0	48,261	504	64
東京地下鉄	58,100	195.0	300,779	5,216	57
名古屋鉄道	101,158	444.2	183,878	862	73
近畿日本鉄道	100	501.1	270,690	1,249	65
南海電気鉄道	72,983	154.8	95,192	501	64
京阪電気鉄道	100	91.1	78,128	601	56
阪急電鉄	100	143.6	166,106	1,399	55
阪神電気鉄道	29,384	48.9	45,443	532	57
西日本鉄道	26,157	106.1	38,415	225	60

(注) 鉄道統計年報による。

準大手の概況（令和３年度）

事業者名	営業キロ (km)	輸送人員 （千人）	輸送密度 （人／1日）	財務 営業収益 （千円）	財務 営業費用 （千円）
新京成電鉄	26.5	85,880	62,356	9,382,513	9,902,247
泉北高速鉄道	14.3	38,836	67,405	6,024,435	5,732,325
北大阪急行電鉄	5.9	45,098	92,972	4,073,912	4,283,898
神戸高速鉄道	－	－	－	1,571,735	1,338,725
山陽電気鉄道	63.2	51,095	32,151	11,666,479	12,143,700

(注) 1. 鉄道統計年報による。
　　 2. 神戸高速鉄道は、第三種事業者のため、輸送人員等のデータがない。

運 賃 収 入		輸送人キロ	輸送密度	職員数
1日平均 （千円）	定期占有率 （％）	（百万人キロ）	（千人／日）	（人）
110,600	27	2,414	2	6,583
3,049,923	34	91,251	34	41,920
1,800,663	6	32,016	45	19,914
1,336,135	27	37,303	21	24,592
36,202	29	921	3	1,785
244,851	31	6,133	7	5,638
308,096	47	9,464	56	3,315
211,425	45	6,591	102	3,512
111,535	41	2,798	50	1,887
165,634	42	5,767	187	2,180
242,766	40	8,530	194	3,589
295,186	41	8,224	215	3,907
157,121	41	4,270	134	2,769
68,536	49	1,932	139	1,068
671,486	43	15,601	219	9,793
178,999	51	5,679	35	4,355
276,866	40	7,868	43	6,894
106,917	47	2,795	49	2,364
103,658	37	3,040	91	1,279
202,951	39	6,924	132	2,826
71,306	41	1,765	99	1,190
42,824	44	1,173	30	614

全事業 経常損益	職員数 （人）	都道府県	資本金 （百万円）
1,156,206	518	千　葉	5,935
4,325,295	244	大　阪	4,000
-2,109	148	大　阪	1,500
142,819	4	兵　庫	100
1,646,327	736	兵　庫	10,090

ＪＲ及び民鉄の営業成績（鉄軌道業）

(単位：億円)

科目 ＼ 年度	令和2(A)	令和3(B)	B／A(%)
ＪＲ6社			
営 業 収 益	22,469	26,854	119
営 業 費	33,348	32,094	96
営 業 損 益	▲10,876	▲5,235	48
大手民鉄(16 社)			
営 業 収 益	11,699	12,716	108
営 業 費	13,396	13,022	97
営 業 損 益	▲1,697	▲306	18
公営(11 事業者)			
営 業 収 益	3,049	3,284	107
営 業 費	3,808	3,766	98
営 業 損 益	▲759	▲481	63
準大手民鉄(5 社)			
営 業 収 益	316	327	103
営 業 費	337	334	99
営 業 損 益	▲21	▲6	28
地方交通 (108 社)			
営 業 収 益	2,976	3,185	107
営 業 費	3,476	3,417	98
営 業 損 益	▲500	▲231	46

(注) 国土交通省鉄道局資料による。

JR各社の収支実績の推移（単体）

(単位：億円)

会社名・年度 科目	北 海 道									
	25年度	26年度	27年度	28年度	29年度	30年度	R1年度	R2年度	R3年度	R4年度
（営業損益の部）										
鉄道事業										
営 業 収 益	759	756	768	832	836	818	809	444	490	672
営 業 費	1,159	1,171	1,251	1,366	1,396	1,378	1,369	1,291	1,285	1,338
営 業 利 益	▲400	▲414	▲482	▲534	▲559	▲559	▲560	▲846	▲795	▲665
その他事業										
営 業 収 益	68	68	69	62	60	66	66	65	62	56
営 業 費	40	44	34	25	26	27	28	33	30	30
営 業 利 益	27	24	35	36	34	38	38	32	32	25
全事業営業損益	▲372	▲389	▲447	▲498	▲525	▲520	▲521	▲814	▲763	▲639
（営業外損益の部）										
営 業 外 収 益	14	18	25	21	18	22	31	42	39	51
営 業 外 費 用	1	2	5	3	2	3	3	3	10	4
経 営 安 定 基金 運 用 収 益	341	363	349	236	255	247	237	281	572	293
鉄道・運輸機構特別債券利息	55	55	55	55	55	55	55	55	55	55
経 常 利 益	37	43	▲22	▲188	▲199	▲198	▲204	▲438	▲105	▲243
税引前当期純利益	56	76	48	▲136	▲120	▲223	▲18	▲377	▲6	▲189
法 人 税 等	▲4	▲5	▲7	▲10	▲10	▲9	▲10	▲5	2	▲8
法人税等調整額	―	―	―	―	―	―	―	―	―	―
当 期 純 利 益	60	81	55	▲126	▲109	▲213	▲7	▲372	▲9	▲180

(注) 1. 国土交通省鉄道局資料による。億円未満切り捨てにより端数整理してあるため、差引があ
わない場合がある。
2. 法人税等調整額は、平成11年度決算から適用となった税効果会計によるものである。

（単位：億円）

科目	25年度	26年度	27年度	28年度	29年度	30年度	R1年度	R2年度	R3年度	R4年度
（営業損益の部）										
鉄道事業										
営　業　収　益	18,631	18,953	19,834	19,699	20,106	20,284	19,692	10,905	12,547	16,083
営　業　費	15,724	15,770	16,112	16,220	16,560	16,760	17,151	16,051	15,085	16,053
営　業　利　益	2,906	3,182	3,722	3,479	3,546	3,524	2,540	▲5,146	▲2,537	30
その他事業										
営　業　収　益	694	707	739	792	825	848	918	936	1,694	1,571
営　業　費	322	362	361	385	421	454	518	575	652	692
営　業　利　益	371	344	377	406	404	394	399	361	1,041	879
全事業営業損益	3,278	3,526	4,099	3,886	3,951	3,918	2,940	▲4,785	▲1,495	909
（営業外損益の部）										
営　業　外　収　益	310	355	305	275	326	304	316	284	411	270
営　業　外　費　用	949	866	811	745	688	675	655	676	693	719
経　常　利　益	2,639	3,015	3,594	3,416	3,589	3,548	2,601	▲5,177	▲1,777	460
税引前当期純利益	2,642	2,651	3,237	3,446	3,530	3,534	2,174	▲6,341	▲1,937	711
法　人　税　等	891	802	1,037	862	861	797	536	▲12	3	3
法人税等調整額	52	278	110	150	198	225	47	▲1,262	▲949	183
当　期　純　利　益	1,698	1,571	2,090	2,433	2,470	2,511	1,590	▲5,066	▲991	524

会社名・年度　東　日　本

（注）1．国土交通省鉄道局資料による。億円未満切り捨てにより端数整理してあるため、差引があ
　　　わない場合がある。
　　2．法人税等調整額は、平成11年度決算から適用となった税効果会計によるものである。

（単位：億円）

会社名・年度 科目	東				海					
	25年度	26年度	27年度	28年度	29年度	30年度	R1年度	R2年度	R3年度	R4年度
(営業損益の部)										
鉄道事業										
営 業 収 益	12,685	12,978	13,497	13,719	14,148	14,520	14,222	5,274	7,113	11,267
営 業 費	8,089	8,265	7,941	7,799	7,935	7,887	8,054	7,094	7,190	7,883
営 業 利 益	4,596	4,712	5,555	5,919	6,213	6,632	6,167	▲1,819	▲76	3,384
その他事業										
営 業 収 益	86	87	82	88	125	128	147	143	146	166
営 業 費	74	46	61	49	86	83	84	82	82	87
営 業 利 益	12	41	21	38	39	44	63	60	64	64
全事業営業損益	4,608	4,754	5,576	5,958	6,252	6,677	6,230	▲1,759	▲12	3,463
(営業外損益の部)										
営 業 外 収 益	84	103	76	75	83	104	105	115	138	162
営 業 外 費 用	975	880	747	620	859	880	936	923	865	837
経 常 利 益	3,718	3,977	4,905	5,412	5,476	5,901	5,400	▲2,566	▲740	2,788
税引前当期純利益	3,707	3,978	4,917	5,411	5,495	5,901	5,399	▲2,778	▲894	2,829
法 人 税 等	1,302	1,256	1,557	1,517	1,729	1,797	1,641	1	1	347
法人税等調整額	1	1,19	73	75	▲77	▲35	▲30	▲757	▲214	809
当 期 純 利 益	2,403	2,602	3,286	3,818	3,844	4,140	3,788	▲2,023	▲681	2,019

(注) 1. 国土交通省鉄道局資料による。億円未満切り捨てにより端数整理してあるため、差引があわない場合がある。
    2. 法人税等調整額は、平成11年度決算から適用となった税効果会計によるものである。

経営の状況

（単位：億円）

会社名・年度 科目	西　日　本									
	25年度	26年度	27年度	28年度	29年度	30年度	R1年度	R2年度	R3年度	R4年度
（営業損益の部）										
鉄道事業										
営　業　収　益	8,505	8,672	9,281	9,288	9,478	9,515	9,318	4,803	5,513	7,642
営　業　費	7,603	7,670	8,039	8,080	8,186	8,161	8,264	7,273	6,918	7,381
営　業　利　益	902	1,001	1,242	1,208	1,292	1,353	1,054	▲2,469	▲1,404	260
その他事業										
営　業　収　益	231	236	260	272	284	293	300	265	262	270
営　業　費	115	118	130	125	132	140	157	133	128	141
営　業　利　益	115	118	129	146	151	153	143	131	134	128
全事業営業損益	1,017	1,120	1,372	1,354	1,443	1,507	1,197	▲2,338	▲1,270	389
（営業外損益の部）										
営　業　外　収　益	65	65	63	61	62	75	75	84	133	112
営　業　外　費　用	283	264	268	231	219	217	203	253	246	227
経　常　利　益	799	921	1,167	1,184	1,286	1,364	1,069	▲2,507	▲1,382	274
税引前当期純利益	811	875	1,011	1,018	1,194	1,158	1,058	▲2,747	▲1,272	286
法　人　税　等	357	289	359	293	322	328	251	▲3	1	2
法人税等調整額	▲32	112	409	17	64	23	70	▲571	▲58	▲307
当　期　純　利　益	486	473	611	708	807	806	735	▲2,173	▲1,216	594

(注)1. 国土交通省鉄道局資料による。億円未満切り捨てにより端数整理してあるため、差引があ
わない場合がある。
2. 法人税等調整額は、平成11年度決算から適用となった税効果会計によるものである。

（単位：億円）

科目	25年度	26年度	27年度	28年度	29年度	30年度	R1年度	R2年度	R3年度	R4年度
（営業損益の部）										
鉄道事業										
営 業 収 益	264	259	269	272	278	261	260	146	162	209
営 業 費	371	375	378	391	401	396	396	376	366	394
営 業 利 益	▲106	▲115	▲109	▲119	▲123	▲134	▲136	▲230	▲203	▲185
その他事業										
営 業 収 益	14	15	16	16	31	29	19	19	20	30
営 業 費	9	12	12	17	25	22	14	15	19	30
営 業 利 益	4	3	4	▲0	6	6	4	4	1	0
全事業営業損益	▲101	▲112	▲105	▲120	▲117	▲128	▲131	▲226	▲202	▲184
（営業外損益の部）										
営 業 外 収 益	11	16	9	10	9	8	10	11	7	14
営 業 外 費 用	2	2	5	1	1	2	2	4	16	2
経営安定基金運用収益	109	146	72	55	68	70	68	101	142	121
鉄道・運輸機構特別債券利息	35	35	35	35	35	35	35	35	35	35
経 常 利 益	52	84	6	▲20	▲5	▲16	▲20	▲83	▲33	▲15
税引前当期純利益	51	98	37	9	▲10	▲6	20	▲72	▲49	▲10
法 人 税 等	4	7	1	▲2	▲1	▲3	▲3	▲1	▲1	▲4
法人税等調整額	▲15	▲1	11	▲1	▲2	▲1	18	▲6	▲0	0
当 期 純 利 益	62	93	25	12	▲6	▲2	5	▲65	▲47	▲6

（注）1.　国土交通省鉄道局資料による。億円未満切り捨てにより端数整理してあるため、差引があ
　　　　わない場合がある。
　　　2.　法人税等調整額は、平成11年度決算から適用となった税効果会計によるものである。

経営の状況

会社名・年度／科目	九州									
	25年度	26年度	27年度	28年度	29年度	30年度	R1年度	R2年度	R3年度	R4年度
（営業損益の部）										
鉄道事業										
営業収益	1,625	1,632	1,691	1,649	1,713	1,722	1,652	897	1,029	1,365
営業費	1,782	1,773	1,807	1,398	1,430	1,454	1,451	1,263	1,250	1,333
営業利益	▲156	▲140	▲115	250	282	267	200	▲366	▲220	31
その他事業										
営業収益	335	368	419	472	484	497	496	549	770	750
営業費	197	209	249	288	299	307	353	389	563	554
営業利益	137	159	169	184	185	189	143	160	207	196
全事業営業損益	▲19	18	54	434	467	457	343	▲205	▲13	228
（営業外損益の部）										
営業外収益	22	25	24	51	62	96	73	121	75	75
営業外費用	7	5	6	10	6	15	11	23	39	32
経営安定基金運用収益	120	125	111	－	－	－	－	－	－	－
経常利益	116	163	182	475	522	537	405	▲108	22	271
税引前当期純利益	123	173	▲4,636	432	498	527	342	▲165	1	309
法人税等	19	48	196	1	37	30	9	1	▲20	▲22
法人税等調整額	31	30	▲389	54	45	54	46	▲46	▲67	78
当期純利益	72	95	▲4,444	376	416	442	286	▲111	89	254

(注) 1. 国土交通省鉄道局資料による。億円未満切り捨てにより端数整理してあるため、差引があ
わない場合がある。
2. 法人税等調整額は、平成11年度決算から適用となった税効果会計によるものである。

（単位：億円）

会社名・年度 科目	貨物									
	25年度	26年度	27年度	28年度	29年度	30年度	R1年度	R2年度	R3年度	R4年度
（営業損益の部）										
鉄道事業										
営　業　収　益	1,331	1,338	1,363	1,369	1,411	1,355	1,429	1,336	1,347	1,342
営　業　費	1,375	1,390	1,397	1,364	1,405	1,417	1,454	1,426	1,454	1,504
営　業　利　益	▲43	▲51	▲33	5	6	▲62	▲25	▲90	▲107	▲167
その他事業										
営　業　収　益	192	179	192	177	171	203	180	165	166	179
営　業　費	84	76	73	73	68	96	70	64	63	72
営　業　利　益	108	103	118	103	102	106	110	101	103	107
全事業営業損益	64	52	85	109	108	44	85	10	▲4	▲54
（営業外損益の部）										
営　業　外　収　益	6	13	4	6	5	5	3	4	6	4
営　業　外　費　用	36	33	30	26	23	19	16	14	15	13
経　常　利　益	34	32	59	88	91	30	71	0	▲12	▲63
税引前当期純利益	37	144	85	175	107	▲11	53	1	▲35	▲73
法　人　税　等	12	16	32	25	26	1	16	1	1	1
法人税等調整額	5	46	1	28	8	▲3	▲2	▲0	▲10	▲22
当　期　純　利　益	19	80	50	120	72	▲9	39	0	▲26	▲52

（注）1．国土交通省鉄道局資料による。億円未満切り捨てにより端数整理してあるため、差引があ
　　　　わない場合がある。
　　　2．法人税等調整額は、平成11年度決算から適用となった税効果会計によるものである。

JR各社の収支実績の推移（単体及び連結）

（単位：億円）

東日本

会社名・年度 / 科目	30年度 単体	30年度 連結	30年度 連単倍率	R1年度 単体	R1年度 連結	R1年度 連単倍率	R2年度 単体	R2年度 連結	R2年度 連単倍率	R3年度 単体	R3年度 連結	R3年度 連単倍率	R4年度 単体	R4年度 連結	R4年度 連単倍率
営 業 収 益	21,133	30,020	1.42	20,610	29,466	1.43	11,841	17,645	1.49	14,241	19,789	1.39	17,655	24,055	1.36
営 業 費	17,214	25,171		17,610	25,657		16,626	22,849		15,737	21,329		16,745	22,649	
営 業 利 益	3,918	4,848	1.24	2,940	3,808	1.30	▲4,785	▲5,203		▲1,495	▲1,539		909	1,406	1.55
営 業 外 損 益	▲370	▲415		▲339	▲418		391	594		281	255	ー	▲449	▲297	
経 常 利 益	3,548	4,432	1.25	2,601	3,395	1.31	▲5,177	▲5,797		▲1,777	▲1,795		460	1,109	2.41
特 別 損 益	▲13	▲146		▲427	▲553		▲1,164	▲1,237		▲160	▲10		251	174	
当 期 純 利 益	2,511	2,952	1.18	1,540	1,984	1.29	▲5,066	▲5,779	ー	▲991	▲949	ー	524	992	1.89

東海

会社名・年度 / 科目	30年度 単体	30年度 連結	30年度 連単倍率	R1年度 単体	R1年度 連結	R1年度 連単倍率	R2年度 単体	R2年度 連結	R2年度 連単倍率	R3年度 単体	R3年度 連結	R3年度 連単倍率	R4年度 単体	R4年度 連結	R4年度 連単倍率
営 業 収 益	14,648	18,781	1.28	14,369	18,446	1.28	5,417	8,235	1.52	7,260	9,351	1.29	11,433	14,002	1.22
営 業 費	7,971	11,683		8,139	11,884		7,177	10,082		7,273	9,334		7,970	10,257	
営 業 利 益	6,677	7,097	1.06	6,230	6,561	1.05	▲1,759	▲1,847	ー	▲12	17		3,463	3,745	1.08
営 業 外 損 益	▲776	▲771		▲830	▲818		▲807	▲773		▲727	▲690		▲674	▲670	
経 常 利 益	5,901	6,326	1.07	5,400	5,742	1.06	▲2,566	▲2,620		▲740	▲672		2,788	3,074	1.10
特 別 損 益	0	▲23		0	8		▲211	▲65		▲154	5		40	13	
当 期 純 利 益	4,140	4,387	1.06	3,788	3,978	1.05	▲2,023	▲2,015	ー	▲681	▲519	ー	2,019	2,194	1.09

西日本

会社名・年度 科目	30年度 単体	30年度 連結	連単倍率	R1年度 単体	R1年度 連結	連単倍率	R2年度 単体	R2年度 連結	連単倍率	R3年度 単体	R3年度 連結	連単倍率	R4年度 単体	R4年度 連結	連単倍率
営 業 収 益	9,809	15,293	1.56	9,619	15,082	1.57	5,068	9,200	1.82	5,776	10,311	1.79	7,912	13,955	1.76
営 業 費	8,301	13,323		8,421	13,475		7,406	11,655		7,046	11,501		7,523	13,115	
営 業 利 益	1,507	1,969	1.31	1,197	1,606	1.34	▲2,338	▲2,455		▲1,270	▲1,190		389	839	2.16
営 業 外 損 益	▲142	▲136		▲127	▲122		▲169	▲118		▲112	▲19		▲114	▲103	
経 常 利 益	1,364	1,833	1.34	1,069	1,483	1.39	▲2,507	▲2,573		▲1,382	▲1,210		274	736	2.69
特 別 損 益	▲206	▲261		▲11	▲76		▲239	▲173		110	154		11	7	
当 期 純 利 益	806	1,027	1.27	735	893	1.21	▲2,173	▲2,331		▲1,216	▲1,131		594	885	1.49

北海道

会社名・年度 科目	30年度 単体	30年度 連結	連単倍率	R1年度 単体	R1年度 連結	連単倍率	R2年度 単体	R2年度 連結	連単倍率	R3年度 単体	R3年度 連結	連単倍率	R4年度 単体	R4年度 連結	連単倍率
営 業 収 益	885	1,710	1.93	875	1,672	1.91	510	1,119	2.19	552	1,103	2.00	729	1,337	1.83
営 業 費	1,405	2,129		1,397	2,099		1,324	1,925		1,315	1,831		1,368	1,910	
営 業 利 益	▲520	▲418		▲521	▲426		▲814	▲805		▲763	▲727		▲639	▲572	
営 業 外 損 益	321	307		317	290		375	359		657	646		395	391	
経 常 利 益	▲198	▲111		▲204	▲135		▲438	▲446		▲105	▲80		▲243	▲181	
特 別 損 益	▲24	▲26		186	187		60	43		99	94		54	33	
当 期 純 利 益	▲213	▲179		▲7	19		▲372	▲410		▲9	▲10		▲180	▲164	

四国

会社名・年度 科目	30年度 単体	30年度 連結	30年度 連単倍率	R1年度 単体	R1年度 連結	R1年度 連単倍率	R2年度 単体	R2年度 連結	R2年度 連単倍率	R3年度 単体	R3年度 連結	R3年度 連単倍率	R4年度 単体	R4年度 連結	R4年度 連単倍率
営業収益	291	498	1.71	280	489	1.75	165	277	1.68	183	311	1.70	240	435	1.81
営業費	419	613	-	411	609	-	392	537	-	385	533	-	424	606	-
営業利益	▲128	▲114	-	▲131	▲120	-	▲226	▲259	-	▲202	▲221	-	▲184	▲171	-
営業外損益	112	111	-	110	112	-	143	151	-	168	188	-	168	171	-
経常利益	▲16	▲3	-	▲20	▲7	-	▲83	▲108	-	▲33	▲32	-	▲15	0	-
特別損益	9	13	-	40	41	-	10	27	-	▲15	▲17	-	5	2	-
当期純利益	▲2	8	-	5	12	-	▲65	▲80	-	▲47	▲52	-	▲6	▲0	-

九州

会社名・年度 科目	30年度 単体	30年度 連結	30年度 連単倍率	R1年度 単体	R1年度 連結	R1年度 連単倍率	R2年度 単体	R2年度 連結	R2年度 連単倍率	R3年度 単体	R3年度 連結	R3年度 連単倍率	R4年度 単体	R4年度 連結	R4年度 連単倍率
営業収益	2,219	4,403	1.98	2,148	4,326	2.01	1,447	2,939	2.03	1,799	3,295	1.83	2,116	3,832	1.81
営業費	1,761	3,764	-	1,804	3,832	-	1,653	3,167	-	1,813	3,255	-	1,887	3,489	-
営業利益	457	638	1.40	343	494	1.44	▲205	▲228	-	▲13	39	-	228	343	1.50
営業外損益	80	26	-	61	12	-	97	35	-	35	52	-	43	13	-
経常利益	537	665	1.24	405	506	1.25	▲108	▲193	-	22	92	4.18	271	357	1.32
特別損益	▲9	▲21	-	▲63	▲75	-	▲57	▲29	-	▲20	▲26	-	38	45	-
当期純利益	442	492	1.11	286	314	1.10	▲111	▲189	-	89	132	1.48	254	311	1.22

会社名・年度 科目	30年度			R1年度			R2年度			R3年度			R4年度		
貨物	単体	連結	連単倍率	単体	連結	連単倍率	単体	連結	連単倍率	単体	連結	連単倍率	単体	連結	連単倍率
営 業 収 益	1,558	1,916	1.23	1,610	1,989	1.24	1,502	1,873	1.25	1,513	1,866	1.23	1,522	1,876	1.23
営 業 費	1,513	1,858	–	1,524	1,888	–	1,491	1,848	–	1,517	1,851	–	1,576	1,913	–
営 業 利 益	44	58	1.32	85	100	1.18	10	25	2.50	▲ 4	14	–	▲ 54	▲ 36	–
営 業 外 損 益	▲ 14	▲ 13	–	▲ 13	▲ 10	–	▲ 10	▲ 10	–	▲ 8	▲ 12	–	▲ 8	▲ 7	–
経 常 利 益	30	45	1.50	71	89	1.25	0	14	–	▲ 12	2	–	▲ 63	▲ 43	–
特 別 損 益	▲ 41	▲ 44	–	▲ 18	▲ 19	–	1	▲ 7	–	▲ 23	▲ 20	–	▲ 10	▲ 11	–
当 期 純 利 益	▲ 9	▲ 2	–	39	50	–	0	0	–	▲ 26	▲ 14	–	▲ 52	▲ 40	–

大手民鉄１６社 各社別鉄軌道部門営業収支実績（令和４年度）

会社名		東武	西武	京成	京王	小田急	東急	京急	東京メトロ
営業収入	旅客運賃	120,615	81,831	48,056	67,130	95,757	120,341	65,997	281,365
	定期外	65,290	45,739	30,578	40,819	57,952	73,423	41,703	169,375
	定期	55,325	36,092	17,478	26,311	37,805	46,919	24,294	111,990
	その他運賃	–	0	–	–	–	–	–	–
	運輸雑収	19,461	7,393	5,965	4,183	8,330	15,056	2,807	27,873
	計	140,076	89,224	54,021	71,313	104,087	135,397	68,804	309,238
営業費用	人件費	25,770	28,321	16,856	20,499	31,579	39,210	23,255	93,248
	修繕費	16,416	8,139	3,024	7,265	7,102	10,102	5,754	29,372
	その他経費	43,469	25,490	18,159	20,741	22,026	37,423	15,774	93,412
	諸税	8,509	4,935	3,055	5,440	8,078	6,703	4,585	12,989
	減価償却費	28,466	17,172	15,672	14,445	26,359	34,335	18,741	66,857
	計	122,631	84,057	56,766	68,390	95,144	127,772	68,109	295,878
営 業 損 益		17,445	5,167	△2,745	2,923	8,943	7,625	695	13,360
営 業 外 収 益		77	201	147	91	339	25	437	1,674
営 業 外 費 用		3,780	2,018	864	1,686	2,733	5,895	2,020	10,103
（うち支払利息）		(3,460)	(1,826)	(669)	(1,481)	(2,390)	(5,834)	(1,972)	(9,809)
経 常 損 益		13,742	3,349	△3,462	1,328	6,549	1,755	△888	4,931
特定都市鉄道整備準備金取崩額 ※1		–	0	–	–	–	–	–	–
特定都市鉄道整備準備金繰入額 ※1		–	–	–	–	–	2,510	–	–
法人税等 ※2		3,292	22	432	1,633	4,908	1,127	1,886	2,319
法人税等調整額※2		266	△889	337	238	3,160	974	△324	△11,686
税引後損益		10,184	4,216	△2,694	△543	△1,519	2,164	△2,450	14,298
配当所要額 ※2		2,896	16,745	1,370	2,340	4,452	0	1,617	11,111
差引収入過不足		7,288	△12,529	△5,600	△2,883	△5,971	2,164	△4,067	3,187

※ 　第２種・第３種鉄道事業分、軌道・鋼索鉄道を含む。
※１ 　特別利益、特別損失のうち、特定都市鉄道整備準備金取崩額・特定都市鉄道整備準備金繰入額
　　　のみを記載。
※２ 　法人税等・法人税等調整額・配当所要額は、鉄軌道部門以外を含んだ全社数値に、一定割合を
　　　乗じて算出。
※３ 　該当する実績がない場合「－（ハイフン）」、該当する実績はあるが、単位未満の場合
　　　「０（ゼロ）」で記載。

（単位：百万円）

相 鉄	名 鉄	近 鉄	南 海	京 阪	阪 急	阪 神	西 鉄	16社計
27,356	73,040	106,776	44,892	42,176	84,809	30,462	17,829	1,308,432
14,686	38,814	65,440	25,940	27,513	54,908	19,365	10,656	782,201
12,670	34,226	41,336	18,952	14,663	29,901	11,097	7,172	526,231
–	12	13	–	–	–	–	0	25
2,472	6,304	21,799	4,123	4,090	5,063	2,615	2,530	140,064
29,828	79,356	128,588	49,015	46,266	89,872	33,077	20,360	1,448,522
8,946	31,529	47,365	17,679	10,715	27,558	9,697	4,361	436,588
1,626	5,726	10,545	3,595	3,400	7,985	3,341	3,011	126,403
9,159	19,622	30,723	13,118	16,924	20,667	9,601	5,523	401,831
1,665	3,818	5,618	2,402	1,777	3,903	1,514	1,942	76,933
9,493	13,714	23,432	12,082	8,326	16,438	4,849	4,053	314,434
30,889	74,409	117,683	48,876	41,142	76,551	29,002	18,892	1,356,191
△1,061	4,947	10,906	139	5,124	13,321	4,075	1,468	92,332
116	258	185	39	303	374	80	51	4,397
626	1,454	4,708	1,363	858	3,107	633	327	42,175
(626)	(1,236)	(4,707)	(1,328)	(765)	(2,709)	(460)	(314)	(39,586)
△1,571	3,751	6,383	△1,185	4,569	10,588	3,522	1,192	54,553
–	–	–	–	–	–	–	–	2,510
–	–	–	–	–	–	–	–	0
△707	509	433	△539	523	1,569	897	248	18,552
693	916	1,347	648	1,077	2,917	68	266	8
△1,557	2,326	4,603	△1,294	2,969	6,102	2,557	677	40,039
–	2,199	–	1,085	2,704	7,454	2,019	403	56,395
△1,557	127	4,603	△2,379	265	△1,352	538	274	△17,892

地下鉄の営業実績（令和３年度）

事業者名	旅客収入（百万円）	営業損益 収益（百万円）	営業損益 費用（百万円）	営業損益 損益（百万円）	車両走行キロ（千km）	職員数（人）
札 幌 市	30,120 (27,977)	32,692 (30,520)	33,135 (33,506)	▲443 (▲2,986)	33,604 (33,598)	596 (580)
仙 台 市	12,676 (11,620)	13,985 (12,922)	20,095 (22,830)	▲6,110 (▲9,908)	12,572 (12,336)	424 (431)
東 京 都	102,315 (95,381)	111,162 (104,228)	126,932 (127,758)	▲15,770 (▲23,529)	90,956 (89,909)	3,557 (3,480)
横 浜 市	32,565 (29,678)	33,563 (30,679)	35,207 (35,109)	▲1,644 (▲4,430)	37,665 (37,398)	997 (989)
名古屋市	58,559 (53,530)	64,483 (59,546)	71,001 (70,876)	▲6,518 (▲11,330)	64,010 (64,012)	2,862 (2,857)
京 都 市	18,603 (16,942)	20,837 (19,177)	26,569 (26,425)	▲5,732 (▲7,248)	17,063 (17,305)	672 (686)
大阪市高速電気軌道	110,738 (104,624)	119,937 (114,165)	114,134 (118,749)	5,803 (▲4,584)	104,453 (104,452)	4,915 (4,978)
神 戸 市	14,612 (13,430)	17,614 (16,727)	23,134 (22,004)	▲5,521 (▲5,277)	22,154 (18,876)	604 (621)
福 岡 市	20,925 (18,554)	22,808 (20,409)	25,176 (26,417)	▲2,368 (▲6,008)	16,454 (16,598)	702 (701)
東京地下鉄	245,092 (223,929)	272,751 (252,540)	297,979 (305,962)	▲25,227 (▲53,422)	192,222 (188,903)	9,793 (9,799)
合 計	646,204 (595,665)	709,832 (660,913)	773,363 (789,636)	▲63,530 (▲128,722)	591,153 (583,387)	25,122 (25,122)

(注) 1. 各事業者資料・鉄道統計年報による。

2. （ ）内は令和２年度実績

3. 端数処理のため合計があわないことがある。

1人平均乗車キロの推移

単位:km

区分 年度	JR(国鉄)	大手民鉄	交通営団	地方交通	公　営
昭和30	23.7	9.5	6.3	7.9	4.9
40	25.9	11.6	6.5	6.4	4.0
45	29.0	12.7	7.4	7.7	3.8
50	30.5	13.0	7.2	7.3	4.5
55	28.3	13.8	7.3	7.7	5.2
60	28.4	14.2	7.5	7.9	5.6
平成2	28.2	14.1	7.5	7.7	5.8
7	27.7	14.2	7.6	7.8	6.0
12	27.8	14.2	7.7	7.9	6.3
17	28.3	12.0	－	8.0	6.3
22	27.7	12.1	－	8.3	6.3
24	28.3	12.1	－	8.6	6.3
25	28.4	12.4	－	8.4	6.3
26	28.6	11.9	－	8.3	5.9
27	30.1	12.7	－	9.1	6.7
28	28.9	12.0	－	8.3	5.8
29	30.7	13.0	－	9.4	7.0
30	31.0	13.1	－	9.5	7.2
令和元	28.6	12.1	－	9.3	6.3
2	22.7	11.7	－	8.1	6.4
3	24.1	11.8	－	8.1	6.4

(注)1.鉄道統計年報による。
　　2.平成16年度以降の大手民鉄には、東京地下鉄(旧:交通営団)を含む。
　　3.公営については、平成30年度以降には大阪市高速電気軌道、令和2年度以降には札幌市交通事業振興公社を含む。

営業収入階層別事業者数（令和３年度）

営 業 収 入	事 業 者 数	構 成 比（%）
A　1億円未満	13	10
B　1億円以上5億円未満	41	32
C　5　〃　　10　〃	13	10
D　10　〃　　50　〃	34	26
E　50　〃　　100　〃	6	5
F　100億円以上	22	17
計	129	100

(注) 1.　対象事業者数は、大手民鉄(16 社)、準大手(5 社)及び地方交通
　　　　（第3種鉄道事業者を除く 108 社)である。
　　　2.　鉄道統計年報による。

運賃収入に対する人件費の割合の推移　　　　　　　　　　（単位：%）

区分 年度	Ｊ　Ｒ	大手民鉄	地方交通	公　営
平成　7	34.1	40.0	53.0	43.2
12	36.5	39.9	49.3	43.4
17	30.6	31.4	39.8	33.9
22	28.0	31.2	33.8	29.4
23	27.0	31.5	34.5	34.2
24	28.0	30.9	33.9	28.9
25	27.0	29.8	32.3	27.8
26	25.1	29.9	32.9	28.7
27	25.0	28.4	33.6	27.4
28	23.2	29.3	34.0	28.0
29	22.5	29.1	33.9	27.1
30	21.8	28.8	34.0	24.7
令和元	22.1	29.3	34.6	25.3
2	42.0	42.0	50.6	36.4
3	33.5	37.0	41.6	33.1

運賃収入に対する資本費の割合の推移　　　　（単位：%）

区分 年度	JR	大手民鉄
平成 7	32.8	28.8
12	30.2	25.9
17	24.5	30.3
22	26.8	29.1
23	24.0	29.6
24	22.4	30.2
25	22.4	26.3
26	19.9	25.6
27	19.4	25.1
28	18.3	24.9
29	18.0	24.4
30	17.7	24.9
令和 元	18.4	25.0
2	39.7	37.7
3	32.6	34.1

(注) 1. 国土交通省鉄道局及び日本民営鉄道協会資料による。
　　 2. 資本費は、減価償却費、支払利子の合計額である。

利益配当状況（令和3年度）

配 当 率	事業者数	配 当 率	事 業 者 数
無配	110 （85.3）	8分	1 （0.8）
5分以下	10 （ 7.8）	9分	3 （2.3）
6分	1 （ 0.8）	1割	2 （1.6）
7分	0 （ 0.0）	1割1分以上	2 （1.6）
		計	129 （100）

(注) 1. （ ）内は、構成比（%）を表す。
　　 2. 対象事業者は、大手民鉄(16 社)、準大手(5 社)及び地方交通(第3種鉄道事業者を除く108 社)である。
　　 3. 鉄道統計年報による。

基準賃金の推移

	年度	昭和45	50	55	60	62	平成2	7	12
JR（国鉄）七社	基準賃金（円）	70,506	156,848	205,365	235,093	235,496	298,092	319,622	338,343
	指数（%）	34.3	76.4	100.0	114.5	100.0	126.6	135.7	143.7
	対前年比（%）	115.2	113.6	104.5	102.0	－	103.9	101.6	101.1
民鉄	基準賃金（円）	59,499	140,173	199,266	244,291	252,397	282,371	314,293	339,935
	指数（%）	29.9	70.3	100.0	122.6	126.7	141.7	157.7	170.6
	対前年比（%）	116.6	113.4	106.8	103.7	100.4	104.3	100.0	100.3

	年度	17	22	23	24	25	26	27	28
JR（国鉄）七社	基準賃金（円）	337,645	328,421	324,344	330,232	330,334	327,995	327,691	325,103
	指数（%）	143.4	139.5	137.7	140.2	140.3	139.2	139.1	138.1
	対前年比（%）	99.8	102.0	98.8	101.8	100.0	99.2	99.9	99.2
民鉄	基準賃金（円）	336,655	324,370	321,633	320,459	321,576	325,200	322,727	323,174
	指数（%）	168.9	162.8	161.4	160.8	161.4	163.2	162.0	162.2
	対前年比（%）	99.7	99.4	99.2	99.6	100.3	101.1	99.2	100.1

	年度	29	30	令和元	2	3
JR（国鉄）七社	基準賃金（円）	322,693	319,402	317,947	314,774	314,636
	指数（%）	137.0	135.6	135.0	133.7	133.6
	対前年比（%）	99.3	98.9	99.5	99.0	100.0
民鉄	基準賃金（円）	322,234	322,528	323,909	319,353	330,046
	指数（%）	161.7	161.9	162.6	160.3	165.6
	対前年比（%）	99.7	100.1	100.4	98.6	103.3

(注) 1. 民鉄の基準賃金は、本俸、都市手当、扶養手当、家族手当等の合計である。JR（国鉄）は昭和40年度から
昭和61年度までは基準内賃金、昭和62、63年度及び元年度については基準賃金を記載している。
　　　基準内賃金とは、基本給、扶養手当及び都市手当の合計である。なお、資料は、規準内賃金については日
本国有鉄道監査報告書、基準賃金については鉄道事業実績報告書による。
2. 事業者総合計の基準賃金（1人1ヶ月平均給与）である。
3. 指数は、昭和55年度を100とした指数である。なお、JRについては昭和62年度を100とした指数である。

職員数の推移

単位：千人(%)、( )内は前年度比

区分 年度	JR(国鉄)	大手民鉄	交通営団	地方交通	公　営	合　計
昭和40	462	69	6	32	28	598
45	460(100)	64.4(96)	8.3(104)	23.7(92)	18.3(89)	574.7(96)
50	430(100)	60.0(98)	9.6(103)	19.2(97)	17.1(106)	535.9(101)
55	414(98)	55.2(98)	9.9(101)	18.5(102)	17.2(101)	514.8(100)
60	277(85)	54.7(100)	10.3(99)	17.2(98)	18.6(101)	377.8(88)
平成2	169(97)	55.6(102)	10.5(97)	16.7(96)	20.4(101)	272.2(98)
7	166(96)	56.9(99)	10.3(98)	17.0(101)	20.2(100)	270.4(99)
12	147(97)	50.6(95)	9.4(97)	17.3(101)	18.9(101)	243.2(97)
17	126(98)	49.7(105)	－	16.0(96)	17.1(98)	208.6(99)
18	123(98)	49.1(99)	－	16.1(101)	17.1(100)	205.4(98)
19	122(99)	48.7(99)	－	16.2(101)	16.8(98)	203.3(99)
20	121(99)	48.9(100)	－	16.6(102)	16.4(98)	202.9(100)
21	121(100)	49.8(102)	－	16.4(99)	16.0(98)	203.3(100)
22	121(100)	50.9(102)	－	16.8(103)	16.1(101)	205.0(101)
23	121(100)	50.7(100)	－	16.8(100)	15.8(99)	204.0(100)
24	120(99)	50.5(100)	－	16.8(100)	15.9(100)	203.0(99)
25	120(100)	51.0(101)	－	16.6(99)	15.9(100)	202.8(100)
26	118(98)	50.4(99)	－	16.8(101)	15.9(100)	201.4(99)
27	117(99)	49.9(99)	－	17.7(105)	15.9(100)	209.7(104)
28	115(98)	50.2(101)	－	18.0(102)	15.8(100)	208.4(99)
29	113(98)	51.4(102)	－	18.0(102)	15.4(97)	198.6(95)
30	111(98)	51.7(100)	－	18.1(100)	15.5(98)	196.7(99)
令和元	109(98)	51.8(100)	－	18.2(101)	15.5(99)	194.8(99)
2	107(98)	52.0(100)	－	18.1(100)	16.0(104)	193.7(99)
3	106(99)	51.5(99)	－	18.1(100)	16.0(100)	191.1(99)

(注)　1. 鉄道統計年報による。（鉄・軌道事業部門の数値である。）
　　　2.「数字でみる鉄道'99」版より、JRは昭和62年度分以降鉄道統計年報の数
　　　　値に訂正しているため、数値に連続性はない。
　　　3. 平成16年度以降の大手民鉄には、東京地下鉄(旧：交通営団)を含む。
　　　4. 公営については、平成30年度以降には大阪市高速電気軌道、令和2年度
　　　　以降には札幌市交通事業振興公社を含む。
　　　5. 端数処理のため、合計は合わない場合がある。

生産性の推移

項目 / 年度	車両走行キロ (百万キロ)	輸送人員 (百万人)	旅客運輸収入 (百万円)
昭45	5,378（90.6）	16,384（93.2）	1,165,458（60.9）
	〔3,713（90.0）〕	〔6,534（92.7）〕	〔824,458（64.4）〕
50	5,937（100.0）	17,588（100.0）	1,912,689（100.0）
	〔4,124（100.0）〕	〔7,048（100.0）〕	〔1,280,880（100.0）〕
55	6,264（105.5）	18,004（102.4）	3,238,316（169.3）
	〔4,256（103.2）〕	〔6,824（96.8）〕	〔2,197,585（171.6）〕
60	6,113（103.0）	18,989（108.0）	4,376,031（228.8）
	〔3,949（95.8）〕	〔6,941（98.5）〕	〔2,892,676（225.8）〕
62	6,275（105.7）	20,091（114.2）	4,971,782（259.9）
	〔4,025（100.0）〕	〔7,356（100.0）〕	〔3,368,797（100.0）〕
平2	7,255（122.2）	22,028（125.2）	5,825,507（304.6）
	〔4,730（117.5）〕	〔8,356（113.5）〕	〔3,963,095（117.6）〕
7	7,727（130.1）	22,708（129.1）	5,951,478（311.2）
	〔4,873（121.1）〕	〔8,982（122.1）〕	〔3,813,165（113.2）〕
12	7,797（131.3）	21,704（123.4）	5,841,457（305.4）
	〔4,844（120.3）〕	〔8,654（117.6）〕	〔3,716,100（110.3）〕
17	8,164（137.5）	22,614（128.6）	5,981,260（312.7）
	〔5,039（125.2）〕	〔8,684（118.1）〕	〔3,789,199（112.5）〕
22	8,332（140.3）	22,733（129.3）	5,889.865（307.9）
	〔5,122（127.3）〕	〔8,828（120.0）〕	〔3,642.959（108.1）〕
23	8,288（139.6）	22,706（129.1）	5,922,868（309.7）
	〔5,092（126.5）〕	〔8,837（120.1）〕	〔3,693,691（109.6）〕
24	8,419（141.8）	23,329（132.6）	6,133,496（320.7）
	〔5,200（129.2）〕	〔8,963（121.8）〕	〔3,852,701（114.4）〕
25	8,469（142.6）	23,685（134.7）	6,265,635（327.6）
	〔5,229（130.0）〕	〔9,147（124.3）〕	〔3,926,088（116.5）〕
26	8,481（142.6）	23,662（134.5）	6,332,883（331.1）
	〔5,246（130.0）〕	〔9,088（128.9）〕	〔4,000,682（118.8）〕
27	8,611（145.0）	24,367（138.5）	6,596,279（344.7）
	〔5,365（133.3）〕	〔9,308（126.5）〕	〔4,191,788（124.4）〕
28	8,645（145.6）	24,837（141.2）	6,667,108（348.8）
	〔5,380（133.7）〕	〔9,372（127.4）〕	〔4,224,725（125.4）〕
29	8,678（146.2）	25,061（142.5）	6,826,046（356.9）
	〔5,411（131,2）〕	〔9,488（129.0）〕	〔4,310,939（128.0）〕
30	8,683（146.3）	25,295（143.8）	6,891,259（360.3）
	〔5,448（135.3）〕	〔9,556（129.9）〕	〔4,372,087（129.8）〕
令和元	8,770（147.7）	25,202（143.2）	6,749,552（352.8）
	〔5,448（135.3）〕	〔9,503（129.1）〕	〔4,255,816（126.3）〕
2	8,503（143.2）	17,699（100.6）	3,648,966（190.8）
	〔5,204（129.3）〕	〔6,705（91.1）〕	〔1,973,643（58.6）〕
3	8,348（140.6）	18,841（107.1）	4,232,939（221.3）
	〔5,083（123.2）〕	〔7,059（100.1）〕	〔2,401,107（71.2）〕

（注）1. 〔 〕は、JR6社（国鉄）の数値である（職員数についてはJR7社）。
　　　2. （ ）は、昭和50年度（JRについては50年度及び62年度）を100とした数値である。
　　　3. JRの職員数は、昭和62年度以降鉄道統計年報の数値に訂正してある。
　　　4. 鉄道統計年報による。（職員数は鉄・軌道事業部門の数値である。）

〔令和3年度の細目〕

項目 / 区分	車両走行キロ (百万キロ)	輸送人員 (百万人)	旅客運輸収入 (百万円)
JR6社	5,083	7,059	2,401,108
大手民鉄	2,328	7,855	1,173,587
地方交通	466	1,976	354,094
公営	471	1,951	304,150

（注）職員数についてはJR7社。

職員数 （千人）	職員一人当たり 車両 走行キロ（千キロ）	職員一人当たり 輸送人員 （千人）	職員一人当たり 旅客運輸収入 （千円）
575(107.3) [460(107.0)]	9.4(84.7) [8.1(84.4)]	28.5(86.9) [14.2(86.6)]	2,026.9(56.8) [1,792.3(60.2)]
536(100.0) [430(100.0)]	11.1(100.0) [9.0(100.0)]	32.8(100.0) [16.4(100.0)]	3,568.4(100.0) [2,978.8(100.0)]
515(96.1) [414(96.3)]	12.2(109.8) [10.3(107.2)]	35.0(106.5) [16.5(100.6)]	6,288.0(176.2) [5,308.2(178.2)]
377(70.3) [277(64.4)]	16.2(146.4) [14.3(148.6)]	50.4(153.5) [25.1(153.0)]	11,607.5(325.3) [10,442.9(350.6)]
283(52.8) [180(100.0)]	22.2(200.2) [22.4(100.0)]	71.0(216.4) [40.9(100.0)]	17,568.1(492.3) [18,715.5(100.0)]
262(48.9) [159(88.3)]	27.7(250.0) [29.7(133.0)]	84.1(256.2) [52.6(128.6)]	22,234.8(623.1) [24,925.1(133.2)]
261(48.7) [157(87.2)]	29.6(267.3) [31.0(138.8)]	87.0(265.1) [57.2(140.0)]	22,802.6(639.0) [24,287.7(129.8)]
236(44.0) [141(78.3)]	32.9(296.4) [34.5(154.0)]	91.8(262.3) [61.6(150.6)]	24,710.0(692.5) [26,449.1(141.3)]
209(39.0) [120(66.7)]	40.3(363.1) [42.1(187.9)]	111.6(340.2) [72.5(177.3)]	29,521.9(827.3) [31,651.4(169.1)]
205(38.2) [121(67.2)]	40.7(366.7) [42.3(188.8)]	110.9(338.1) [72.9(178.2)]	28,738.1(805.3) [30,072.1(160.7)]
204(38.1) [121(67.2)]	40.6(365.8) [42.2(188.4)]	111.3(339.3) [73.2(179.0)]	29,028.4(813.5) [30,595.1(163.5)]
203(37.9) [120(66.7)]	41.5(373.9) [43.4(193.8)]	114.9(350.3) [74.8(182.9)]	30,214.3(846.7) [32,105.8(171.5)]
203(37.9) [120(66.7)]	41.7(375.7) [43.6(194.6)]	116.7(355.8) [76.2(186.3)]	30,865.2(865.0) [32,742.4(174.9)]
201(37.5) [118(65.7)]	42.1(379.3) [44.5(198.7)]	117.5(358.2) [77.0(188.3)]	31,506.9(865.0) [33,904.1(181.1)]
201(37.5) [117(65.0)]	42.8(385.6) [45.8(204.5)]	121.2(369.5) [79.6(194.6)]	32,918.3(922.5) [35,827.2(191.4)]
199(37.1) [115(63.1)]	43.4(391.0) [46.8(208.9)]	124.8(380.5) [81.5(199.3)]	33,503.1(938.9) [36,736.7(196.3)]
199(37.1) [113(62.8)]	43.6(392.8) [47.9(213.8)]	125.9(383.8) [84.0(205.4)]	34,301.7(961.3) [38,150.0(203.8)]
197(36.7) [111(61.7)]	44.1(397.3) [49.1(219.2)]	128.4(391.5) [86.1(210.5)]	34,981.0(980.3) [39,388.2(210.5)]
195(36.3) [109(60.5)]	45.0(405.4) [52.1(232.5)]	129.4(394.5) [87.0(212.7)]	34,649.3(971.0) [38,941.3(208.0)]
194(36.1) [107(59.7)]	45.0(405.7) [50.7(226.4)]	93.7(285.8) [65.3(159.7)]	19,325.8(541.6) [19,228.6(102.7)]
186(34.7) [106(58.9)]	44.9(404.5) [48.0(214.2)]	101.3(308.8) [66.6(162.8)]	22,757.7(637.8) [36,052.7(121.0)]

職員数 （千人）	職員一人当たり車両 走行キロ（千キロ）	職員一人当たり 輸送人員 （千人）	職員一人当たり旅客運 輸収入 （千円）
100	50.6	70.3	23,907.8
52	45.2	152.4	22,769.6
23	20.2	85.6	15,348.0
11	42.8	177.6	27,690.3

財団抵当借入金と社債発行の推移

民鉄事業者は、設備資金を調達するため、鉄軌道財団を担保として融資を受けまたは社債を発行しており、その状況は、次のとおりである。

項目 / 年度	年度末組成状況		各年度別の設定及び借入状況				指　数
	財団組成会社数	財団数	抵当権設定数	借入金（百万円）	社　債（百万円）	総　額（百万円）	
平成19	88	111	28	124,513	0	124,513	749
20	87	109	9	37,651	0	37,651	226
21	85	107	25	174,882	0	174,882	1,052
22	84	105	10	10,333	0	10,333	62
23	84	105	14	16,554	0	16,554	100
24	84	105	8	8,942	0	8,942	54
25	83	104	16	49,153	0	49,153	296
26	83	104	12	5,230	0	5,230	31
27	83	102	31	23,879	0	23,879	143
28	81	99	11	3,300	0	3,300	20
29	80	98	8	1,490	0	1,490	9
30	80	98	3	16,447	0	16,447	99
令和元	78	96	5	9,479	0	9,479	57
2	77	95	19	1,007	0	1,007	6
3	77	95	9	1,930	0	1,930	12
4	77	95	4	910	0	910	5

（注）国土交通省鉄道局資料による。

資本金階層別事業者数

(令和4年3月31日現在)

資本金額	事業者数	構成比（%）
1億円未満	17	13.2
1億円以上5億円未満	65	50.4
5　〃　10　〃	4	3.1
10　〃　50　〃	19	14.7
50　〃　100　〃	5	3.9
100億円以上	19	14.7
計	129	100.0

（注）1.対象事業者数は、大手民鉄(16社)、準大手(5社)、地方交通(第3種鉄道事業者を除く108社)である。

　　　2.鉄道統計年報による。

運賃の概要

（ＪＲ）　　　　　　　　　　　　　　　　　　　（令和5年6月1日現在）

○10キロまでの運賃以外の運賃

　発着区間の営業キロを次の営業キロに従って区分し、これに、各その営業キロに対する賃率を乗じた額を一定の方法により端数整理し、合計した額に100分の110を乗じ、端数整理した額。

〔JR東日本、JR東海、JR西日本の場合及び他社にまたがる場合の基準額〕

			第1地帯	第2地帯	第3地帯
東京・大阪電車特定区間	山手線内・大阪環状線内のみ	営業キロ	～300キロ	－	－
		賃　率	13円25銭	－	－
	その他	営業キロ	～300キロ	301キロ～	－
		賃　率	15円30銭	12円15銭	－
幹　　線	営　業　キ　ロ		～300キロ	301～600キロ	601キロ～
	賃　　業　　率		16円20銭	12円85銭	7円05銭
地方交通線	営　業　キ　ロ		～273キロ	274～546キロ	547キロ～
	賃　　　　率		17円80銭	14円10銭	7円70銭

(注) 幹線と地交線を連続して乗車する場合は、「地交線の営業キロ×1.1＋幹線の営業キロ」に幹線の賃率を乗じた額とする。

〔JR北海道〕

幹　線	営業キロ	～100キロ	100～200キロ	201～300キロ	301～600キロ	601キロ～
	賃率	対キロ区間制	19円70銭	16円20銭	12円85銭	7円05銭
地方交通線	営業キロ	～100キロ	100～182キロ	183～273キロ	274～546キロ	547キロ～
	賃率	対キロ区間制	21円60銭	17円80銭	14円10銭	7円70銭

〔JR四国〕

幹　　線	営業キロ	～100キロ	101～200キロ	201～300キロ	301～600キロ	601キロ～
	賃　率	対キロ区間制	19円20銭	16円20銭	12円85銭	7円05銭

(注)　地方交通線は擬制キロ（地交線の営業キロ×1.1）を適用する。

〔JR九州〕

幹　　線	営業キロ	～100キロ	101～300キロ	301～600キロ	601キロ～
	賃　率	対キロ区間制	17円75銭	12円85銭	7円05銭

(注)　地方交通線は擬制キロ（地交線の営業キロ×1.1）を適用する。

※　本州3社とJR北海道、JR四国及びJR九州にまたがる場合は、通算加算方式により運賃を計算する。

運　賃

（大手民鉄） 　　　　　　　　　　　　　　　　　（令和5年6月1日現在）

項目 事業者名	運賃制度	実施 年月日	初乗運賃	定期運賃(1か月) 平均割引率(%) 通勤	通学
東 武 鉄 道	対キロ区間制	R1.10.1	4kmまで 150(147)円	39.7	79.6
西 武 鉄 道	〃	R1.10.1	4kmまで 150(147)円	38.3	80.8
京 成 電 鉄	〃	R1.10.1	3kmまで 140(136)円	36.0	80.0
京 王 電 鉄	〃	R1.10.1	4kmまで 130(126)円	37.6	77.4
小 田 急 電 鉄	〃	R1.10.1	3kmまで 130(126)円	43.4	77.3
東 急 電 鉄	〃	R5.3.18	3kmまで 140(140)円	37.8	77.1
京浜急行電鉄	〃	R1.10.1	3kmまで 140(136)円	42.2	80.9
相 模 鉄 道	〃	R1.10.1	3kmまで 150(147)円	36.7	75.7
名 古 屋 鉄 道	〃	R1.10.1	3 km まで　170　円	45.1	82.2
近 畿 日 本 鉄 道	〃	R5.4.1	3 km まで　180　円	41.6	82.5
南 海 電 気 鉄 道	〃	R5.10.1	3 km まで　160　円	38.8	79.1
京 阪 電 気 鉄 道	〃	R1.10.1	3 km まで　160　円	39.3	80.3
阪 急 電 鉄	〃	R1.10.1	4 km まで　160　円	38.2	78.5
阪 神 電 気 鉄 道	〃	R1.10.1	3 km まで　150　円	36.1	75.0
西 日 本 鉄 道	〃	R1.10.1	3 km まで　160　円	39.3	81.6

(注) 1. 上記は認可上の運賃等を記載。
　　 2. 初乗運賃の( )内は IC カード1円単位運賃を記載。

（東京地下鉄、大阪市高速電気軌道及び公営地下鉄） （令和5年6月1日現在）

項目 事業者名	運賃制度	実施 年月日	初乗運賃	定期運賃(1か月) 平均割引率(%) 通勤	通学
東 京 地 下 鉄	対キロ区間制	R1.10.1	6kmまで 170(168)円	38.4	66.9
大阪市高速電気軌道	〃	R1.10.1	3 km まで　210　円	36.9	64.7
札 幌 市	〃	R1.10.1	3 km まで　210　円	30.0	60.0
仙 台 市	〃	R1.10.1	3 km まで　210　円	32.7	37.5
東 京 都	〃	R1.10.1	4kmまで 180(178)円	36.9	65.6
横 浜 市	〃	R1.10.1	3kmまで 210(210)円	36.8	61.1
名 古 屋 市	〃	R1.10.1	3 km まで　210　円	35.8	65.7
京 都 市	〃	R1.10.1	3 km まで　220　円	31.9	51.3
神 戸 市	〃	R1.10.1	3 km まで　210　円	34.9	60.0
福 岡 市	〃	R1.10.1	3 km まで　210　円	34.5	59.7

(注) 1. 上記は認可上の運賃等を記載。
　　 2. 初乗運賃の( )内は IC カード1円単位運賃を記載。

（地方交通）　　　　　　　　　　　　　　　　　　　（令和5年6月1日現在）

項目 事業者名	運賃制度	実施 年月日	初乗運賃	定期運賃(1か月) 平均割引率(%) 通勤	通学
札幌市交通事業振興公社	均　一　制	R2.4.1	均　一　　200　円	31.8	51.1
道南いさりび鉄道	対キロ区間制	R1.10.1	2 km まで　190　円	43.6	62.6
弘 南 鉄 道	〃	R1.10.1	2 km まで　210　円	32.4	60.1
津 軽 鉄 道	〃	R1.10.1	3 km まで　180　円	35.0	56.1
青 い 森 鉄 道	〃	R1.10.1	3 km まで　200　円	41.2	81.8
IGRいわて銀河鉄道	〃	R1.10.1	2 km まで　160　円	48.6	71.4
三 陸 鉄 道	〃	R1.10.1	3 km まで　200　円	32.0	59.9
福 島 交 通	〃	R1.10.1	3 km まで　150　円	40.1	60.2
阿 武 隈 急 行	〃	R1.10.1	3 km まで　180　円	32.4	50.3
会 津 鉄 道	〃	R1.10.1	3 km まで　200　円	42.1	66.8
山 形 鉄 道	〃	H26.4.1	2 km まで　190　円	41.1	55.0
仙台空港鉄道	〃	R1.10.1	3km まで 180(178)円	41.3	65.7
北 越 急 行	〃	R1.10.1	3 km まで　170　円	40.1	68.4
えちごトキめき鉄道 ※	1	R2.4.1	3 km まで　190　円	51.0	73.8
しなの鉄道 ※	2	R1.10.1	3 km まで　190　円	40.0	65.5
由利高原鉄道	対キロ区間制	R1.10.1	3 km まで　180　円	45.0	50.2
秋田内陸縦貫鉄道	〃	R1.10.1	3 km まで　170　円	29.8	54.6
長 野 電 鉄	〃	R1.10.1	3 km まで　170　円	38.4	64.3
アルピコ交通	〃	R1.10.1	3 km まで　180　円	29.9	58.0
上 田 電 鉄	〃	R1.10.1	3 km まで　200　円	34.4	50.2
富山地方鉄道(鉄道)	対キロ区間制	R1.10.1	3 km まで　210　円	44.9	53.6
〃 　(軌道)	均　一　制	R2.3.21	均　一　　210　円	48.2	50.0
あいの風とやま鉄道	対キロ区間制	R1.10.1	3 km まで　190　円	53.6	75.9
IRいしかわ鉄道	〃	R1.10.1	3 km まで　170　円	50.3	68.2
の と 鉄 道	〃	R1.10.1	4 km まで　210　円	38.0	57.8
黒部峡谷鉄道	表 定 制	H30.4.1	2 km まで　180　円	59.7	－
立山黒部貫光	均　一　制	R3.4.15	最低運賃 1,090 円	－	－
万 葉 線	表 定 制	R1.10.1	2 km まで　230　円	37.5	56.1
北 陸 鉄 道	対キロ区間制	R1.10.1	2 km まで　160　円	30.0	43.0

※1：表定制（15kmまで）、対キロ区間制（16kmから）
※2：表定制（11 km以下）対キロ制（12 km以上）

運　賃

項目 / 事業者名	運賃制度	実施年月日	初乗運賃	定期運賃(1か月)平均割引率(%) 通勤	通学
野 岩 鉄 道	対キロ区間制	R1.10.1	3km まで　２００　円	34.7	52.5
関 東 鉄 道	〃	R1.10.1	2km まで 150(143) 円	35.3	49.7
ひたちなか海浜鉄道	対 キ ロ 制	H20.4.1	最 低 運 賃 　１５０　円	35.3	47.3
鹿 島 臨 海 鉄 道	〃	R1.10.1	3km まで　１８０　円	36.2	50.1
上 信 電 鉄	対キロ区間制	R1.10.1	3km まで　１８０　円	45.5	66.0
わたらせ渓谷鐵道	〃	R1.10.1	3km まで　１９０　円	39.1	67.1
上 毛 電 気 鉄 道	〃	R1.10.1	2km まで　１８０　円	43.6	70.6
秩 父 鉄 道	〃	R1.10.1	4km まで　１７０　円	47.3	74.4
埼 玉 高 速 鉄 道	〃	R1.10.1	3km まで　２２０　円	34.4	49.7
流 　 鉄	〃	R1.10.1	2km まで　１３０　円	35.6	54.3
新 京 成 電 鉄	〃	R1.10.1	5km まで 150(147) 円	40.0	67.8
銚 子 電 気 鉄 道	〃	R1.10.1	1km まで　１８０　円	40.0	60.0
小 湊 鉄 道	〃	R1.10.1	3km まで　１４０　円	32.9	55.0
北 総 鉄 道	〃	R1.10.1	3km まで 210(210)円	30.7	56.4
東 葉 高 速 鉄 道	〃	R1.10.1	3km まで 210(210)円	29.5	54.7
芝 山 鉄 道	均 一 制	R1.10.1	均 一 　　２２０　円	29.5	59.5
首都圏新都市鉄道	対キロ区間制	R1.10.1	3km まで 170(168)円	40.6	60.4
東京臨海高速鉄道	〃	R1.10.1	3km まで 210(210)円	36.2	50.9
横 浜 高 速 鉄 道	〃	R1.10.1	3km まで 190(183)円	37.8	62.2
箱 根 登 山 鉄 道	〃	R4.10.1	3km まで　１６０　円	43.1	70.1
江 ノ 島 電 鉄	〃	R1.10.1	2km まで　２００　円	35.6	56.8
富 士 急 行	〃	R1.10.1	2km まで 180(173)円	36.0	58.8
い す み 鉄 道	〃	R1.10.1	3km まで　１９０　円	31.9	63.6
真 岡 鐵 道	〃	R1.10.1	4km まで　１９０　円	33.2	60.4
伊 豆 箱 根 鉄 道	対キロ区間制	R5.4.1	3km まで　１６０　円	35.4	61.1
岳 南 電 車	〃	R1.10.1	2km まで　１７０　円	32.0	56.7
伊 豆 急 行	〃	R1.10.1	4km まで 170(168)円	49.1	65.6
静 岡 鉄 道	〃	R5.4.1	2km まで　１６０　円	30.6	62.8
大井川鐵道(本線)	対 キ ロ 制	R1.10.1	最 低 運 賃 　１５０　円	51.4	66.9
〃 (井川線)	〃	R1.10.1	最 低 運 賃 　１６０　円	43.9	60.7
遠 州 鉄 道	対キロ区間制	R4.2.1	4km まで　１４０　円	31.0	53.5
天 竜 浜 名 湖 鉄 道	〃	R1.10.1	3km まで　２００　円	36.8	57.0

項目 事業者名	運賃制度	実施 年月日	初乗運賃	定期運賃(1か月) 平均割引率(%)	
				通勤	通学
豊橋鉄道(鉄道)	対キロ区間制	R1.10.1	2 km まで 140 円	30.0	50.0
〃 （軌道）	均 一 制	R1.10.1	均 一 180 円	30.0	50.0
名古屋臨海高速鉄道	対キロ区間制	R1.10.1	3 km まで 210 円	35.4	63.1
三 岐 鉄 道	〃	R1.10.1	4 km まで 190 円	36.7	56.7
伊 勢 鉄 道	〃	R1.10.1	3 km まで 180 円	36.5	56.6
樽 見 鉄 道	〃	R1.10.1	3 km まで 190 円	30.0	60.0
四日市あすなろう鉄道	〃	R1.10.1	3 km まで 200 円	39.6	70.9
明 知 鉄 道	〃	R1.10.1	3 km まで 210 円	30.0	57.0
長 良 川 鉄 道	〃	R1.10.1	3 km まで 210 円	36.2	51.0
愛 知 環 状 鉄 道	〃	R1.10.1	3 km まで 180 円	30.1	55.4
東 海 交 通 事 業	〃	R1.10.1	3 km まで 230 円	35.0	50.0
福井鉄道(鉄道)	対キロ区間制	R1.10.1	2 km まで 180 円	平均	平均
〃 （軌道）	均 一 制	R1.10.1	均 一 160 円	35.0	51.5
養 老 鉄 道	対キロ区間制	R1.10.1	3 km まで 210 円	37.9	70.1
伊 賀 鉄 道	〃	R1.10.1	3 km まで 200 円	37.8	69.8
えちぜん鉄道	〃	R1.10.1	2 km まで 180 円	40.6	52.9
京 福 電 気 鉄 道	均 一 制	R5.4.1	均 一 250 円	43.3	73.3
叡 山 電 鉄	区 間 制	R5.4.1	1 区 220 円	46.6	65.0
近 江 鉄 道	対キロ区間制	R1.10.1	2 km まで 160 円	32.5	59.5
信 楽 高 原 鐵 道	〃	R1.10.1	3 km まで 210 円	50.0	60.0
北大阪急行電鉄	〃	R1.10.1	2 km まで 100 円	37.6	63.2
泉 北 高 速 鉄 道	〃	R1.10.1	2 km まで 180 円	34.4	59.5
水 間 鉄 道	〃	R1.10.1	1.5 km まで 180 円	38.5	63.9
和 歌 山 電 鐵	〃	R1.10.1	3 km まで 190 円	39.8	64.0
紀 州 鉄 道	〃	H10.4.1	1 km まで 120 円	53.0	69.0
能 勢 電 鉄	〃	R1.10.1	2 km まで 160 円	37.5	59.7
北 条 鉄 道	〃	R1.10.1	2 km まで 160 円	30.5	55.4
神 戸 電 鉄	〃	R1.10.1	2 km まで 180 円	37.3	69.6
山 陽 電 気 鉄 道	〃	R1.10.1	2 km まで 150 円	41.2	77.6
阪 堺 電 気 軌 道	均 一 制	R2.10.1	均 一 250 円	30.0	60.1
WILLER TRAINS	対キロ区間制	R1.10.1	3 km まで 150 円	38.6	68.5

項目＼事業者名	運賃制度	実施年月日	初乗運賃	定期運賃(1か月)平均割引率(％)	
				通勤	通学
嵯峨野観光鉄道	均　一　制	R4.4.1	均　一　880　円	－	－
水島臨海鉄道	対キロ区間制	R1.10.1	4km まで　190　円	42.4	66.0
若　桜　鉄　道	〃	R1.10.1	1km まで　130　円	34.6	39.4
一　畑　電　車	〃	R1.10.1	4km まで　170　円	38.9	62.9
広島電鉄(鉄道)	対キロ区間制	R1.10.1	3km まで　140　円	平均	平均
〃　　(軌道)	均　一　制	R1.10.1	均　一　190　円	38.4	55.4
錦　川　鉄　道	対キロ区間制	R1.10.1	3km まで　200　円	38.2	62.2
智　頭　急　行	〃	R1.10.1	3km まで　180　円	36.1	55.8
井　原　鉄　道	〃	R1.10.1	3km まで　210　円	35.6	55.7
岡山電気軌道	均　一　制	H11.12.14	均　一　140　円 特定区間内 120　円	均－30.0 特定区間内 41.7	均－50.0 特定区間内 58.34
高松琴平電気鉄道	対キロ区間制	R5.5.20	4km まで　200　円	39.3	66.5
伊予鉄道(鉄道)	〃	R3.12.1	3km まで　180　円	35.9	52.4
〃　　(軌道)	均　一　制	R3.12.1	均　一　180　円	34.0	51.9
土佐くろしお鉄道(中村線・宿毛線)	対キロ区間制	R1.10.1	3km まで　170　円	48.0	54.0
〃　(阿佐線)	〃	R1.10.1	6km まで　260　円	50.0	54.0
阿佐海岸鉄道	〃	R3.12.25	5km まで　200　円	35.0	45.0
とさでん交通	均　一　制	R1.10.1	均　一　200　円	平均	平均
〃	区　間　制	R1.10.1	1　区　130　円	39.0	59.7
筑豊電気鉄道	〃	R1.10.1	1　区　210　円	32.0	57.9
甘　木　鉄　道	対キロ区間制	R1.10.1	2km まで　170　円	36.5	60.5
島　原　鉄　道	対キロ制	R1.10.1	最低運賃 150　円	25.0	50.0
熊本電気鉄道	対キロ区間制	R2.10.1	2km まで　160　円	40.0	50.0
南　阿　蘇　鉄　道	〃	R5.4.1	2km まで　180　円	28.0	53.7
松　浦　鉄　道	〃	H28.4.15	1km まで　170　円	37.9	58.0
く　ま　川　鉄　道	〃	R1.10.1	3km まで　190　円	47.5	65.6
肥薩おれんじ鉄道	〃	R1.10.1	3km まで　190　円	52.5	76.2
平成筑豊鉄道	〃	R1.10.1	3km まで　220　円	44.8	65.2
長崎電気軌道	均　一　制	R3.10.1	均　一　140　円	33.0	43.0

項目 事業者名	運賃制度	実施 年月日	初乗運賃	定期運賃(1か月) 平均割引率(%)	
				通勤	通学
東 京 モ ノ レ ー ル	対キロ区間制	R1.10.1	1.5 kmまで 160(157)円	50.2	76.1
多 摩 都 市 モ ノ レ ー ル	〃	R1.10.1	3 kmまで 220 円	36.7	51.2
相 南 モ ノ レ ー ル	〃	R1.10.1	2 kmまで 180 円	33.7	50.5
千 葉 都 市 モ ノ レ ー ル	〃	R1.10.1	2kmまで200(199)円	36.3	59.9
大 阪 モ ノ レ ー ル	〃	R1.10.1	2 kmまで 200 円	34.7	59.9
舞浜リゾートライン	均 一 制	R1.10.1	均 一 260 円	49.7	69.7
スカイレールサービス	〃	R1.10.1	均 一 170 円	36.6	51.3
北 九 州 高 速 鉄 道	対キロ区間制	R1.10.1	1 kmまで 180 円	31.6	50.5
沖 縄 都 市 モ ノ レ ー ル	〃	R1.10.1	3 kmまで 230 円	37.5	59.8
埼 玉 新 都 市 交 通	〃	R1.10.1	2kmまで190(189)円	31.3	51.0
山 万	均 一 制	H7.9.1	均 一 200 円	35.0	55.0
ゆ り か も め	対キロ区間制	R1.10.1	2kmまで190(189)円	38.0	52.3
横浜シーサイドライン	〃	R1.10.1	2kmまで240(234)円	36.2	54.6
名古屋ガイドウェイバス	〃	R1.10.1	2 kmまで 200 円	43.0	55.5
神 戸 新 交 通	〃	R1.10.1	2 kmまで 210 円	35.7	59.8
広 島 高 速 交 通	〃	R1.10.1	2 kmまで 190 円	34.8	49.9
愛 知 高 速 交 通	〃	R1.10.1	2 kmまで 170 円	33.2	62.1

(注) 1. 上記は認可上の運賃等を記載。
　　2. 初乗運賃の( )内は IC カード1円単位運賃を記載。

(公営路面電車)　　　　　　　　　　　　　　　(令和5年6月1日現在)

項目 事業者名	運賃制度	実施 年月日	初乗運賃	定期運賃(1か月) 平均割引率(%)	
				通勤	通学
函 館 市	対キロ区間制	R1.10.1	2 kmまで 210 円	30.5	42.3
東 京 都	均 一 制	R1.10.1	均一 170(165)円	36.9	65.6
熊 本 市	〃	R1.10.1	均 一 180 円	40.0	50.0
鹿 児 島 市	〃	H30.1.1	均 一 170 円	30.0	50.0

注) 1. 上記は認可上の運賃等を記載。
　　2. 初乗運賃の( )内は IC カード1円単位運賃を記載。

運 賃

運賃調整

　旅客の流動状況や利便性を勘案して、乗継運賃制度（併算運賃から割引を行う。）がとり入れられている。

1.　乗継運賃制度の実施状況

（令和5年6月1日現在）

鉄道相互（鉄道と軌道を含む）
札幌市　地下鉄と札幌市交通事業振興公社（普通、定期）
ＪＲ北海道と道南いさりび鉄道（普通、定期）
ＩＧＲいわて銀河鉄道と青い森鉄道（普通、定期）
東京地下鉄と都営地下鉄（普通）
東京地下鉄と東葉高速鉄道（普通）
東京地下鉄と埼玉高速鉄道（普通）
東京都　地下鉄と軌道線（定期）
都営地下鉄と京成電鉄と北総鉄道（普通、定期）
東急電鉄と横浜高速鉄道（普通、定期）
ＪＲ東日本と東京地下鉄（普通）※2
〃　　　と西武鉄道（普通）※2
〃　　　と京王電鉄（普通）※2
〃　　　と東急電鉄（普通）※2
〃　　　と京浜急行電鉄（普通）※2
〃　　　と東武鉄道（普通）※1
〃　　　と小田急電鉄（普通）※1
〃　　　と相模鉄道（普通）※1
〃　　　と青い森鉄道（普通、定期）※1
〃　　　とＩＧＲいわて銀河鉄道（普通、定期）※1
〃　　　と鹿島臨海鉄道（普通、定期）※1
〃　　　とえちごトキめき鉄道（普通、定期）※3
名古屋鉄道と名古屋市地下鉄3号線他（普通、カード）
名古屋市と名古屋臨海高速鉄道（カード、定期）
名古屋市と名古屋ガイドウェイバス軌道線（カード、定期）
豊橋鉄道　鉄道線と軌道線（カード）
富山地方鉄道　鉄道線と軌道線（定期）
しなの鉄道とえちごトキめき鉄道（普通、定期）
えちごトキめき鉄道とあいの風とやま鉄道（普通、定期）
あいの風とやま鉄道とＩＲいしかわ鉄道（普通、定期）
福井鉄道　鉄道線と軌道線（普通、定期）
福井鉄道とえちぜん鉄道（普通、定期）
大阪市高速電気軌道と北大阪急行（普通）
ＪＲ西日本と京阪電気鉄道（普通）
〃　　　と近畿日本鉄道（普通）
〃　　　と南海電気鉄道（普通）
〃　　　とえちごトキめき鉄道（普通、定期）※1
〃　　　とあいの風とやま鉄道（普通、定期）※1
〃　　　とＩＲいしかわ鉄道（普通、定期）※1
阪急電鉄（神戸高速線経由）と山陽電気鉄道（普通）
阪神電気鉄道（神戸高速線経由）と山陽電気鉄道（普通）

神戸電鉄と神戸高速鉄道（普通）
広島電鉄　鉄道線と軌道線（普通、定期）
ＪＲ九州と福岡市（普通、定期）
ＪＲ九州と肥薩おれんじ鉄道（定期）
福岡市と西日本鉄道（普通、定期）
大手民鉄14社（大手民鉄16社から名鉄及び西鉄を除く）と当該大手民鉄と接
続する鉄道事業者
　　　　　　　　　　　　　　　　　　　　　（普通）
※1は民鉄区間の旅客運賃についてのみの割引
※2は民鉄区間の一部の旅客運賃についてのみの割引
※3はえちごトキめき鉄道のみ割引

鉄　軌　道　と　バ　ス

札幌市　地下鉄とバス（普通、定期）
　　　　札幌市交通事業振興公社とバス（定期）
　　　　地下鉄と札幌市交通事業振興公社とバス（定期）
函館市　軌道線とバス（普通、定期）
仙台市　地下鉄とバス（普通、定期）
東京都　地下鉄とバス（定期）
　　　　軌道線とバス（定期）
　　　　日暮里・舎人線とバス（定期）
横浜市　地下鉄とバス（定期）
長野電鉄　鉄道線とバス（定期）
富山地方鉄道　鉄道線とバス（定期）
北陸鉄道　鉄道線とバス（定期）
静岡鉄道　鉄道線とバス（定期）
遠州鉄道　鉄道線とバス（定期）
豊橋鉄道　鉄道線とバス（定期）
豊橋鉄道　軌道線とバス（定期）
名古屋鉄道　鉄道線とバス（カード）
名古屋市　地下鉄とバス（カード、定期）
名古屋臨海高速鉄道鉄道線とバス（定期、カード）
名古屋ガイドウェイバス軌道線とバス（普通、定期）
アルピコ交通　鉄道線とバス（定期）
福井鉄道　鉄道線とバス（定期）
京都市　地下鉄とバス（普通、定期）
大阪市高速電気軌道　地下鉄とバス（普通、定期）
阪堺電気鉄道　軌道線とバス（カード）
神戸市　地下鉄とバス（カード、定期）
広島電鉄　鉄軌道線とバス（定期）
広島高速交通　鉄軌道線とバス（カード）
一畑電車　鉄道線とバス（定期）
高松琴平電気鉄道　鉄道線とバス（カード）
とさでん交通　軌道線とバス（カード）
熊本電気鉄道　鉄道線とバス（カード、定期）
鹿児島市　軌道線とバス（カード）
筑豊電気鉄道　鉄道線とバス（定期）

運 賃

2．ＪＲ線及び大手民鉄、東京地下鉄に係る乗継運賃制度

(令和5年6月1日現在)

○相互直通路線において設定しているもの

事 業 者 名	種別	適 用 範 囲 等	乗 継 運 賃
JR東日本と東京地下鉄	普通	JR東日本の10キロまでの区間と東京地下鉄の2駅の区間(接続駅:中野、西船橋、北千住、綾瀬)※西船橋を接続とする東京地下鉄は3駅の区間	併算運賃から20円引き
JR東日本とIGRいわて銀河鉄道	普通	JR東日本の2〜3駅の区間とIGRいわて銀河鉄道の2〜4駅の区間(接続駅:盛岡、好摩)	IGRいわて銀河鉄道の運賃から50円引き
	定期		所定運賃に普通運賃の割引率を乗じた額
JR東日本と青い森鉄道	普通	JR東日本の2駅の区間と青い森鉄道の4駅の区間(接続駅:青森、野辺地、八戸)	区間により青い森鉄道の運賃から60、70円引き
	定期		所定運賃に普通運賃の割引率を乗じた額
JR九州と福岡市交通局	普通	JR九州の10キロまでの区間と福岡市交通局の2区までの区間(接続駅・姪浜)	併算運賃から20円引き
	定期		所定の定期運賃から一定額を割引
東京地下鉄と大手民鉄(東武、西武、小田急、東急)	普通	原則として東京地下鉄の2駅までの区間と大手民鉄の初乗り又は2駅のいずれか長い方の区間(接続駅東武:北千住、和光市、押上、西武:小竹向原、小田急:代々木上原、東急:渋谷、目黒)	併算運賃から20円引き
東京地下鉄と東葉高速鉄道	普通	東葉高速線東海中・西船橋間と東京地下鉄東西線行徳・西船橋間相互間	併算運賃から20円引き
東京地下鉄と埼玉高速鉄道	普通	埼玉高速線川口元郷と東京地下鉄南北線志茂・王子神谷間相互間	併算運賃から30円引き
大手民鉄と公営地下鉄(京成・京王・東急・京急と東京都、名鉄と名古屋市、近鉄と大阪Metro、京都市、阪急と大阪Metro)	普通	原則として大手民鉄の初乗り区間又は2駅のいずれか長い方の区間と地下鉄の2駅までの区間(接続駅:押上、新宿、目黒、泉岳寺、赤池・上小田井、上飯田、長田・竹田、天神橋筋六丁目)	一事業者当たり10円引き
東急と横浜高速鉄道	普通	白楽〜馬車道相互間(接続駅:横浜)	併算運賃から20円引き
		東急線各駅(横浜駅及びこどもの国駅、恩田駅、東急世田谷線各駅を除く)とみなとみらい21駅各駅間(接続駅:横浜駅)	東急、横浜高速鉄道とも所定運賃から10%引き

事 業 者 名	種別	適　用　範　囲　等	乗　継　運　賃
京成と 新京成電鉄	普通	京成線船橋競馬場・実籾間の各駅又は京成幕張本郷・検見川間の各駅と新京成線新津田沼・習志野間の各駅	一事業者当たり10円引き
南海と 泉北高速鉄道	普通	南海電気鉄道南海線又は高野線と泉北高速鉄道線相互間	一事業者当たり50円引き
北総鉄道と 京成電鉄と	普通	北総は10キロまで10円、11キロ以上20円、京成及び東京都はそれぞれ10円引き	
東京都交通局	定期	北総、京成、東京都とも所定運賃から5%引き	
阪神と 山陽電気鉄道	普通	神戸市内発着(神戸高速線経由)旅客について併算運賃から10円引き	
京阪と 京都市交通局	普通	東山～大谷相互間(接続駅:御陵)	併算運賃から90円引き
		三条京阪～浜大津相互間で上記以外	併算運賃から70円引き
		三条京阪～蹴上と京阪石山坂本線、三井寺、島ノ関以遠相互間	併算運賃から20円引き
	定期	京都市東西線のみ表定割引	

○ターミナル接続において設定しているもの

事 業 者 名	種別	適　用　範　囲　等	乗　継　運　賃
JR東日本と 東京地下鉄	普通	JR東日本の3キロまでの区間と東京地下鉄の2駅までの区間(接続駅:西船橋、綾瀬)	併算運賃から10円引き
JR東日本と 大手民鉄(西武、京王、東急、京急) JR西日本と 大手民鉄(京阪、近鉄、南海)	普通	原則としてノーラッチ接続区間に限り、JR東日本及びJR西日本の3キロまでの区間と大手民鉄の初乗り区間(接続駅西武:武蔵境、国分寺、拝島、京王:分倍河原、東急:菊名、京急:八丁畷、京阪:京橋、東福寺、近鉄:鶴橋、柏原、南海:三国ケ丘、和歌山)	併算運賃から20円引き
東京地下鉄と 東京都交通局	普通	併算運賃から70円引き	
	定期	それぞれの所定運賃を割引し、合計した額(10円未満は10円に切上げ) 1ヶ月:基本定期旅客運賃を15%引き(1ヶ月特定運賃) 3ヶ月:1ヶ月特定運賃を3倍し、これを5%引き 6ヶ月:1ヶ月特定運賃を6倍し、これを10%引き	

大手民鉄と当該大手民鉄と接続する鉄道事業者	普通	2ラッチ接続までの路線の初乗り又は2駅のいずれか長い方の区間相互間 （地下鉄：2駅区間、 JR：3キロまでの区間） ・東武と京成（接続駅：牛田）他 ・西武と東武（池袋） ・西武とJR東日本（池袋）他 ・京成と東京都（押上）他 ・京王と東京地下鉄（新宿）他 ・小田急と京王（下北沢）他 ・東急と小田急（中央林間）他 ・京急と東急（横浜）他 ・相鉄と小田急（海老名）他 ・近鉄と南海（河内長野）他 ・南海と水間鉄道（貝塚）他 ・阪急と能勢電鉄（川西能勢口）他 ・阪神と阪急（今津）他	一事業者当たり 10 円引き （相手事業者も割引をする場合は、合計 20 円引き）
西日本鉄道と福岡市交通局	普通定期	西鉄貝塚線三苫〜貝塚間と福岡市交通局2号線の貝塚より3区までの区間	併算運賃から20〜60円引き ───────────── 通勤定期5%〜10%引き
JR九州と肥薩おれんじ鉄道	定期	・有佐〜日奈久温泉相互間 　（接続駅：八代） ・坂本〜日奈久温泉相互間 　（接続駅：八代） ・串木野〜草道相互間 　（接続駅：川内）	所定の定期運賃を2割引した額

料金の概要 （ＪＲ）

（令和5年6月1日現在）

① 特急料金

（1） 新幹線：駅間毎に表定。

○主な区間の特急料金（指定席）

・東海道・山陽新幹線

駅 名	東 京						
名古屋	4,710	名古屋					
京 都	5,490	3,060	京 都				
新大阪	5,490	3,060	2,290	新大阪			
岡 山	6,460	4,700	3,930	3,060	岡 山		
広 島	7,030	5,490	4,700	4,700	3,060	広 島	
小 倉	8,670	6,460	5,490	5,490	4,700	3,930	小 倉
博 多	8,670	7,030	5,920	5,490	5,150	3,930	2,290

・東北・上越・北陸新幹線

金 沢	6,900	5,040	新 潟
長 野	4,270	7,330	新青森
	東 京	5,360	仙 台
		東 京	駅 名

（注） 1. 自由席は 530 円引き。
　　　2. 1駅間自由席利用の場合は、870 円、880 円又は 990 円。

・北海道新幹線

	新函館北斗
新青森	4,530

・九州新幹線

	熊 本	鹿児島中央
博 多	3,060	5,030

・西九州新幹線

	武雄温泉
長 崎	2,290

（注）自由席は 530 円引き（九州新幹線、西九州新幹線）

（2） 在来線（Ａ特急料金）

50キロまで	100キロまで	150キロまで	200キロまで	300キロまで
1,290円	1,730円	2,390円	2,730円	2,950円

400キロまで	600キロまで	601キロ以上
3,170円	3,490円	3,830円

（注） 1. 自由席は530円引き。
　　　2. JR四国内の25キロまでの自由席は330円、50キロまでの自由席は530円。

　　JR北海道の 150 キロまでのＡ特急料金はJR北海道内各線に適用され、次のとおり。

25キロまで	50キロまで	100キロまで	150キロまで
850 円	1,160 円	1,680 円	2,360 円

（注） 自由席は 530 円引き。

(3) 在来線（B特急料金）

　JR東日本のB特急料金は、次のとおり。

50キロまで	100キロまで	150キロまで	200キロまで	300キロまで	400キロまで	401キロ以上
1,050円	1,480円	1,890円	2,290円	2,510円	2,730円	3,070円

　（注）　自由席は530円引き。

（適用区間）
・山手線、赤羽線、東北線東京・上野間、武蔵野線、東海道線東京・
　熱海間及び伊東線
・仙山線、北上線、磐越西線郡山・喜多方間及び奥羽線秋田・青森間
・白新線及び羽越線新発田・秋田間
・東北線上野・黒磯間、日光線、高崎線、上越線高崎・石打間、両毛
　線新前橋・前橋間及び吾妻線渋川・万座・鹿沢口間
・東北線上野・日暮里間及び常磐線日暮里・勝田間
・中央線東京・竜王間、横浜線、南武線、横須賀線、根岸線、総武線、
　京葉線、外房線、内房線、成田線及び鹿島線

　JR東海のB特急料金は、次のとおり。

50 キロまで	100 キロまで	150 キロまで	200 キロまで
1,190 円	1,530 円	1,970 円	2,290 円
300 キロまで	400 キロまで	401 キロ以上	
2,510 円	2,730 円	3,070 円	

　（注）　自由席は530 円引き。

（適用区間）
・東海道線熱海・三島間

　JR九州のB特急料金は、JR九州内各線に適用され、次のとおり。

25 キロまで	50 キロまで	75 キロまで	100 キロまで
1,030 円	1,280 円	1,530 円	1,730 円
150 キロまで	200 キロまで	300 キロまで	301 キロ以上
2,330 円	2,730 円	2,930 円	3,130 円

　（注）　自由席は530 円引き。

　なお、B特急料金適用区間に運転されている「サフィール踊り子」及び「成
田エクスプレス」の特急料金については、A特急料金が適用される。
　この他、別の特急料金が定められている列車・区間がある。

(4) 繁忙期、閑散期料金（指定席にのみ適用。）

　シーズンに応じて、指定席特急料金が以下のとおり変動する。
　　最繁忙期に利用する場合：通常期の指定席特急料金の400円増
　　繁忙期に利用する場合　：通常期の指定席特急料金の200円増
　　閑散期に利用する場合　：通常期の指定席特急料金の200円引
　　※一部例外あり。

② 急行料金

50キロまで	100キロまで	150キロまで	200キロまで	201キロ以上
560円	760円	1000円	1,100円	1,320円

（注）　ＪＲ東日本内のＢ特急料金区間の50キロまでは520円。

③ 特別車両料金

(1) 特急・急行用特別車両料金

JR北海道・東海・西日本・四国内とJR会社間

営業キロ	100キロまで	200キロまで	400キロまで	600キロまで	800キロまで	801キロ以上
グリーン料金	1,300円	2,800円	4,190円	5,400円	6,600円	7,790円

(注)北陸新幹線を除く。

JR東日本内

	100キロまで	200キロまで	400キロまで	600キロまで	700キロまで	701キロ以上
グリーン料金	1,300円	2,800円	4,190円	5,400円	5,600円	6,600円
グランクラス料金 （一部)除く）	6,540円	8,040円	9,430円	10,640円	10,840円	11,840円

(注)JR西日本（北陸新幹線上越妙高・金沢間）を含む。

JR九州内

	100キロまで	200キロまで	201キロ以上
在来線グリーン料金	1,300円	2,800円	4,190円
新幹線グリーン料金	1,300円	2,800円	4,190円

(2) 普通列車用グリーン料金

50キロまで	100キロまで	150キロまで	151キロ以上
780円	1,000円	1,700円	1,990円

(注)JR九州内の普通列車のグリーン料金は、50キロまで780円、51キロ以上は 1,000円。

この他、別の特別車両料金が定められている区間がある。

④　寝台料金

(1) A寝台料金

個　　　　　室	13,980円

(2) B寝台料金

電　　　　　車	個室（1人用）	9,600円
	個室（1人用・2人用）	7,700円
		6,600円

JR 運賃と民鉄運賃の比較

　JR の主要線区の運賃とこれに対応する大手民鉄の運賃は次のとおり。
（令和5年6月1日現在）

事業者名及び区間		キロ程	普　通	通勤定期 1ヶ月	通学定期 1ヶ月
Ｊ　　　　　Ｒ	上　野〜久　喜	45.3	860(858)	22,990	11,150
東 武 鉄 道	浅　草〜久　喜	47.7	670(670)	17,850	5,350
Ｊ　　　　　Ｒ	新　宿〜拝　島	34.1	※490(483)	※14,640	※7,800
西 武 鉄 道	西武新宿〜拝　島	36.9	450(450)	17,140	4,260
Ｊ　　　　　Ｒ	上　野〜市　川	15.6	320(318)	9,620	7,020
京 成 電 鉄	京成上野〜市川真間	17.3	330(325)	12,670	4,440
Ｊ　　　　　Ｒ	上野〜成田（我孫子経由）	66.4	※940(935)	※27,530	※13,180
京 成 電 鉄	京成上野〜京成成田	61.2	850(849)	22,930	5,690
Ｊ　　　　　Ｒ	新　宿〜八王子	37.1	※500(482)	※14,970	※7,190
京 王 電 鉄	新宿〜京王八王子	37.9	370(367)	13,750	4,510
Ｊ　　　　　Ｒ	渋　谷〜吉祥寺	15.6	※230(230)	※6,950	※5,490
京 王 電 鉄	渋　谷〜吉祥寺	12.7	200(199)	7,430	2,860
Ｊ　　　　　Ｒ	東　京〜小田原	83.9	1,520(1,518)	40,050	20,250
小田急電鉄	新　宿〜小田原	82.5	910(901)	18,260	7,640
Ｊ　　　　　Ｒ	東　京〜藤　沢	51.1	990(990)	25,260	12,630
小田急電鉄	新　宿〜藤　沢	55.4	610(607)	16,550	6,520
Ｊ　　　　　Ｒ	渋　谷〜横　浜	29.2	※410(406)	※12,290	※7,580
東 急 電 鉄	渋　谷〜横　浜	24.2	310(309)	11,510	4,270
Ｊ　　　　　Ｒ	品　川〜横　浜	22.0	※310(303)	※8,950	※6,040
京 浜 急 行	品　川〜横　浜	22.2	310(303)	11,800	4,150
Ｊ　　　　　Ｒ	名古屋〜岐　阜	30.3	※470	※13,620	※7,770
名古屋鉄道	名鉄名古屋〜名鉄岐阜	31.8	570	17,120	6,070

運　賃

事業者名及び区間		キロ程	普　通	通勤定期 1ケ月	通学定期 1ケ月
J　　　　R	名古屋〜豊　橋	72.4	1,340	34,730	17,640
名古屋鉄道	名鉄名古屋〜豊橋	68.0	1,140	26,050	8,380
J　　　　R	名古屋〜四日市	37.2	※480	※14,430	※7,150
近畿日本鉄道	近鉄名古屋〜近鉄四日市	36.9	760	24,560	5,810
J　　　　R	天王寺〜奈　良	37.5	※470	※14,520	※7,200
近畿日本鉄道	鶴橋〜近鉄奈良	29.7	590	22,670	5,680
J　　　　R	天王寺〜和歌山	61.3	※900	※26,320	※12,410
南海電鉄	難波〜和歌山市	64.2	930	26,250	6,620
J　　　　R	大　阪〜京　都	42.8	※580	※17,140	※7,660
京阪電鉄	淀屋橋〜三　条	49.3	430	15,990	4,860
J　　　　R	大　阪〜三ノ宮	30.6	※420	※12,830	※6,910
阪急電鉄	大阪梅田〜神戸三宮	32.3	330	13,460	4,590
J　　　　R	大　阪〜京　都	42.8	※580	※17,140	※7,660
阪急電鉄	大阪梅田〜京都河原町	47.7	410	16,180	5,270
J　　　　R	大　阪〜三ノ宮	30.6	※420	※12,830	※6,910
阪神電鉄	大阪梅田〜神戸三宮	31.2	330	13,460	4,620
J　　　　R	博　多〜久留米	35.7	760	21,740	10,160
西日本鉄道	西鉄福岡〜西鉄久留米	38.6	640	23,690	5,730
J　　　　R	博　多〜大牟田	69.3	1,310	35,600	17,520
西日本鉄道	西鉄福岡〜大牟田	74.8	1,050	31,240	6,250

(注)　1. ※は大都市の特定区間である。
　　　 2. （　）内は1円単位運賃である。
　　　 3. 上記は実施額を記載（鉄道駅バリアフリー料金含む）。
　　　 4. JR東日本は電車特定区間において、上記通勤定期額よりも割安なオフピーク定期券を別途設定。

身体障害者割引の状況

　身体障害者についての運賃割引の状況を JR についてみると各社とも次のような割引を行っている。

〔J R〕

分類	項　目	割　　　　　引　　　　　率	
第一種身体障害者	普通乗車券	介護者と同伴の場合	50%（介護者も）
		単独乗車の場合 　　片道100kmをこえる区間	50%
	定　期　券	介護者と同伴の場合	50%（介護者も）
	回数乗車券	介護者と同伴の場合	50%（介護者も）
	普通急行券	介護者と同伴の場合	50%（介護者も）
第二種身体障害者	普通乗車券	単独乗車の場合 　　片道100kmをこえる区間	50%
	定　期　券	介護者と同伴の場合（定期利用の12歳未満の身体障害者） 　　50%（介護者のみ）	

　身体障害者についての運賃割引の状況を民鉄事業者についてみると、各社とも、ほぼ JR と同様に次のような割引を行っている。

〔民鉄〕

分類	項　目	割　　　　　引　　　　　率	
第一種身体障害者	普通乗車券	単独で乗車の場合 { 自線一定の距離以上 { 他社線と連絡で101キロ以上	50% 50%
		介護者と同伴の場合	50%（介護者も）
	定期乗車券	介護者と同伴の場合	50%（介護者も）
	回数乗車券	介護者と同伴の場合	50%（介護者も）
第二種身体障害者	普通乗車券	単独で乗車の場合 { 自線一定の距離以上 { 他社線と連絡で101キロ以上	50% 50%
	定期乗車券	介護者と同伴の場合（定期利用の12歳未満の身体障害者） 　　50%（介護者のみ）	

運　賃

(注)　「身体障害者」とは、身体障害者福祉法(昭和24年法律第283号)第
　　　 15条第4項に規定する身体障害者手帳の交付を受けている者のうち、
　　　 別表に掲げる障害種別に該当する者をいう。(別表において第1種身
　　　 体障害者及び第2種身体障害者に区分する)

(別表)

身体障害者の範囲及び種別の区分

障害種別	等級及び割引種別		第1種身体障害者 (本人及び介護者)	第2種身体障害者 (本人)
視　　覚　　障　　害			1級から3級及び 4級の1	4級の2、4級の3、 5級及び 6級
聴覚又は 平衡機能 の障害	聴　覚　障　害		2級及び3級	4級及び6級
	平　衡　機　能　障　害		———	3級及び5級
音声機能、言語機能又はそしゃく機能障害			———	3級及び4級
肢 体 不 自 由	上　　　　　肢		1級、2級の1及び 2級の2	2級の3、2級の4 及び3級から7級
	下　　　　　肢		1級、2級及び3級 の1	3級の2、3級の3 及び4級から7級
	体　　　　　幹		1級から3級	5級
	乳幼児期以前の非 進行性の脳病変に よる運動機能障害	上肢機能	1級及び2級	3級から7級
		移動機能	1級から3級	4級から7級
心臓、じん臓若しく は呼吸器又はぼう こう若しくは直腸、 小腸、ヒト免疫不全 ウィルスによる免疫 若しくは肝臓の機 能の障害	心臓、じん臓若しくは呼吸 器又は小腸の機能障害		1級、3級及び4級	———
	ぼうこう又は直腸の 機能障害		1級及び3級	4級
	ヒト免疫不全ウィルスに よる免疫又は肝臓の機 能障害		1級から4級	

(注)1.　上記の障害種別及び等級は、身体障害者福祉法施行規則別表第5号による
　　　 ものである。
　　 2.　上記左欄に掲げる障害を2つ以上有し、その障害の総合の程度が上記第1種
　　　 身体障害者欄に準ずるものも第1種身体障害者とする。

知的障害者割引について

　知的障害者に対しても身体障害者と同様の運賃割引を行っている（平成3年12月から実施）。

(注)1.「知的障害者」とは、「療育手帳制度について」(昭和48年9月厚生省発児第156号厚生事務次官通知)により定められた療育手帳制度要綱に規定する療育手帳の交付を受けている者をいう。
　　2. 上記1の知的障害者を次に掲げる第1種知的障害者及び第2種知的障害者に分ける。
　　(1)「第1種知的障害者」とは、次に掲げる者をいう。
　　　ア. 知能指数がおおむね35以下の者であって、日常生活において常時介護を要する程度のもの
　　　イ. 肢体不自由、盲、ろうあ等の障害を有し、知能指数がおおむね50以下の者であって、日常生活において常時介護を要する程度のもの
　　(2)「第2種知的障害者」とは、(1)以外の者をいう。

精神障害者割引について

　令和5年4月1日現在で全176者中106者において実施されている。
　※割引の取り扱いは、各社により異なる場合がある。

運賃・料金改定の推移
JR（国鉄）

(単位：%)

種別＼改定時期	昭和56.4.20	57.4.20	59.4.20	60.4.20	61.9.1	平成元.4.1	8.1.10
改定率　旅客	9.7	6.1	8.2	4.4	4.8	2.9	JR北海道 7.0 JR四国　6.7 JR九州　7.8
改定率　貨物	9.7	6.3	4.2	3.1	—	3.0	—

種別＼改定時期	9.4.1	26.4.1	30.10.1	令和元.10.1	5.5.20	5.3.18
改定率　旅客	1.9	2.857	—	JR北海道 11.1 他JR5社 1.851	JR四国 12.8	JR東日本 1.4(通勤定期券)
改定率　貨物	1.9	2.857	10.0	—	—	—

大手民鉄及び東京地下鉄

種別＼改定時期	昭和61.2.5（西鉄）	62.5.16（関西5社及京成）	63.5.18（関東6社除京成）	平成元.4.1（14社及び営団）	2.3.21（名鉄）
定期外	11.3	9.3	9.7	3.0	13.8
改定率　定期運賃　通勤	14.8	10.2	10.6	3.0	14.6
改定率　定期運賃　通学	15.3	10.6	10.7	3.0	16.9
改定率　定期運賃　計	14.9	10.3	10.5	3.0	15.1
合　計（申請改定率）	12.7 (14.6)	9.7 (12.1)	10.1 (12.1)	3.0 (3.0)	14.4 (16.7)
定期平均割引率　通勤	48.7	45.7	48.0	14社 7.2　営団 47.1	48.6
定期平均割引率　通学	81.9	80.5	80.6	81.1　　69.7	83.1
申請年月日	60.12.4	62.1.23	63.1.23	元.2.8	元.11.2

運　賃

改定時期／種別	2.11.1 (営団)	3.11.20 (13社)	5.7.3 (西鉄)	7.9.1 (14社)	7.9.1 (営団)
定期外	11.5	11.0	13.1	13.7	12.8
改定率 定期運賃 通勤	12.2	18.0	14.7	22.7	17.0
通学	11.1	13.8	13.5	16.6	17.3
計	12.1	17.4	14.6	21.6	17.1
合計 (申請改定率)	11.8 (13.3)	13.8 (17.0)	16.6 (18.7)	14.1 (16.1)	14.7 (19.7)
定期平均割引率 通勤	45.0	43.4	43.7	36.3	41.5
通学	68.8	80.2	81.2	65.3	79.9
申請年月日	2.8.24	3.7.5	5.4.28	7.1.19	7.1.19

改定時期／種別	9.4.1 (14社及び営団)		9.7.1 (西鉄)	9.12.28 (5社)	11.3.10 (相鉄)	14.4.1 (西武)	17.3.20 17.4.1 (関東3社)
定期外	14社1.96	営団2.33	15.4	0.5	7.4	1.5	-0.3
改定率 定期運賃 通勤	14社1.91	営団1.54	19.7	1.8	9.1	1.8	1.8
通学	14社1.88	営団1.19	18.4	1.6	9.6	1.6	1.6
計	14社1.91	営団1.51	19.5	1.8	9.2	1.8	1.8
合計 (申請改定率)	14社1.93 (1.93)	営団1.94 (1.94)	17.1 (17.1)	2.4 (2.4)	8.3 (8.9)	1.8 (1.8)	0.6 (0.6)
定期平均割引率 通勤	—		41.3	40.4	36.5	40.2	40.2
通学	—		81.2	78.2	75.8	77.7	77.7
申請年月日	9.2.14		9.4.30	9.9.22	10.12.17	14.1.30	16.12.10

改定時期／種別	26.4.1 (15社及び東京地下鉄) 15社	26.4.1 東京地下鉄	令和元.10.1 (15社及び東京地下鉄) 15社	令和元.10.1 東京地下鉄	5.3.18 (東急)	5.4.1 (近鉄)
定期外	15社3.013	東京地下鉄3.26	15社1.775	東京地下鉄1.814	13.5	17.2
改定率 定期運賃 通勤	15社 2.656	東京地下鉄 2.331	15社 1.847	東京地下鉄 1.903	13.8	18.3
通学					—	9.2
計					12.1	16.7
合計 (申請改定率)	15社2.855 (2.855)	東京地下鉄2.857 (2.857)	15社1.792 (1.792)	東京地下鉄1.852 (1.852)	12.9 (12.9)	17.0 (17.0)
定期平均割引率 通勤	—		—		37.8	41.6
通学	—		—		77.1	82.5
申請年月日	25.12.12～25.12.19		元.7.2		4.1.7	4.4.15

注)1. 改定率は平均値である。
　　2. 国土交通省鉄道局資料による。
　　3. 営団は平成16.4.1より東京地下鉄となった。
　　4. JR東日本は令和5.3.18の通勤定期運賃の改定（電車特定区間のみ）とあわせてオフピーク定期券を導入。

消費者物価指数における運賃・料金のウエイト

(2020年基準　全国 〈1万分比〉)

総	合	10,000
Ⅰ	食　　　　　　　料	2,626
Ⅱ	住　　　　　　　居	2,149
Ⅲ	光　　　　　熱　代	693
	電　　気　　代	341
	ガ　　　ス　　代	151
Ⅳ	家 具 ・ 家 事 用 品	387
Ⅴ	被 服 及 び 履 物	353
Ⅵ	保 健 医 療	477
Ⅶ	交　通　通　信	1,493
	1．交　　　　通	167
	(1) J R 運 賃	57
	① 普 通 運 賃	21
	② 料　　　　金	17
	③ 通 学 定 期	4
	④ 通 勤 定 期	14
	(2) 民 鉄 運 賃	40
	① 普 通 運 賃	17
	② 通 学 定 期	4
	③ 通 勤 定 期	9
	(3) バ　ス　代	15
	(4) タ ク シ ー 代	12
	(5) 航 空 運 賃	16
	(6) 有 料 道 路 料 金	27
	2．自 動 車 等 関 係 費	885
	3．通　　　　信	441
Ⅷ	教　　　　　　　育	304
Ⅸ	教 養 娯 楽	911
Ⅹ	諸　　雑　　費	607

(注) 総務省統計局「消費者物価指数の解説」による。

家計消費支出に占める交通費のウエイト

(全国平均)　　　　　　　　　　　　　　　　　　　　　（令和4年1カ月平均）

項　　　目	金額（円）	構成比（%）
消 費 支 出 金 額	244,231	100.00
食 　　料 　　費	67,937	27.8
住 　　居 　　費	20,342	8.3
光 　熱 ・ 水 道 費	20,400	8.4
家 具 ・ 家 事 用 品 費	9,940	4.1
被 服 及 び 履 物 費	7,972	3.3
保 健 ・ 医 療 費	12,140	5.0
交 通 ・ 通 信 費	33,522	13.7
教 　　育 　　費	7,309	3.0
教 養 娯 楽 費	24,396	10.0
そ の 他 消 費 支 出	40,274	16.5
交通・通信費内訳　　交 　　通 　　費	4,203	1.7
鉄 道 運 賃	1,551 〕2,502	0.6 〕1.0
同 上 定 期	951	0.4
バ 　　ス 　　代	209	0.1
同 上 定 期	99	0.0
タ ク シ ー 代	346	0.1
航 空 運 賃	499	0.2
他 の 交 通 費	66	0.0
通 　　信 　　費	10,580	4.3
自 動 車 等 関 係 費	18,740	7.7

注）　1．総務省統計局「家計調査報告」（令和4年）による。
　　　2．原資料は1年間の統計であるため、1/12を掛けて算出。

鉄道整備計画

新幹線鉄道一覧

路線名	区　間	キロ程(km)	基本計画決定	整備計画決定	工事計画認可	実施計画申請
東海道	東京～新大阪	515	—	—		
山陽	新大阪～博多	554	—	—		
東北	東京～盛岡	496	46.1.18	46.4.1		46.10.12
	盛岡～八戸	97	47.6.29	48.11.13		60.12.4
	八戸～新青森	82	47.6.29	48.11.13		60.12.4
上越	大宮～新潟	270	46.1.18	46.4.1		46.10.12
北陸	高崎～長野	117	47.6.29	48.11.13		60.12.25
	長野～金沢	228				
	┌ 長野～上越	60	47.6.29	48.11.13		60.12.25
	├ 上越～富山	110	47.6.29	48.11.13		60.12.25
	└ 富山～金沢	59	47.6.29	48.11.13		60.12.25
九州	博多～新八代	130	47.6.29	48.11.13		61.8.29
	新八代～鹿児島中央	127	47.6.29	48.11.13		61.8.29
	武雄温泉～長崎	66	47.12.12	48.11.13		24.6.12
北海道	新青森～新函館北斗	149	47.6.29	48.11.13		14.1.8
小　計		2,831				
北海道	新函館北斗～札幌	211	47.6.29	48.11.13		14.1.8
北陸	金沢　～　敦賀	125	47.6.29	48.11.13		長野～小松60.12.25 小松～南越 8.3.28 南越～敦賀17.12.12
中央	品川　～　名古屋	286	48.11.15	23.5.26		26.8.26
小　計		622				
北陸	敦賀　～　大阪	128	47.6.29	48.11.13		
九州	新鳥栖～武雄温泉	51	47.12.12	48.11.13		
中央	名古屋～大阪	152	48.11.15	23.5.26		
小　計		331				
北海道	札幌　～　旭川		48.11.15			
北海道南回り	長万部～札幌		48.11.15			
羽越	富山　～　青森		48.11.15			
奥羽	福島　～　秋田		48.11.15			
北陸・中京	敦賀　～　名古屋		48.11.15			
山陰	大阪　～　下関		48.11.15			
中国横断	岡山　～　松江		48.11.15			
四国	大阪　～　大分		48.11.15			
四国横断	岡山　～　高知		48.11.15			
東九州	福岡　～　鹿児島		48.11.15			
九州横断	大分　～　熊本		48.11.15			
小　計						

（注）1) 国土交通省鉄道局資料による
　　　2) 四捨五入のため合計は必ずしも一致しない。

工事実施 計画認可	備　考
	昭和39年10月1日開業
	新大阪～岡山間　昭和47年3月15日開業、岡山～博多間　昭和50年3月10
46.10.14	大宮～盛岡間　昭和57年6月23日開業、上野～大宮間　昭和60年3月14日
	東京～上野間　平成3年6月20日開業
3.8.22	平成14年12月1日開業
10.3.12	平成22年12月4日開業
46.10.14	昭和57年11月15日開業
元.6.28	平成9年10月1日開業
	平成27年3月14日開業
13.4.25	平成23年3月12日開業
13.4.25	平成16年3月13日開業
24.6.29	令和4年9月23日開業
17.4.27	平成28年3月26日開業
24.6.29	平成24年6月12日に追加申請、着工は平成24年8月25日
24.6.29	平成24年6月12日に追加申請、着工は平成24年8月19日
26.10.17	
	九州新幹線（福岡～鹿児島間）と筑紫平野で分岐。キロ程は分岐点からの距離

全国新幹線鉄道網図

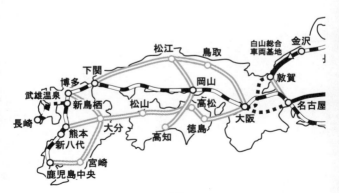

鉄道整備計画

整備新幹線　整備区間の概要図

北陸新幹線

白山総合車両所　金沢
加賀温泉　小松
芦原温泉
福井
越前たけふ
敦賀

北海道新幹線　新小樽（仮称）
札幌
倶知安
長万部
新八雲（仮称）
新函館北斗

━━━━━　建設中区間

（注）国土交通省鉄道局資料による。

整備新幹線について

1．整備新幹線に係る主な経緯

昭和 45 年 5 月　全国新幹線鉄道整備法制定

　　　47 年 6 月　基本計画決定

　　　48 年 11 月　整備計画決定

　　　62 年 4 月　国鉄分割民営化

　　　63 年 8 月　政府・与党申合せ ┐

平成 元年 1 月　政府・与党申合せ ├ 旧基本スキームの策定

　　　2 年 12 月　政府・与党申合せ ┘

　　　3 年 10 月　鉄道整備基金設立

　　　6 年 2 月　連立与党申合せ、大蔵・運輸・自治 3 大臣申合せ

　　　　12 月　連立与党申合せ、関係大臣（官房長官・大蔵・運輸・自治）申合せ

　　　8 年 12 月　政府与党合意（新スキームの策定）

　　　9 年 10 月　北陸新幹線高崎・長野間開業

　　　10 年 1 月　政府・与党整備新幹線検討委員会における検討結果（3線3区間の新規着工等を決定）

　　　12 年 12 月　政府・与党申合せ（早期完成、新規着工等を決定）

　　　14 年 12 月　東北新幹線盛岡・八戸間開業

　　　16 年 3 月　九州新幹線新八代・鹿児島中央間開業

　　　　12 月　政府・与党申合せ（早期完成、新規着工等を決定）

　　　21 年 12 月　整備新幹線問題検討会議、整備新幹線問題調整会議の設置整備新幹線の整備に関する基本方針」及び「当面の整備新幹線の整備方針」の決定

　　　22 年 12 月　東北新幹線八戸・新青森間開業

　　　23 年 3 月　九州新幹線博多・新八代間開業

　　　23 年 12 月　政府・与党確認事項（3線3区間の新規着工等を決定）

　　　27 年 1 月　政府・与党申合せ（新規着工3区間の開業前倒し等を決定）

　　　27 年 3 月　北陸新幹線長野・金沢間開業

　　　28 年 3 月　北海道新幹線新青森・新函館北斗間開業

令和 4 年 9 月　九州新幹線武雄温泉・長崎間開業

2．財源スキーム

国負担（注1）	地方負担（注2）	貸付料収入等

国2 ── 地方1

(注1) 公共事業関係費及び既設新幹線譲渡収入（平成3年10月に JR 東日本、東海、西日本に既に建設された新幹線鉄道施設（東海道、山陽、東北及び上越新幹線）を譲渡した際の代金の一部。）。

(注2) 地方公共団体は、公共事業関係費と既設新幹線譲渡収入の合計額の2分の1を負担。（所要の地方交付税措置を講ずる。）

特定都市鉄道整備事業計画の概要

大都市圏においては、通勤、通学、通勤時の著しい鉄道混雑を緩和するため、特定都市鉄道整備積立金制度の活用により複々線化等の大規模な輸送力増強工事の促進が図られることとなっている。認定を受けた事業者の特定都市鉄道整備事業計画は次のとおりである。

(1)（昭和62年12月28日認定、平成7年3月20日一部変更、平成9年11月14日一部変更）

事業者名	特定都市鉄道工事／鉄道名	竣工年度	工事費	積立費割合	輸送力改善目標 混雑率 区間	設定時	改善後	所要時間（朝方ラッシュ時）区間	種別	認定時	改善後	短縮
東武	伊勢崎線 竹ノ塚～北越谷間複々線化工事及び北千住駅改良工事	平成9年度	840億円	3%	伊勢崎線 小菅→北千住	184%	(207) 161%	伊勢崎線 越谷→北千住	準急 普通	25分 32分	18分 29分	
西武	池袋線 桜台（新桜台）～練馬間複々線化工事	平成13年度	925億円	6%	池袋線 椎名町→池袋	208%	(214) 151%	池袋線 所沢→池袋	急行 普通	33分 46分	29分 42分	
京王	京王線 長編成化工事	平成9年度	303億円	6%	京王線 下高井戸→明大前	189%	(196) 176%	京王線 京王八王子→新宿	急行	67分	64分	
京王	井の頭線 車両大型化工事	平成9年度	329億円 計632億円	6%	井の頭線 神泉→渋谷	181%	(182) 166%	—	—	—	—	
小田急	小田原線 東北沢～和泉多摩川間複々線化工事	平成16年度	2,563億円	6%	小田原線 世田谷代田→下北沢	208%	(227) 166%	小田原線 向ヶ丘遊園→新宿	急行 普通	33分 40分	21分 34分	
東急	東横線 多摩川～日吉間複々線化工事	平成16年度	2,108億円	9%	東横線 祐天寺→中目黒	195%	(223) 162%	東横線 日吉→渋谷	急行 普通	24分 28分	22分 26分	
東急	目黒線 目黒川～多摩川間改良工事	平成9年度			目黒線 不動前→目黒	171%	(177) 161%	目黒線 日吉→目黒	急行 普通	26分 28分	17分 22分	

(注)
1. 混雑率の緩和及び所要時間短縮分の数値は、昭和61年度実績を示す。
2. 混雑率の緩和の改善後の欄の（）内は、工事を実施しない場合を示す。
3. 国土交通省鉄道局資料による。

鉄道整備計画

(II) (平成7年3月20日認定、平成9年11月14日一部変更、平成12年11月17日一部変更、平成13年3月30日一部変更)

輸送力改善目標（朝方ラッシュ時）

事業者名	鉄道名	工事	竣工年度	工事費	積立割合	混雑区間	混雑率 現状	混雑率 設定時	方面・区間	種別	認定時	竣工後	短縮
東武	伊勢崎線	11号線直通化工事	平成16年度	843億円	3%	小菅→北千住	195%	(157)154%	—	—	—	—	—
	野田線	複線化工事	平成16年度	301億円		北大宮→大宮	169%	(166)154%	野田線 春日部→大宮	普通	26分	24分	—
						豊四季→柏	177%	(181)166%	野田線 柏→船橋	普通	36分	33分	—
						新船橋→船橋	150%	(148)148%	—	—	—	—	—
	東上線	輸送力増強工事	平成16年度	164億円 計1,309億円		北池袋→池袋	170%	(161)161%	—	—	—	—	—
						朝霞→和光市	170%	(172)150%	—	—	—	—	—
東急	田園都市線 大井町線	大井町線 大井町～二子玉川間改良工事　田園都市線 二子玉川～溝の口間複々線化工事	平成16年度	1,400億円	2%	池尻大橋→渋谷	194%	(194)173%	田園都市線・大井町線 溝の口→大井町	急行	32分	22分	—
									溝の口～大井町	普通	33分	31分	—

（注）
1．混雑率の緩和欄及び所要時間の短縮欄は、平成5年度実績を示す。
2．混雑率の緩和欄の（ ）内は、工事を実施しない場合を示す。
3．国土交通省鉄道局資料による。

(III) (平成17年2月10日認定)

輸送力改善目標（朝方ラッシュ時）

事業者名	鉄道名	工事	竣工年度	工事費	積立割合	混雑区間	混雑率 現状	混雑率 設定時	方面・区間	種別	認定時	竣工後	短縮
東急	東横線	渋谷～横浜間改良工事	平成26年度	1,581億円	2%	祐天寺→中目黒	173%	(161)145%	東横線 横浜→渋谷	通勤特急	37分	32分	—
										急行	38分	35分	—

（注）
1．「認定時」欄は、平成15年度の実績を示す。
2．「竣工後」欄の（ ）内は、工事を実施しない場合を示す。

特定都市鉄道整備工事概略図

野田線複線化工事

伊勢崎線竹ノ塚～北越谷間複々線化工事

北千住駅改良工事

伊勢崎線11号線直通化工事

東上線輸送力増強工事

池袋線桜台（新桜台）～石神井公園間複々線化工事

京王線長編成化工事 井の頭線車両大型化工事

小田原線東北沢～和泉多摩川間複々線化工事

和泉多摩川～二子玉川間

大井町線大井町～二子玉川間改良工事及び田園都市線二子玉川～溝の口間複々線化工事

目黒線目黒～多摩川間改良工事

東横線多摩川～日吉間複々線化工事

東横線渋谷～横浜間改良工事

凡 例

━━━━ 複々線化工事

‥‥‥ 複線化工事

──── 改良工事

━━━━ 長編成化等工事

62年認定工事

7年認定工事

17年認定工事

柏　逆井　六実　新鎌ヶ谷　馬込沢　船橋

春日部　北越谷　竹ノ塚　北千住

越谷　石橋　新大平下

曳舟　東京　品川　大井町　蒲田

大宮　池袋　新宿　渋谷　目黒　大岡山　多摩川　日吉　横浜

新桜台　桜台　練馬　石神井公園　吉祥寺　京王八王子　二子玉川　溝の口

小川町（新信号所）　森林公園　高槻

— 149 —

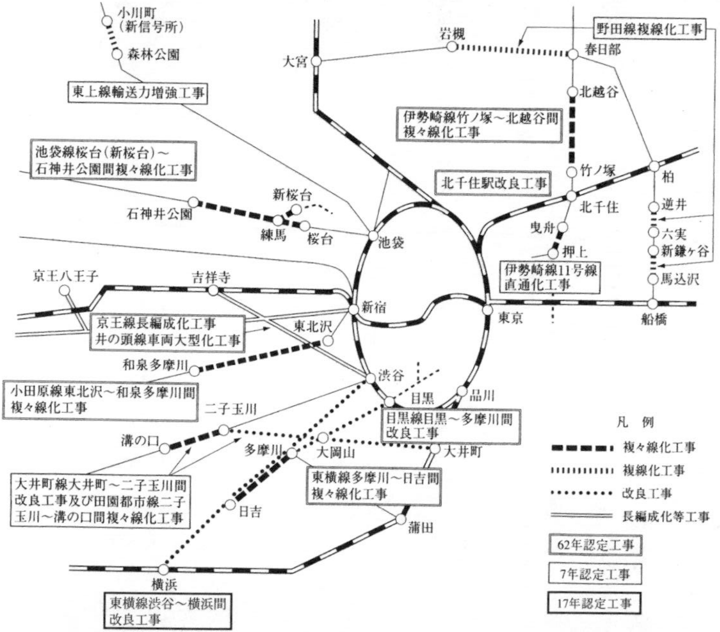

三大都市圏における答申

　三大都市圏においては、概ね答申に沿った形で鉄道の整備がなされてきたところである。各都市圏の直近の答申は次のとおりである。

○　東京圏
　　平成 28.4.20　交通政策審議会答申第 198 号（目標年次：平成 42 年）

○　名古屋圏
　　平成 4.1.10　運輸政策審議会答申第 12 号（目標年次：平成 20 年）

○　大阪圏
　　平成 16.10.8　近畿地方交通審議会答申第 8 号（目標年次：平成 27 年）

東京圏鉄道網図
（平成28年4月 交通政策審議会答申第198号）

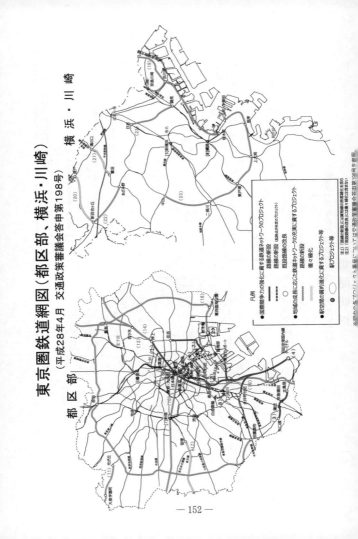

東京圏鉄道網図（都区部、横浜・川崎）
（平成28年4月 交通政策審議会答申第198号）

横浜・川崎

都区部

凡例

● 国際競争力の強化に資する鉄道ネットワークのプロジェクト
　路線の新設
　既存路線等の改良
● 地域の成長に応じた鉄道ネットワークの充実に資するプロジェクト
　路線の新設
　複々線化
● 観光空間の質的進化に資するプロジェクト
　他プロジェクト等

東京圏鉄道網図（都区部 現状図）

- 都市高速鉄道
- 新幹線
- JR線
- 私鉄線
- 新交通・モノレール
- 建設路線
- 既設路線の改良

2023年（令和5年）3月31日現在

横浜および川崎市鉄道網図

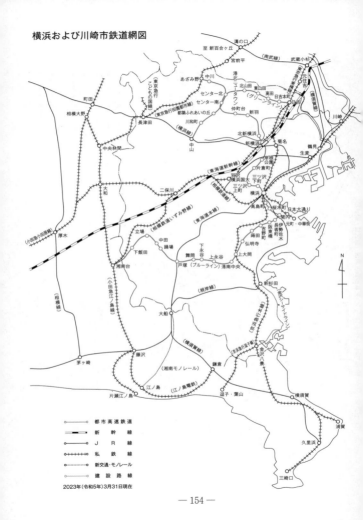

凡例:
- 都市高速鉄道
- 新幹線
- JR線
- 私鉄線
- 新交通・モノレール
- 建設路線

2023年(令和5年)3月31日現在

名古屋圏（名古屋市部）（答申図）

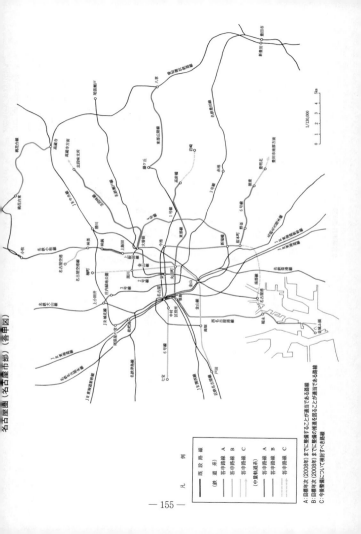

凡 例

鉄 道 路 線

（鉄道系）

既 設 路 線
━━━ 答申路線 A
━━━ 答申路線 B
━━━ 答申路線 C

（中量軌道系）
━━━ 答申路線 A
━━━ 答申路線 B
┈┈┈ 答申路線 C

A：目標年次（2008年）までに整備することが適当である路線
B：目標年次（2008年）までに整備の推進を図ることが適当である路線
C：今後整備について検討すべき路線

名古屋市鉄道網図

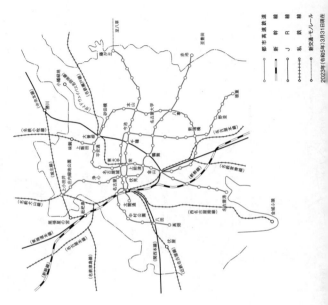

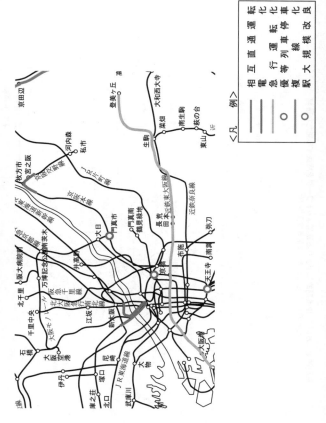

<凡　例＞

	相互直通運転化
	電車化
	急行等運転化
○	優等列車停車化
○	複線化
	駅大規模改良

京阪神圏において、中長期的に望まれる鉄道ネットワークを構成する新たな路線
（平成16年10月 近畿地方交通審議会答申第8号）（抜粋）

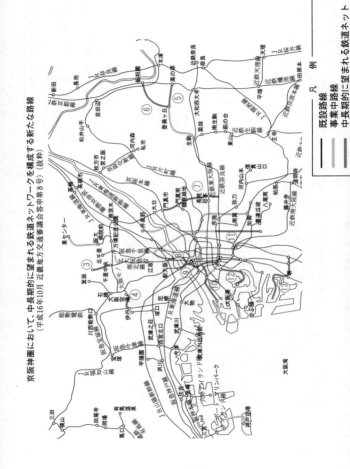

凡 例

━━━ 既設路線
━━━ 事業中路線
━━━ 中長期的に望まれる鉄道ネットワークを構成する新たな路線

京阪神圏において、中長期的に望まれる鉄道ネットワークを構成する新たな路線
（平成16年10月 近畿地方交通審議会答申第8号）（抜粋）

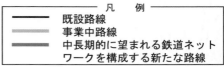

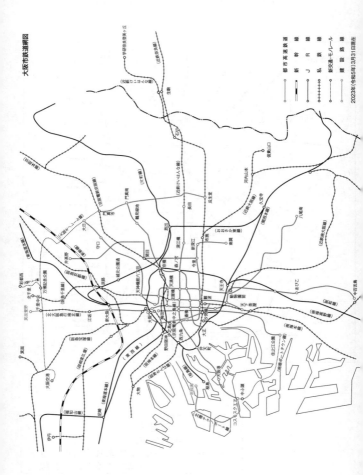

大阪市鉄道網図

都 市 高 速 鉄 道
新 幹 線
Ｊ Ｒ 線
私 鉄 線
新交通・モノレール
建 設 路 線

2023年（令和5年）3月31日現在

京阪神圏において、既存施設の改良に関し検討すべき主な事業
(平成16年10月 近畿地方交通審議会答申第8号)（抜粋）

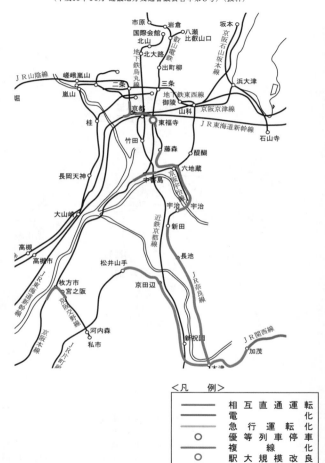

<凡　例>

────	相　互　直　通　運　転
────	電　　　　　化
────	急　行　運　転
○	優　等　列　車　停　車
────	複　　線　　化
○	駅　大　規　模　改　良

京阪神圏において、中長期的に望まれる鉄道ネットワークを構成する新たな路線
（平成16年10月 近畿地方交通審議会答申第8号）（抜粋）

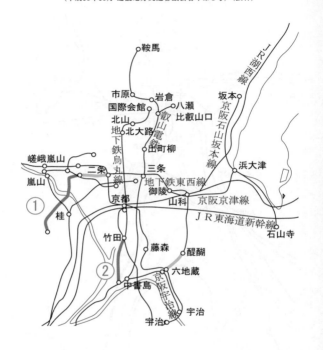

凡　例

━━━　既設路線
━━━　事業中路線
━━━　中長期的に望まれる鉄道ネット
　　　ワークを構成する新たな路線

京都市鉄道網図

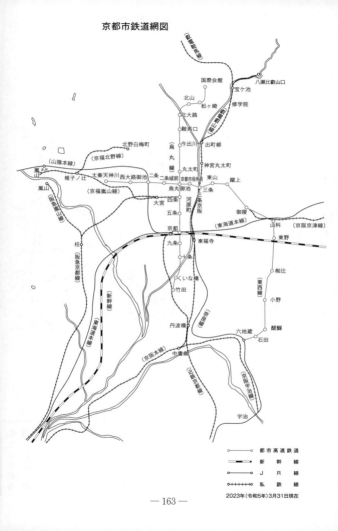

	都 市 高 速 鉄 道
	新 幹 線
	J R 線
	私 鉄 線

2023年(令和5年)3月31日現在

京阪神圏において、既存施設の改良に関し検討すべき主な事業
（平成16年10月 近畿地方交通審議会答申第8号）（抜粋）

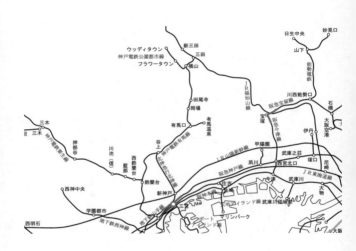

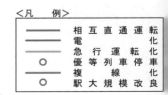

<凡　例>

━━━	相 互 直 通 運 転
──	電　　　　　化
──	急 行 運 転 化
○	優 等 列 車 停 車 化
━━━	複 線 化
○	駅 大 規 模 改 良

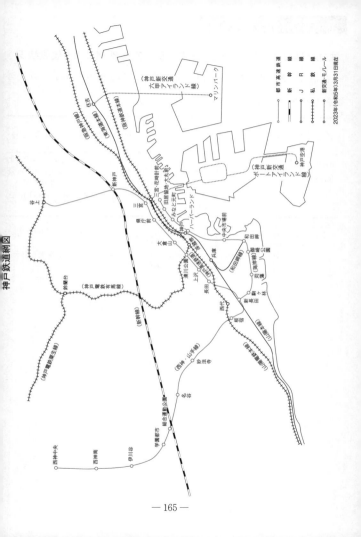

神戸鉄道網図

都市高速鉄道
新　幹　線
Ｊ　Ｒ　線
私　鉄　線
新交通・モノレール

2023年（令和5年）3月31日現在

独立行政法人鉄道建設・運輸施設整備支援機構による建設状況

　機構は、鉄道交通網の整備を図るため、令和5年10月現在、次表の2社2路線（2区間）の建設を行っている。

種　別	事 業 者 名	線　名	区　　　間	建設延長 (キロ)	完 成 予 定
新幹線 (G線)	北海道旅客鉄道	北海道新幹線	新函館北斗・札幌間	211.9	新青森・新函館北斗間の開業から概ね20年後※
	西日本旅客鉄道	北陸新幹線	金 沢 ・ 敦 賀 間	114.6	令和6年3月16日
		計(2社　2路線2区間)		326.5	

（注）国土交通省鉄道局資料による。
　※　平成27年1月14日の政府・与党申合せにおいて、沿線地方公共団体の最大限の取組を前提に、完成・開業時期の前倒しを図ることとされた。
　・北海道新幹線（新函館北斗・札幌間）：完成・開業時期を令和17年度から5年前倒しし、令和12年度末の完成・開業を目指す。

鉄道・運輸機構による民鉄線建設方式は、鉄道・運輸機構が鉄道施設を建設し、完成後 25 年元利均等償還の条件で事業者に譲渡するもので、譲渡後 25 年（ニュータウン線については 15 年）間は年 5 ％を上回る分の利子補給を国と地方公共団体が折半して行っている。なお、平成 11 年度から、東葉高速線については、利子の 1 ％相当分を猶予することに伴う、新規調達資金にかかる利子について国が 1／3、地方が 2／3、千葉急行線については、平成 10 年度に売却した鉄道施設にかかる資金の金利負担と売却収入の活用益との差額を国が全額、北神急行線については、平成 14 年に一括線上償還を受けた、鉄道施設にかかる資金の金利負担と償還金の活用益との差額を国が全額それぞれ利子補給を行っているが、令和 4 年度をもって、千葉急行線に係る利子補給が完了した。

(単位：千円)

年度	利子補給金額	対象路線数	年度	利子補給金額	対象路線数
昭和 58	1,863,390	10	16	743,040	25
59	1,943,419	10	17	743,000	23
60	1,872,949	12	18	743,000	19
61	2,095,926	13	19	743,000	18
62	2,652,944	13	20	743,000	18
63	2,846,908	15	21	328,000	18
平成 元	2,791,375	17	22	328,000	18
2	2,869,351	18	23	328,000	18
3	3,257,343	18	24	202,000	18
4	2,863,851	19	25	202,000	17
5	2,154,565	19	26	202,000	16
6	1,379,270	19	27	137,000	16
7	1,173,308	19	28	137,000	15
8	978,209	21	29	91,000	15
9	822,600	22	30	73,000	15
10	453,544	22	令和 元	52,000	15
11	761,855	22	2	41,000	15
12	735,872	22	3	26,000	15
13	542,000	24	4	21,000	15
14	743,031	26	5	14,000	12
15	743,406	25			

注) 令和5年度は予算額である。

（譲渡線）

種別	事業者名	線名	区　　　　間	キロ程	譲渡年月日
Ⓝ	小田急電鉄	多　摩　線	新百合ヶ丘〜小田急永山	7.5	S49. 5. 29
〃	〃	〃	小田急永山〜小田急多摩センター	2.6	S50. 4. 16
〃	〃	〃	小田急多摩センター〜唐　木　田	1.7	H2. 3. 26
増	〃	小田原線	代々木上原〜東　北　沢	0.5	S53. 3. 30
〃	〃	〃	成城学園前〜和泉多摩川（　一　部　）	2.3	H7. 4. 24
〃	〃	〃	成城学園前〜和泉多摩川（　一　部　）	(2.3)	H9. 3. 31
〃	〃	〃	千歳船橋〜祖師ヶ谷大蔵（　一　部　）	0.8	H9. 12. 6
〃	〃	〃	豪　徳　寺〜千歳船橋（　一　部　）	0.6	H10. 10. 31
〃	〃	〃	千歳船橋〜成城学園前（　一　部　）	1.2	H11. 3. 31
〃	〃	〃	豪　徳　寺〜成城学園前（　一　部　）	(1.8)	H12. 6. 10
〃	〃	〃	経　　　堂〜祖師ヶ谷大蔵（　一　部　）	1.1	H13. 10. 27
〃	〃	〃	世田谷代田〜喜多見(一部)	2.6	H14. 3. 30
増	小田急電鉄	小田原線	世田谷代田〜祖師ヶ谷大蔵（　一　部　）	(2.7)	H14. 12. 14
〃	〃	〃	経　　　堂〜祖師ヶ谷大蔵（　一　部　）	(1.1)	H15. 12. 13
〃	〃	〃	世田谷代田〜喜多見(一部)	(2.6)	H16. 12. 10
〃	〃	〃	東　北　沢〜世田谷代田（　一　部　）	2.3	H25. 3. 22
〃	〃	〃	東　北　沢〜世田谷代田（　一　部　）	(2.3)	H30. 3. 2
Ⓝ	京王電鉄	相模原線	京王よみうりランド〜京王多摩センター	10.2	S49. 10. 14
〃	〃	〃	京王多摩センター〜南　大　沢	4.9	S63. 5. 20
〃	〃	〃	南　大　沢〜橋　　　本	3.9	H2. 3. 29
増	〃	京王線	新　　　宿〜笹　　　塚	3.9	S53. 10. 30

種別	事業者名	線名	区間		キロ程	譲渡年月日
ⓘ	東京急行電鉄	新玉川線	渋谷 ～ 二子玉川園		9.6	S52. 4. 4
〃	名古屋鉄道	瀬戸線	栄町 ～ 東大手		1.6	S53. 8.18
〃	〃	豊田線	黒笹 ～ 梅坪		8.1	S54. 7.27
Ⓝ	北総開発鉄道	北総線	北初富 ～ 小室		7.9	S54. 3. 8
〃	〃	〃	京成高砂 ～ 新鎌ヶ谷		11.7	H3. 3.30
ⓘ	西武鉄道	西武8号線	新桜台 ～ 小竹向原		1.4	S58. 9.30
〃	〃	〃	練馬 ～ 新桜台(一部)		0.2	S61. 4. 1
〃	〃	〃	練馬 ～ 新桜台(一部)		1.9	H6.12. 6
〃	〃	〃	練馬 ～ 新桜台(一部)		(1.5)	H10. 3.25
〃	〃	〃	練馬 ～ 新桜台(一部)		(0.8)	H12. 3.28
Ⓘ増	〃	西武池袋線	富士見台 ～ 石神井公園（一部）		1.0	H6.12. 6
〃	〃	〃	練馬 ～ 練馬高野台（一部）		1.8	H10. 3.25
〃	〃	〃	練馬 ～ 中村橋(一部)		0.4	H13. 3. 3
〃	〃	〃	練馬 ～ 練馬高野台（一部）		(1.8)	H13.12.14
〃	〃	〃	練馬 ～ 中村橋(一部)		(0.7)	H15. 3.11
〃	〃	〃	練馬高野台 ～ 石神井公園（一部）		1.0	H22. 2. 6
〃	〃	〃	練馬高野台 ～ 石神井公園（一部）		(1.0)	H23. 4.16
〃	〃	〃	練馬高野台 ～ 石神井公園（一部）		(1.0)	H24. 6.28
〃	〃	〃	練馬高野台 ～ 石神井公園（一部）		(1.0)	H24.11.17
〃	京成電鉄	京成本線	青砥 ～ 京成高砂		0.6	S58. 6.30
〃	東武鉄道	伊勢崎線	竹ノ塚 ～ 谷塚(一部)		(0.3)	S60. 3.31
〃	〃	〃	竹ノ塚 ～ 松原団地（一部）		(3.4)	S62. 3.31

鉄道整備状況と投資実績

種別	事業者名	線名	区　　　　間	キロ程	譲渡年月日
増	東 武 鉄 道	伊勢崎線	竹 ノ 塚 〜 松原団地（一部）	4.2	S63. 8. 8
〃	〃	〃	草 加 〜 蒲生(一部)	2.9	H1. 3. 31
〃	〃	〃	草 加 〜 蒲生(一部)	(2.2)	H4. 3. 31
〃	〃	〃	新 田 〜 北越谷(一部)	4.2	H6. 11. 1
〃	〃	〃	新 田 〜 北越谷(一部)	(4.2)	H9. 3. 24
〃	〃	〃	越 谷 〜 北越谷(一部)	2.8	H11. 9. 8
〃	〃	〃	越 谷 〜 北越谷(一部)	(2.8)	H13. 3. 27
〃	〃	〃	曳 舟 〜 業平橋(一部)	1.3	H15. 3. 18
〃	〃	〃	曳 舟 〜 業平橋(一部)	(1.3)	H16. 9. 30
〃	〃	東 上 線	朝 霞 〜 志木（一部）	(3.2)	S60. 5. 31
〃	〃	〃	和 光 市 〜 志 木	7.0	S62. 8. 24
〃	〃	〃	森 林 公 園 〜 武蔵嵐山（一部）	4.4	H14. 3. 25
〃	〃	〃	武 蔵 嵐 山 〜 武蔵嵐山信号場（一部）	2.8	H17. 3. 16
直	近畿日本鉄道	東大阪線	長 田 〜 生 駒	10.3	S61. 9. 30
〃	北神急行電鉄	北 神 線	新 神 戸 〜 谷 上	7.9	S63. 3. 31
地	京阪電気鉄道	鴨 東 線	三 条 〜 出 町 柳	2.3	H1. 9. 30
N	千葉急行電鉄	千葉急行線	千 葉 中 央 〜 大森台(一部)	4.3	H4. 3. 31
〃	〃	〃	大 森 台 〜 ちはら台（一部）	6.8	H7. 3. 31
地	東京モノレール	東京モノレール羽 田 線	整 備 場 〜 羽 田 空 港	5.3	H5. 9. 26
〃	〃	〃	羽 田 空 港 〜 羽田空港第2ビル（一部）	0.7	H16. 11. 30
直	東葉高速鉄道	東葉高速線	西 船 橋 〜 東葉勝田台	16.1	H8. 4. 26
地	関西高速鉄道	片福連絡線	京 橋 〜 尼 崎	10.3	H9. 3. 7

種別	事業者名	線名	区間	キロ程	譲渡年月日
地	京都高速鉄道	東西線	御　　　　陵〜三条京阪	3.5	H9. 10. 11
〃	埼玉高速鉄道	埼玉高速鉄道線	鳩ヶ谷〜浦和美園	8.4	H13. 3. 27
〃	東京臨海高速鉄道	臨海副都心線	東京テレポート〜天王洲アイル（一部）	2.9	H13. 3. 30
〃	〃	〃	天王洲アイル〜大崎（一部）	4.0	H14. 11. 30
〃	〃	〃	東京テレポート〜大崎（一部）	(6.9)	H15. 11. 30
〃	横浜高速鉄道	みなとみらい21線	横浜〜元町・中華街	4.3	H16. 1. 31
〃	〃	〃	横浜〜元町・中華街（一部）	(4.3)	H20. 3. 31
	計		（19社　24路線30区間）	210.0	

(注)　1. キロ程（ ）書は、譲渡区間が重複するためキロ程合計には含まない。
　　　2. 国土交通省鉄道局資料による。
　　　3. 平成10年10月1日に千葉急行電鉄が京成電鉄に営業譲渡されたため、
　　　　 現在、「千葉急行電鉄千葉急行線」は「京成電鉄ちはら線」となっている。
　　　4. 平成21年4月1日に京都高速鉄道が京都市に事業譲渡されたため、
　　　　 現在、「京都高速鉄道東西線」は「京都市営地下鉄東西線」となっている。
　　　5. 令和2年6月1日に北神急行電鉄が神戸市に事業譲渡されたため、現在、
　　　　 「北神急行電鉄北神線」は「神戸市営地下鉄北神線」となっている。
　　　6. 種別欄の「N」はニュータウン線、「増」は複線及び複々線線増、「地」は
　　　　 地下鉄新線、「直」は地下鉄直通乗り入れを表す。

独立行政法人鉄道建設・運輸施設整備支援機構による投資額の推移

(単位：億円)

分類＼年度	平成 25	26	27	28	29	30	令和 元	2	3	4
鉄道・運輸機構										
1. 地方開発線及び地方幹線	—	—	—	—	—	—	—	—	—	—
2. 主要幹線及び大都市交通線	—	—	—	—	—	—	—	—	—	—
3. 海峡連絡線	—	—	—	—	—	—	—	—	—	—
4. 新幹線	2,693	2,038	1,513	1,824	2,496	3,257	4,072	4,939	4,092	3,085
5. 幹線鉄道高規格化事業	—	—	—	—	—	—	—	—	—	—
6. 民鉄線	37	34	35	36	19	22	—	—	—	—
7. 主要幹線鉄道	—	—	—	—	—	—	—	—	—	—
8. 都市鉄道線	—	—	—	—	—	—	—	—	—	—
9. 都市鉄道利便増進事業	157	179	260	408	439	478	467	328	334	314
計	2,888	2,252	1,809	2,269	2,956	3,759	4,539	5,268	4,426	3,400

(注) 1. 単位未満切捨により処理を行っているため、合計が合わない場合がある。
　　 2. 国土交通省鉄道局資料より

地下鉄の建設線の状況

(令和5年7月1日現在)

圏域	事業者名	号線	路線名	区　　間		建設キロ
大阪	関西高速鉄道		なにわ筋線	大　　阪	JR難波・新今宮	7.2
合　　計		1				7.2
事業主体別 公営事業者						
第三セクター		1				7.2

(注) 国土交通省鉄道局資料による。

地下鉄の整備に対する補助額の推移

年度	計	東京地下鉄	東京都	名古屋市	大阪市高速電気軌道	横浜市	札幌市	神戸市
昭和61	43,448	845	5,904	5,413	5,496	4,794	3,966	3,666
62	42,302	538	6,433	5,196	5,600	4,399	3,915	3,421
63	42,249	349	5,996	4,288	5,889	4,468	3,522	3,260
平成元	144,976	847	14,838	25,494	20,952	8,888	27,951	3,803
2	39,597	1,882	3,609	7,362	6,192	2,866	5,513	1,716
3	60,256	1,265	6,850	11,536	9,745	5,547	7,688	2,725
4	68,200	4,910	7,826	11,090	13,396	5,483	7,637	1,846
5	87,332	31,437	7,364	11,388	12,101	5,155	7,322	677
6	55,965	30	7,277	11,764	15,239	4,167	6,022	676
7	87,296	19,731	8,752	13,980	19,405	5,718	5,579	1,327
8	73,951	3,565	9,026	14,438	16,619	6,823	5,801	2,827
9	60,463	30	9,368	11,099	5,656	8,005	4,565	5,162
10	100,462	32,575	19,663	12,297	1,876	6,177	3,663	6,112
11	84,720	9,850	32,858	9,472	2,808	3,884	2,718	4,920
12	69,853	12,432	16,518	8,886	4,158	2,197	2,152	5,099
13	66,562	15,140	20,761	7,237	2,747	1,225	1,404	2,643
14	52,426	11,403	24,740	2,025	1,257	1,420	718	13
15	47,078	6,311	18,688	3,143	3,227	795	144	48
16	40,495	1,242	17,256	1,247	5,454	2,528	–	33
17	33,950	1,404	13,032	1,109	6,186	1,769	39	–
18	30,282	897	11,262	1,371	2,763	2,500	82	45
19	34,374	1.033	11,566	2,146	371	2,898	124	–
20	27,887	100	11,452	2,731	257	143	484	–
21	24,177	1,044	11,691	3,494	653	–	5	–
22	19,518	2,426	10,801	3,056	750	–	59	–
23	22,610	2,541	11,793	332	658	–	32	–
24	19,217	1,235	6,096	105	438	–	360	–
25	16,814	2,050	6,581	32	574	3	2	47
26	11,279	2,068	590	440	793	–	56	87
27	11,673	2,635	683	1,050	1,358	121	195	52
28	6,295	2,446	323	811	852	483	320	49
29	7,079	2,147	1,723	386	791	691	118	137
30	5,726	1,486	1,016	458	649	538	50	75
令和元	5,686	989	1,222	531	388	493	252	4
2	6,164	182	1,997	1,061	328	134	288	20
3	5,746	834	121	58	802	289	–	92
4	10,733	1,313	800	92	778	116	13	989

(注) 1. 地下高速鉄道整備事業費補助における決算額の推移(国による補助額)
2. 国土交通省鉄道局資料による。
3. 端数整理のため合計額が合わない場合がある。

（単位：百万円）

京都市	福岡市	仙台市	川崎市	埼玉高速	上飯田	広島高速	神戸高速	中之島高速	西大阪高速	関西高速
2,949	9,083	1,332	–	–	–	–	–	–	–	–
2,929	8,660	1,211	–	–	–	–	–	–	–	–
2,449	7,933	4,096	–	–	–	–	–	–	–	–
11,545	9,428	21,684	–	–	–	–	–	–	–	–
2,740	3,932	3,785	–	–	–	–	–	–	–	–
3,665	5,398	5,837	–	–	–	–	–	–	–	–
5,070	4,163	6,779	–	–	–	–	–	–	–	–
5,044	2,081	3,890	–	873	–	–	–	–	–	–
6,119	1,450	2,471	–	717	33	–	–	–	–	–
7,889	1,453	1,248	–	912	136	1,166	–	–	–	–
8,882	2,160	70	–	1,980	785	975		–	–	–
8,977	3,081	23	–	2,875	838	780	4	–	–	–
7,946	3,509	52	–	4,324	1,683	585		–	–	–
8,311	2,733	192	–	4,835	1,554	585	–	–	–	–
9,162	3,704	143	–	2,276	2,541	585	–	–	–	–
7,907	4,763	92	129	177	1,674	585	–	53	25	–
6,149	2,703	79	58	–	1,048	585	–	179	51	–
5,341	5,175	119	8	–	40	585	–	2,183	1,271	–
3,433	2,500	93	–	–	–	390	–	4,557	1,761	–
1,315	278	831	–	–	–	1	–	4,916	3,070	–
68	5	1,579	–	–	–	–	–	5,598	4,112	–
–	–	1,755	–	–	–	–	–	8,291	6,190	–
–	–	1,894	–	–	–	–	–	5,715	5,112	–
–	–	6,786	–	–	–	–	–	522	147	–
–	–	2,426	–	–	–	–	–	–	–	–
–	–	7,254	–	–	–	–	–	–	–	–
–	22	10,961	–	–	–	–	–	–	–	–
20	447	7,058	–	–	–	–	–	–	–	–
53	600	6,593	–	–	–	–	–	–	–	–
138	774	4,667	–	–	–	–	–	–	–	–
10	589	411	–	–	–	–	–	–	–	–
11	910	166	–	–	–	–	–	–	–	–
12	1,365	77	–	–	–	–	–	–	–	–
12	1,591	–	–	–	–	–	–	–	–	204
8	1,644	13	–	–	–	–	–	–	–	490
10	2,125	–	–	–	–	–	–	–	–	1,416
66	3,227	1	–	–	–	–	–	–	–	3,339

　補助方式は、昭和53年度からは10年間の分割交付、平成3年度以降の補助採択分は整備当年度における一括交付としている。なお、平成6年からは地方公営企業に準じる第三セクターが補助対象事業者として追加されている。（補助率35％、地方公共団体との協調補助）

地下鉄整備のための投資額の推移

平成15年度以降の地下鉄網整備のための総投資額は、次のとおりである。

(単位：億円)

鉄道名＼年度	平成15	16	17	18	19	20	21	22	23	24	25	26	27	28	29	30	令和元	2	3	4
東京地下鉄	25 (22)	68 (62)	85 (80)	187 (180)	386 (376)	263 (251)	188 (162)	27 (20)	–	22 (22)	5 (6)	–	–	–	–	–	–	–	–	14 (14)
関西高速鉄道	–	–	–	–	–	–	–	–	–	–	–	–	–	–	–	10 (10)	12 (12)	27 (27)	71 (71)	145 (145)
札幌市	–	–	–	–	–	–	–	–	–	–	–	–	–	–	–	–	–	–	–	–
仙台市	5 (5)	4 (4)	32 (30)	61 (60)	73 (72)	89 (88)	255 (253)	98 (95)	287 (282)	428 (422)	284 (278)	265 (259)	282 (276)	16 (16)	6 (6)	3 (3)	–	–	–	–
東京都	490 (465)	465 (465)	404 (404)	427 (427)	416 (416)	416 (416)	416 (416)	415 (415)	415 (415)	415 (415)	1	1	1	–	–	–	–	–	–	–
川崎市	–	3	3	–	–	–	8	3	–	7	1	–	–	–	–	–	–	–	–	–
横浜市	212	–	302	381	73	142	154	162	8	–	–	–	–	–	–	–	–	–	–	–
名古屋市	222	344	139	302	51	28	74	5	–	–	–	–	–	–	–	–	–	–	–	–
京都市	132	202	19	–	–	–	–	–	–	–	–	–	–	–	–	–	–	–	–	–
大阪市高速電気軌道	239 (214)	494 (427)	405 (330)	405 (330)	5 (6)	–	–	–	–	3 (3)	–	–	1	–	–	–	–	–	–	–
神戸市	–	–	3	1	–	–	–	–	–	–	–	–	–	–	–	–	–	–	–	–
福岡市	417 (396)	433 (412)	12 (12)	1 (0)	1 (0)	–	–	–	–	3 (3)	20 (20)	23 (23)	31 (31)	31 (31)	43 (40)	57 (57)	66 (66)	68 (68)	123 (122)	146 (145)
公営 計	1,702 (1,576)	1,507 (1,059)	1,512 (1,500)	1,282 (1,257)	1,053 (1,053)	720 (719)	833 (831)	677 (55)	710 (55)	847 (425)	305 (298)	290 (280)	313 (307)	47 (47)	43 (40)	57 (57)	66 (66)	68 (68)	123 (122)	146 (145)
合 計	1,927 (1,988)	1,507 (1,059)	1,597 (1,580)	1,469 (1,470)	1,439 (1,429)	983 (970)	1,021 (1,022)	704 (122)	710 –	847 (447)	310 (303)	290 (280)	313 (307)	47 (47)	49 (49)	70 (70)	78 (78)	95 (93)	194 (193)	305 (300)

(注) 1. 各事業者の決算による。( )内は、建設関連利子を除いた額。
2. 改良工事及び受託工事は含まない。
3. 各事業者資料による。

大都市における大手民鉄の投資実績

　大手民鉄16社は、昭和36年度以降輸送力増強等投資計画により旅客輸送の混雑緩和、安全輸送の確保、サービス向上のための諸工事を進めている。

最近の投資額の推移

(単位：億円)

工事種別＼年度	25	26	27	28	29	30	元	2	3	4
踏切及び運転保安工事	1,753	1,836	2,087	2,289	2,374	2,385	2,680	2,063	2,142	2,066
高架化及び踏切改良等	157	159	182	186	132	186	211	228	216	213
運転保安施設の整備	1,596	1,677	1,905	2,102	2,243	2,199	2,469	1,835	1,926	1,853
サービス改善工事	644	761	944	1,038	1,504	1,695	1,551	1,241	815	764
輸送力増強工事	566	502	560	599	671	641	697	326	273	313
都心乗入れ新線建設等	55	42	14	7	7	3	8	1	4	18
複線化及び複々線化	7	7	15	19	52	62	45	8	2	0
停車場改良等	304	229	244	242	278	301	335	167	57	61
車両新造等その他	201	223	287	331	334	275	309	150	210	233
鉄道・運輸機構工事	33	34	33	33	18	27	0	0	0	0
際涯復旧工事	—	—	—	—	—	—	—	—	—	—
合　　　　計	2,996	3,133	3,623	3,958	4,568	4,748	4,928	3,630	3,230	3,142

(注) 1. 端数整理のため計が合わない場合がある。
　　 2. 国土交通省鉄道局資料による。
　　 3. 日本鉄道建設公団は平成15年10月1日付で鉄道建設・運輸施設整備支援機構となった。
　　 4. 平成16年度からは、東京地下鉄が参加しており、大手民鉄の合計は16社となっている。

空港アクセス鉄道等の建設状況

　ニュータウン住民及び空港利用者の交通利便を確保するため、空港アクセス鉄道等の建設が進められており、その現状は次のとおりである。

（令和5年7月1日現在、単位：km）

事業者	区　　間	営業中	工事中	備　　考
都市基盤整備公団	小室・千葉ニュータウン中央	4.0	－	昭和59年3月開通
	千葉ニュータウン中央・印西牧の原	4.7	－	平成7年4月開通
	印西牧の原・印旛日本医大	3.8	－	平成12年7月開通
横　浜　市	新　羽・あ　ざ　み　野	8.6	－	平成5年3月開通
	東　山　田・川　和　町	7.1	－	平成20年3月開通
奈良生駒高速鉄道㈱	生　駒・学研奈良登美ヶ丘	8.6	－	平成18年3月開通
大阪府都市開　発　㈱	中　百　舌　鳥・光　明　池	12.1	－	昭和52年8月開通
	光　明　池・和　泉　中　央	2.2	－	平成7年4月開通
神　戸　市	名　谷・西　神　中　央	9.4	－	昭和62年3月開通
中部国際空港連絡鉄道㈱	常　滑・中部国際空港	4.2	－	平成17年1月開通
仙台空港鉄　道　㈱	名　取・仙　台　空　港	7.1	－	平成19年3月開通
成田高速鉄道アクセス㈱	印旛日本医大・成田空港高速鉄道線接続点	10.7	－	平成22年7月開通

（注）・国土交通省鉄道局資料による。
　　　・都市基盤整備公団（小室〜印旛日本医大）については、平成16年7月
　　　　1日に千葉ニュータウン鉄道㈱に譲渡された。

空港アクセス鉄道等の整備に対する補助額の推移

(単位：千円)

年度	大阪府都市開発㈱	都市基盤整備公団	奈良生駒高速鉄道㈱	神戸市	横浜市	中部国際空港連絡鉄道㈱	仙台空港鉄道㈱	成田高速鉄道アクセス㈱	合計
63	－	315	－	610,378	－	－	－	－	610,693
平成元	－	－	－	436,143	－	－	－	－	436,143
2	－	－	－	449,507	－	－	－	－	449,507
3	－	－	－	450,991	－	－	－	－	450,991
4	－	－	－	378,182	－	－	－	－	378,182
5	109,466	136,330	－	442,125	1,904,942	－	－	－	2,592,863
6	268,432	238,852	－	84,833	1,988,040	－	－	－	2,580,157
7	235,045	236,976	－	84,686	2,108,323	－	－	－	2,665,030
8	256,925	236,976	－	71,646	2,091,566	－	－	－	2,657,113
9	263,515	255,163	－	70,161	2,108,036	－	－	－	2,696,875
10	263,515	355,715	74,000	64,929	2,366,865	－	－	－	3,125,024
11	133,801	318,146	359,550	986	453,279	－	－	－	1,265,762
12	46,199	256,124	500,253	325	446,007	938,141	33,044	－	2,220,093
13	50,517	224,237	1,046,997	324	317,904	947,554	81,173	－	2,668,706
14	32,944	224,237	378,683	－	177,256	406,678	79,727	87,541	1,387,066
15	31,214	194,398	1,314,677	－	713,271	1,691,939	309,773	113,545	4,368,818
16	24,727	93,591	1,027,240	－	1,271,000	159,976	520,160	125,052	3,221,746
17	18,075	3,023	1,003,619	－	1,380,582	－	1,423,584	489,946	4,318,829
18	13,485	－	－	－	755,741	－	1,011,034	2,415,657	4,195,918
19	9,167	－	－	－	957,082	－	36,007	3,969,770	4,972,025
20	4,860	－	－	－	101,101	－	－	4,133,157	4,239,118
21	－	－	－	－	－	－	－	6,787,195	6,787,195
22	－	－	－	－	－	－	－	212,418	212,418
23									
〜									
令和4									

(注)　1.　空港アクセス鉄道等整備事業費補助における決算額の推移（国による補助額）
　　　2.　国土交通省鉄道局資料による。
　　　3.　端数整理のため合計が合わない場合がある。

　補助方式は、平成8年度以前の補助採択分は6年間の分割交付、平成9年度以降の補助採択分は整備当年度における一括交付としている。なお、平成11年度からは空港アクセス鉄道の整備も補助対象事業として追加されている。（補助率18％、地方公共団体との協調補助）

鉄道関係法律制定・改正一覧（平成元年～令和5年）

※**太字**は特に重要なもの。

① 鉄軌道事業規制

平成11年	・**鉄道事業法の一部を改正する法律（法律第49号）** →旅客鉄道事業の参入について免許制を廃止し許可制に、旅客鉄道事業の休廃止について許可制を廃止し事前届出制にするとともに、鉄道運賃制度について上限認可制を法定化する等の規制緩和を実施。
平成14年	・鉄道事業法等の一部を改正する法律（法律第77号） →貨物鉄道事業の休廃止について許可制から事前届出制への移行等の規制緩和を実施。
平成15年	・公益法人に係る改革を推進するための国土交通省関係法律の整備に関する法律（法律第96号） →索道施設等の検査に関する事務について、国土交通大臣が指定した者が実施する制度を廃止し、国による実施に移行。
令和2年	・地域の自主性及び自立性を高めるための改革の推進を図るための関係法律の整備に関する法律（法律第41号） →軌道に関する都道府県が行う認可等の事務・権限を指定都市に移譲。

② 新幹線整備

平成元年	・日本鉄道建設公団法及び新幹線鉄道保有機構法の一部を改正する法律（法律第54号） →整備新幹線の建設事業の円滑な実施のため、日本鉄道建設公団への国の無利子貸付制度を創設。
平成3年	・**全国新幹線鉄道整備法の一部を改正する法律（法律第47号）** →スーパー特急及びミニ新幹線について、整備新幹線と同様の手続及び助成措置による建設を可能とするための措置を創設。
平成9年	・**全国新幹線鉄道整備法の一部を改正する法律（法律第63号）** →整備新幹線整備に当たり、沿線の地方公共団体に費用負担を義務付けることを法定化。〔適用事例：東北新幹線（八戸・新青森間、平成22年開業）、九州新幹線（博多・新八代間、平成23年開業）等〕
平成14年	・**全国新幹線鉄道整備法の一部を改正する法律（法律第64号）** →既設新幹線の大規模改修引当金制度を創設。
平成28年	・**独立行政法人鉄道建設・運輸施設整備支援機構法の一部を改正する法律（法律第79号）**

	→独立行政法人鉄道建設・運輸施設整備支援機構の業務内容に、リニア中央新幹線の建設主体に対し建設資金の一部を貸し付けることを追加。

③ 都市鉄道整備

平成元年	・**大都市地域における宅地開発及び鉄道整備の一体的推進に関する特別措置法（法律第61号）** →新たな鉄道の整備により大量の住宅地の供給が促進されると見込まれる地域において宅地開発及び鉄道整備を一体的に推進するために必要な特別措置を創設。〔適用事例：つくばエクスプレス（平成17年開業）〕
平成6年	・**特定都市鉄道整備促進特別措置法の一部を改正する法律（法律第35条）** →特定都市鉄道整備積立金制度について、複々線化に加えて新線建設についても適用の対象とする等、同制度の適用対象を拡大。
平成11年	・都市基盤整備公団法（法律第76号） →住宅・都市整備公団を廃止し都市基盤整備公団を設立し、住宅・都市整備公団より鉄道業務を引継ぎ（千葉ニュータウン線）。
平成15年	・独立行政法人都市再生機構法（法律第100号） →都市基盤整備公団と地域振興整備公団の地方都市開発整備部門を統合し、独立法人都市再生機構を設立し、鉄道業務を廃止（千葉ニュータウン鉄道株式会社が譲受け）。
平成17年	・**都市鉄道等利便増進法（法律第41号）** →都市鉄道等の利便の増進を図るため、既存ストックを有効活用しつつ都市鉄道ネットワークの機能を高度化する施設を整備する場合の支援スキーム（受益活用型上下分離方式）を制定。〔適用事例：神奈川東部方面線（令和5年全線開業）等〕

④ 災害・安全対策

平成3年	・踏切道改良促進法の一部を改正する法律（法律第21号） →安全上の課題のある踏切道の改良を予算補助等により重点的に促進するため、改良が必要な踏切道の指定期限を5か年延長。
平成8年	・踏切道改良促進法の一部を改正する法律（法律第26条） →改良が必要な踏切道の指定期限を5か年延長。
平成13年	・踏切道改良促進法の一部を改正する法律（法律第5号） →改良が必要な踏切道の指定期限を5か年延長するとともに、踏切道の指定に係る都道府県知事の申出制度を創設。 ・**航空事故調査委員会設置法等の一部を改正する法律（法律第34号）**

	→平成12年３月の営団日比谷線中目黒駅構内列車脱線衝突事故を背景とした安全確保に対する国民の期待の高まりに応えるため、航空事故調査委員会を改組し、航空・鉄道事故調査委員会を発足。
平成18年	・**運輸の安全性の向上のための鉄道事業法等の一部を改正する法律（法律第19号）** →平成17年４月のＪＲ西日本福知山線脱線事故等を踏まえ、運輸の安全性の向上を図るため、運輸安全マネジメント制度を創設するとともに、航空・鉄道事故調査委員会の所掌事務に被害の軽減に向けた調査提言機能を追加するほか、改良が必要な踏切道の指定期限を５か年延長。
平成23年	・踏切道改良促進法の一部を改正する法律（法律第６号） →改良が必要な踏切道の指定期限を５か年延長するとともに、地域の実情に応じた踏切道の改良を促進するため、指定された踏切道の改良計画の作成義務を廃止。
平成28年	・踏切道改良促進法等の一部を改正する法律（法律第19号） →改良が必要な踏切道の指定期限を５か年延長するとともに、踏切道の改良方法を検討するための協議会制度を創設。
平成30年	・**鉄道軌道整備法の一部を改正する法律（法律第63号）** →被災した鉄道の復旧の補助対象に、黒字事業者の赤字路線を追加。〔適用事例：只見線復旧工事（令和４年運転再開）等〕
令和３年	・踏切道改良促進法等の一部を改正する法律（法律第９号） →改良が必要な踏切道の指定年限を撤廃し、国の５か年計画と連動しつつ、機動的に対応できるようにするとともに、鉄道事業者が国土交通大臣の許可を受けて、災害復旧のため他人の土地の一時使用を行うことができる等の制度を創設。

⑤ 国鉄改革

平成２年	・日本国有鉄道清算事業団の債務の負担の軽減を図るために平成二年度において緊急に講ずべき特別措置に関する法律（法律第45号） →政府が、日本国有鉄道清算事業団の帝都高速度交通営団に対する出資持分の全部を譲り受け、その対価に代えて、日本国有鉄道清算事業団の特定債務等を一般会計において承継。
平成３年	・**新幹線鉄道に係る鉄道施設の譲渡等に関する法律（法律第45号）** →新幹線鉄道保有機構が所有する新幹線鉄道施設をＪＲ本州３社に対して売却。 ・日本国有鉄道清算事業団法の一部を改正する法律（法律第85号） →日本国有鉄道清算事業団特別債券を導入。

平成9年	・日本国有鉄道清算事業団の債務の負担の軽減を図るために平成九年度において緊急に講ずべき特別措置に関する法律（法律第73号） →日本国有鉄道清算事業団の債務の一部を政府の一般会計において承継。
平成10年	・**日本国有鉄道清算事業団の債務等の処理に関する法律（法律第136号）** →日本国有鉄道清算事業団の債務を政府の一般会計において承継するとともに、日本国有鉄道清算事業団を廃止し、同事業団の業務を日本鉄道建設公団（国鉄清算事業本部）に引継ぎ。
平成13年	・**旅客鉄道株式会社及び日本貨物鉄道株式会社に関する法律の一部を改正する法律（法律第61号）** →ＪＲ本州3社完全民営化のため同3社を適用除外するとともに、国鉄改革の経緯を踏まえた事業運営についての指針制度を創設（ＪＲ東日本は平成14年に、ＪＲ西日本は平成16年に、ＪＲ東海は平成18年にそれぞれ株式売却完了）。
平成23年	・**日本国有鉄道清算事業団の債務等の処理に関する法律等の一部を改正する法律（法律第66号）** →ＪＲ北海道、ＪＲ四国、ＪＲ九州及びＪＲ貨物に対する支援や整備新幹線の着実な整備、並行在来線の支援を行うため、独立行政法人鉄道建設・運輸施設整備支援機構の特例業務勘定の利益剰余金等を活用できる制度を創設。
平成27年	・**旅客鉄道株式会社及び日本貨物鉄道株式会社に関する法律の一部を改正する法律（法律第36号）** →ＪＲ九州完全民営化のためＪＲ九州を適用除外（平成28年株式売却完了）。
令和3年	・**日本国有鉄道清算事業団の債務等の処理に関する法律等の一部を改正する法律（法律第17号）** →ＪＲ北海道、ＪＲ四国及びＪＲ貨物の経営基盤の強化を図るため、各社に対する支援を継続・拡充。

⑥　地域公共交通

| 平成19年 | ・**地域公共交通の活性化及び再生に関する法律（法律第59号）**
→地域公共交通の活性化及び再生を総合的かつ一体的に推進するための計画（地域公共交通総合連携計画）を市町村が作成できる制度を創設するとともに、ＬＲＴの整備を促進するため、同計画に定めることのできる事業として軌道運送高度化事業を規定。〔適用事例：富山市内電車の上下分離方式による環状線化（平成21年開業）等〕 |

平成20年	・地域公共交通の活性化及び再生に関する法律の一部を改正する法律（法律第49号） →維持が困難な鉄道の経営改善を図るため、地域公共交通総合連携計画に定めることのできる事業に鉄道事業再構築事業を追加。〔適用事例：福井鉄道の上下分離等による経営改善等〕
平成26年	・地域公共交通の活性化及び再生に関する法律の一部を改正する法律（法律第41号） →地域にとって最適な公共交通ネットワークを実現するため、計画制度を地域公共交通総合連携計画から地域公共交通網形成計画に改組するとともに、地域公共交通網形成計画に定めることのできる事業に地域公共交通再編事業を追加。〔適用事例：三江線に代わるバス路線の新設及び効率化等〕
平成27年	・地域公共交通の活性化及び再生に関する法律及び独立行政法人鉄道建設・運輸施設整備支援機構法の一部を改正する法律（法律第28号） →独立行政法人鉄道建設・運輸施設整備支援機構の業務内容に、認定軌道運送高度化事業等（ＬＲＴ・ＢＲＴの整備・運行、上下分離による地方鉄道の再生等）の実施に必要な資金の出資等の業務を追加。
令和２年	**・地域における一般乗合旅客自動車運送事業及び銀行業に係る基盤的なサービスの提供の維持を図るための私的独占の禁止及び公正取引の確保に関する法律の特例に関する法律（法律第32号）** →地域における基盤的なサービスの提供を維持するという政策目的を達成する限度において、バス事業等に係る独占禁止法の特例制度を創設。〔適用事例：広島電鉄の路面電車と路線バスの均一運賃化（令和４年11月）〕 ・持続可能な運送サービスの提供の確保に資する取組を推進するための地域公共交通の活性化及び再生に関する法律等の一部を改正する法律（法律第36号） →計画制度を地域公共交通網形成計画から地域公共交通計画に改組し、その策定を努力義務化するとともに、利用者目線による路線・ダイヤの改善、運賃の設定を促進するため、同計画に定めることのできる事業に地域公共交通利便増進事業を追加。加えて、独立行政法人鉄道建設・運輸施設整備支援機構による資金の貸付制度を拡充。〔適用事例：なにわ筋線等〕
令和５年	・地域公共交通の活性化及び再生に関する法律等の一部を改正する法律（法律第18号） →大量輸送機関としての鉄道の特性を生かした旅客運送サービス

	の持続可能な提供が困難な線区について、ローカル鉄道の再構築に関する仕組み（再構築協議会・再構築方針）を創設するとともに、鉄道事業再構築事業を拡充するほか、地域の関係者間の協議を踏まえた運賃の届出制度を創設。

⑦ その他（交通政策全般・バリアフリー・特殊法人等）

平成元年	・貨物運送取扱事業法（法律第82号） →貨物運送取扱事業規制の簡素化及び合理化のため、通運事業法など、従来複数の法律にまたがって規定されていた利用運送事業や運送取次事業に係る規定を一つの法律に統合。
平成3年	**・鉄道整備基金法（法律第46号）** →新幹線鉄道保有機構を解散し、鉄道整備基金を設立。
平成9年	・運輸施設整備事業団法（法律第83号） →鉄道整備基金と船舶整備公団を統合し、運輸施設整備事業団を設立。
平成12年	**・高齢者、身体障害者等の公共交通機関を利用した移動の円滑化の促進に関する法律（法律第68号）** →公共交通機関のバリアフリー化を促進するため、旅客施設の新設、大規模な改良及び車両等の新規導入に際して、移動円滑化基準への適合を義務付け。
平成14年	・鉄道事業法等の一部を改正する法律（法律第77号） →貨物運送取扱事業法を貨物利用運送事業法に改め、利用運送事業の運賃・料金について、事前届出制にする等の規制緩和を実施。 **・独立行政法人鉄道建設・運輸施設整備支援機構法（法律第180号）** →特殊法人改革の一環として、日本鉄道建設公団及び運輸施設整備事業団を統合し、鉄道建設・運輸施設整備支援機構を設立。 **・東京地下鉄株式会社法（法律第188号）** →帝都高速度交通営団（営団）の完全民営化に向けた第一段階として、特殊法人である営団を廃止し、特殊会社である東京地下鉄株式会社（東京メトロ）を設立。
平成18年	**・高齢者、障害者等の移動等の円滑化の促進に関する法律（法律第91号）** →旅客施設、建築物等及びこれらの間の経路について一体的にバリアフリー化を推進するため、「ハートビル法」と「交通バリアフリー法」を統合。
平成25年	**・交通政策基本法（法律第92号）** →交通に関する施策についての基本理念を定め、関係者の責務等を明らかにするとともに、政府に交通政策基本計画の閣議決定

	及び国会報告を義務付け。
平成26年	・株式会社海外交通・都市開発事業支援機構法（法律第24号） →安全で定時性を確保しつつ大量・高頻度の鉄道輸送等を可能とする我が国の知識、技術及び経験を活用し、我が国企業の海外プロジェクトへの参画を推進するため、株式会社海外交通・都市開発事業支援機構を設立。
平成30年	・高齢者、障害者等の移動等の円滑化の促進に関する法律の一部を改正する法律（法律第32号） →公共交通事業者等によるソフト面も含めたバリアフリーへの取組について、計画の作成、取組状況の報告・公表を義務付け。 ・海外社会資本事業への我が国事業者の参入の促進に関する法律（法律第40号） →独立行政法人鉄道建設・運輸施設整備支援機構の業務内容に、海外における調査、設計等を行うことを追加。
令和2年	・高齢者、障害者等の移動等の円滑化の促進に関する法律の一部を改正する法律（法律第28号） →公共交通事業者など施設設置管理者におけるソフト面でのバリアフリー基準への適合義務を創設するとともに、施設設置管理者の責務に車両の優先席等の適切な利用の推進を追加。

鉄道に係る主な税の軽減措置

内　容	根　拠　条　項
Ⅰ．国　税	
〔所得税〕	
・鉄道・運輸機構は公共法人として非課税	所得税法 11①
〔法人税〕	
・鉄道・運輸機構は公共法人として非課税	法人税法 4②
・取替資産に係る償却の方法の特例措置（50％までは通常の減価償却。その後取替費は全額損金扱い）	法人税法施行令 49①〜③ 同法施行規則 10①
・国庫補助金等（鉄道・運輸機構の補助金を含む）で取得した固定資産の補助金相当額の圧縮記帳	法人税法 42 同法施行令 79①6
・鉄道・運輸機構がＪＲ北海道、ＪＲ四国に交付する助成金の圧縮記帳	法人税法 42 同法施行令 79①7
・受益者から得た工事負担金等の圧縮記帳	法人税法 45①4、5 同法 45②
・鉄道・運輸機構の行う基盤整備事業に伴う交換により取得する固定資産の圧縮記帳	改革法等施行法 27⑭ 同法経過措置施行令 7②
・長期保有の土地等から貨物電気機関車（入換機関車を除く）への買換えの場合の圧縮記帳（令和4年9月30日までに買換えたものについて経過措置）	租特法 65 の 7 表 7 号 鉄道車両は廃止 経過措置あり

税制・事業制度等

内　　　　容	根 拠 条 項
〔登録免許税〕	
・鉄道事業の許可又は軌道事業の特許で、路線延伸の長さが 12 km未満のものに係るものの非課税措置	登録免許税法施行令 18
・鉄道・運輸機構の行う特定の業務について自己のために受ける登記等の非課税措置	登録免許税法 4 別表 2 財務省告示令和 4 年 97 号
・中央新幹線の建設主体が取得した中央新幹線の事業の用に供する不動産の所有権移転登記等の免税措置	租特法 84
・整備新幹線の開業に伴いＪＲから経営分離される並行在来線の固定資産に係る所有権移転登記等の免税措置 　（令和 5 年 3 月 31 日までの間に取得したもので取得後 1 年以内に登記を受けるもの）	租特法 84 の 2
・鉄道・運輸機構が日本国有鉄道、国鉄清算事業団、鉄建公団を登記名義人とする所有権移転登記等の免税措置	租特法 84 の 3③
・鉄道・運輸機構が旧新幹線保有機構を登記名義人とするために行う所有権移転登記等の免税措置	租特法 84 の 3④
〔石油石炭税〕	
・鉄道事業に利用される軽油に係る地球温暖化対策のための税（石油石炭税の重課分）についての還付措置（令和 5 年 3 月 31 日まで）	租特法 90 の 3 の 4
〔消費税〕	
・公共法人としての課税の特例（鉄道・運輸機構）	消費税法 60
〔印紙税〕	
・鉄道・運輸機構は公共法人として非課税	印紙税法 5、2 号

内　　　　容	根 拠 条 項
II. 地方税	
〔都道府県民税・市町村税〕	
・鉄道・運輸機構は公共法人として非課税（均等割のみ課税）	地方税法 24、294
〔事業税〕	
・鉄道軌道整備法第 3 条の助成対象鉄道については、公益等に因る課税の免除及び不均一課税の特例措置	地方税法 6 鉄道軌道整備法23
・鉄道・運輸機構は公共法人として非課税	地方税法 72 の 4 ①②
・ＪＲ北海道等の資本割の課税標準に係る特例措置（資本準備金に係る商法の特例を適用した金額を資本金等の金額から控除）　（令和 6 年 3 月 31 日まで） ※ＪＲ九州については経過措置規定（平成 31 年 3 月 31 日まで）	地方税法附則 9①
・一体化法に規定する特定鉄道事業者（首都圏新都市鉄道（株））の資本割の課税標準に係る特例措置（資本金等の金額の 2/3 に相当する金額を資本金等の金額から控除）（令和 6 年 3 月 31 日まで）	地方税法附則 9⑥
〔不動産取得税〕	
・鉄道・運輸機構の本来事業用不動産の取得の非課税措置	地方税法 73 の 4 ①1
・中央新幹線の建設主体が取得した中央新幹線の事業の用に供する不動産の取得の非課税措置	地方税法 73 の 4 ①38
・整備新幹線の開業に伴いＪＲから経営分離される並行在来線の固定資産の取得の非課税措置（令和 5 年 3 月 31 日までに取得したもの）	地方税法附則 10②

内　　　　容	根　拠　条　項
・独立行政法人鉄道建設・運輸施設整備支援機構が日本国有鉄道清算事業団の債務等処理に関する法律附則第七条第一項第一号に規定する業務により土地を取得した場合における当該土地の取得に対して2/3控除（令和6年3月31日まで）	地方税法附則11⑰
〔軽油引取税〕	
・鉄軌道用車両等（ＪＲ貨物が駅の構内等でコンテナ貨物の積卸の用に供するフォークリフト等を含む）の動力源に供する軽油の免税措置（令和6年3月31日までに取得したもの）	地方税法附則12の2の7、3号
・索道事業者が使用するゲレンデ整備車及び降雪機の動力源に供する軽油の免税措置（令和6年3月31日までに取得したもの）	地方税法附則12の2の7、5号
〔固定資産税〕	
・鉄道軌道整備法第3条の助成対象鉄道について公益等に因る課税の免除及び不均一課税の特例措置	地方税法6鉄道軌道整備法23
・市街地区域又は飛行場及びその周辺区域内のトンネルの非課税措置	地方税法348②2の5
・踏切道及び踏切保安装置の非課税措置	地方税法348②2の6
・既設鉄軌道に新たに建設された立体交差化施設の非課税措置	地方税法348②2の7
・地下道又は跨線道路橋（市街化区域内で公衆が利用できるもの）の非課税措置	地方税法348②2の8
・皇室の用に供する車両の非課税措置	地方税法348②35
・ＪＲ旅客会社が鉄道・運輸機構から有料で借り受けている市街地トンネルの非課税措置	地方税法348⑤

内　　　容	根 拠 条 項
・新規営業路線に係る鉄道施設 　最初の5年間 1/3　その後5年間 2/3 　うち立体交差化施設　最初の5年間 1/6　その 　後 1/3 　（橋りょう、高架橋及び土工に限る）	地方税法349の3 ①
・北海道、東北、北陸及び九州新幹線の新線建設 　に係る鉄道施設 　最初の5年間 1/6 その後5年間 1/3	地方税法349の3 ⑫
・青函トンネル及び本四連絡橋に係る鉄道施設 　1/6	地方税法349の3 ⑬
・河川その他水域に係る事業に係る橋りょう及び 　トンネルの新設 　等により敷設された鉄道施設　最初の5年間 　1/6　その後5年間 1/3（水資源機構に係るもの 　については　最初の5年間 2/3 その後5年間 　5/6）	地方税法349の3 ⑭
・特定地方交通線又は地方鉄道新線の無償譲渡に 　係る本来事業用 　固定資産 1/4	地方税法349の3⑱
・新設された変電所に係る償却資産　5年間 3/5	地方税法349の3 ㉔
・都市鉄道等利便増進法に基づく都市鉄道利便増 　進事業により鉄道・運輸機構が整備したトンネ 　ルの非課税措置 　（令和5年3月31日までに整備し、かつ、直接 　鉄道事業又は軌道経営の用に供するもの）	地方税法附則14②
・JR貨物が取得した高性能機関車（国鉄から承 　継した機関車（未更新の電気機関車を除く）に 　限る）　5年間 2/3 　（令和6年3月31日までに取得したもの）	地方税法附則15⑥
・整備新幹線の開業に伴いJRから経営分離され 　る並行在来線の譲受固定資産　20年間 1/2 　（令和5年3月31日までに取得したもの）	地方税法附則15⑨

内　　　容	根 拠 条 項
・地域公共交通確保維持改善事業費補助金等により取得した鉄道施設　5年間 1/3 （令和5年3月31日までに取得したもの）	地方税法附則15⑩
・高齢者、身体障害者等が円滑に利用できる低床型路面電車　5年間 1/3 （令和5年3月31日までに取得したもの）	地方税法附則15⑪
・低炭素化等に資する旅客用新規鉄道車両　5年間 2/3（中小民鉄等は5年間 3/5） （令和5年3月31日までに取得したもの）	地方税法附則15⑫
・都市鉄道等利便増進法に基づく都市鉄道利便増進事業により取得した鉄道施設　5年間 2/3 （令和5年3月31日までに取得したもの）	地方税法附則15⑮
・地域公共交通活性化・再生法に基づく鉄道事業再構築事業により、国の一定の補助を受けて取得した鉄道施設　5年間 1/4 （令和6年3月31日までに取得したもの）	地方税法附則15⑰
・駅のバリアフリー化改良工事により取得した鉄道施設　5年間 2/3 （令和5年3月31日までに取得したもの）	地方税法附則15㉔
・首都直下地震・南海トラフ地震に備えた耐震対策により取得した鉄道施設　5年間 2/3 （令和5年3月31日までに取得したもの）	地方税法附則15㉖
・旧交納付金法の適用のあった固定資産 （立体交差化施設）	地方税法附則15の2①
・ＪＲ北海道等の本来事業用固定資産 　　（令和9年3月31日まで 1/2） ※ＪＲ九州については経過措置規定（平成31年3月31日まで）	地方税法附則15の2②
・ＪＲ北海道、JR四国及びＪＲ貨物が旧国鉄から承継した本来事業用固定資産（令和9年3月31日まで 3/5）	地方税法附則15の3

内　　容	根 拠 条 項
・鉄軌道用地の評価 　鉄軌道用地に沿接する土地の価格の 1/3 に評価（複合利用鉄軌道用地については、地積を運送の用に供する部分の面積と運送以外の用に供する部分の面積で按分して評価）	総務省告示平成19年195号
〔事業所税〕	
・鉄道・運輸機構は公共法人として非課税	地方税法701の34①
・鉄軌道の本来事業用施設（事務所・発電施設は除く）の非課税措置	地方税法701の34③20

(注)　鉄道・運輸機構：独立行政法人鉄道建設・運輸施設整備支援機構
　　　租　特　法：租税特別措置法
　　　改革法等施行法：日本国有鉄道改革法等施行法
　　　一　体　化　法：大都市地域における宅地開発及び鉄道整備の一体的
　　　　　　　　　　　推進に関する特別措置法
　　　ＪＲ旅客会社：北海道旅客鉄道株式会社、東日本旅客鉄道株式会
　　　　　　　　　　社、東海旅客鉄道株式会社、西日本旅客鉄道株式会
　　　　　　　　　　社、四国旅客鉄道株式会社、九州旅客鉄道株式会社
　　　ＪＲ北海道等：北海道旅客鉄道株式会社、四国旅客鉄道株式会社、
　　　　　　　　　　九州旅客鉄道株式会社
　　　Ｊ　Ｒ　貨　物：日本貨物鉄道株式会社

独立行政法人鉄道建設・運輸施設整備支援機構について

① 法 人 の 名 称　　独立行政法人鉄道建設・運輸施設整備支援機構
　　　　　　　　　　　（略称：鉄道・運輸機構）

② 法 人 の 目 的　　　鉄道の建設や、鉄道事業者、海上運送事業者など
　　　　　　　　　　　よる運輸施設の整備を促進するための助成などの支援
　　　　　　　　　　　を行うことを通じて、大量輸送機関を基幹とする輸送
　　　　　　　　　　　体系の確立等を図ること。

③ 資 　 本 　 金　　1,153億円（R3.10.29現在）

④ 職 　 員 　 数　　1,454名（R5.4.1現在）

⑤ 業 務 の 概 要　　　独立行政法人鉄道建設・運輸施設整備支援機構法（平
　　　　　　　　　　　成14年法律第180号。以下「機構法」という。）及び日
　　　　　　　　　　　本国有鉄道清算事業団の債務等の処理に関する法律
　　　　　　　　　　　（平成10年法律第136号。以下「債務処理法」という。）
　　　　　　　　　　　に基づき業務を行っている。
　　　　　　　　　　　　これらの業務は、国土交通大臣の定めた中期目標に
　　　　　　　　　　　基づき、中期計画及び年度計画を作成し実施している
　　　　　　　　　　（1）新幹線鉄道等の鉄道施設の建設、貸付け等（機構
　　　　　　　　　　　　　法第13条第1項第1号～第6号及び第11号、第3項並
　　　　　　　　　　　　　びに第4項）
　　　　　　　　　　（2）船舶の共有建造（機構法第13条第1項第7号、第8
　　　　　　　　　　　　　号及び第11号）
　　　　　　　　　　（3）鉄道施設整備を行う鉄道事業者等に対する補助金
　　　　　　　　　　　　　等の交付（機構法第13条第2項）
　　　　　　　　　　（4）持続的な地域旅客運送サービスの提供の確保を図
　　　　　　　　　　　　　る事業への出資等（機構法第13条第1項第9号）
　　　　　　　　　　（5）複数の輸送モードの結節を行う機能等を有する一
　　　　　　　　　　　　　定規模の物流拠点施設の整備に対する資金の貸付
　　　　　　　　　　　　　け（機構法第13条第1項第10号）
　　　　　　　　　　（6）旧国鉄職員等の年金等の給付に要する費用等の支
　　　　　　　　　　　　　払（債務処理法第13条第1項～第3項）

＜参考＞沿革　　　　　平成15年10月1日に運輸施設整備事業団と日本鉄道
　　　　　　　　　　　建設公団を統合し、独立行政法人鉄道建設・運輸施設
　　　　　　　　　　　整備支援機構として設立。

　運輸施設整備事業団は、船舶整備公団(昭和34年6月国内旅客船公団として設立)と鉄道整備基金（昭和62年4月新幹線鉄道保有機構として設立）を平成9年10月に統合し、設立された特殊法人であり、平成13年3月に造船業基盤整備事業協会の業務の一部を承継。

　日本鉄道建設公団は、昭和39年3月に設立された特殊法人であり、平成10年10月に日本国有鉄道清算事業団の業務の一部を承継。

独立行政法人鉄道建設・運輸施設整備支援機構組織図

(令和 5 年 4 月 1 日現在)

渉外・用地統括役
監査・事業監理統括役
審査・施設管理統括役
建設企画統括役
鉄道助成統括役
北海道新幹線統括役
経営自立推進統括役

理事長
副理事長
理事長代理
理事（7）
監事（3）

部署	課
審議役	
監査役	
経営企画部	(戦略企画課、企画調査課、広報戦略課)
総務部	(総務課、秘書課、人事課、人材育成課、労務厚生課、情報システム課)
経理資金部	(予算課、財務課、資金企画課、資金管理課、会計課)
審査部	(地域公共交通等審査・モニタリング課、国際出資審査課、国際出資モニタリング課)
建設企画部	(企画課、業務支援課、技術企画・安全推進課、工事契約課、積算課)
鉄道企画調査部	(調査課、鉄道総合支援課、工務課)
施設管理部	(鉄道施設貸付課、鉄道施設譲渡課)
鉄道助成部	(特定財源管理課、助成課)
設計部	(設計第一課、設計第二課)
用地部	(用地管理課、用地課)
設備部	(軌道課、機械課、建築課、運輸計画課)
電気部	(電気管理課、電力課、信号通信課)
新幹線部	(企画課、北陸新幹線課、九州新幹線課)
北海道新幹線部	(管理課、建設課)
建設部	(建設第一課、建設第二課)
国際部	(国際業務管理課、海外高速鉄道技術支援課、国際協力課)
共有船舶企画管理部	(企画課、管理課、調査課)
共有船舶建造支援部	(建造支援課、建造促進課、技術企画課、技術支援課)
国鉄清算事業管理部	(管理課、職員課、用地業務課)
経営自立推進・財務部	(経営自立推進・財務企画課、財務管理課)
共済業務室	

東京支社
北海道新幹線建設局
北陸新幹線建設局
九州新幹線建設局
関東甲信工事局

5年度における独立行政法人鉄道建設・運輸施設整備支援機構（助成勘定）による助成等（フロー図）

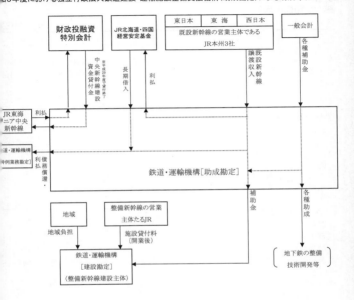

独立行政法人鉄道建設・運輸施設整備支援機構の鉄道整備助成事業（令和5年度）

（単位：億円）

事 業 名 称	内　　　　容	予算額（　）は前年度	
1. 整備新幹線建設助成事業 ①・②整備新幹線整備事業	新函館北斗～札幌 ⎱ 事業費 新青森～新函館北斗 ⎰ 1,940 金　沢　～　敦　賀 ⎱（前年度 武雄温泉～長崎 ⎰ 2,400）	○公共事業関係費①	804（804） ○機構特定財源② 0（163）
③整備新幹線建設推進高度化等事業	設計施工法等調査等	○一般財源	15（ 14）
		小　計	819（981）
2. 主要幹線鉄道等整備助成事業			
④幹線鉄道等活性化事業（幹線）	地域公共交通計画に基づく利便性向上等の施設整備	○公共事業関係費	0（ 2）
		小　計	0（ 2）
3. 都市鉄道整備助成事業			
⑤都市鉄道利便増進事業	連絡線の整備	○公共事業関係費	67（116）
⑥都市鉄道整備事業（地下高速鉄道）	地下高速鉄道の新線建設及び大規模改良工事等	○公共事業関係費	81（ 45）
（④）幹線鉄道等活性化事業（都市）	貨物鉄道の旅客線化のための鉄道施設の整備	○公共事業関係費	-（ -）
⑦鉄道駅総合改善事業	駅改良、駅改良と併せて行うバリアフリー施設及び駅空間高度化機能施設の整備	○公共事業関係費	21（ 21）
⑧譲渡線建設費等利子補給金	譲渡線の建設に要した借入金の利子等	○一般財源	0（ 0）
		小　計	169（182）

事 業 名 称	内　　　　容	予算額（　）は前年度
4. 鉄道技術開発推進助成事業		
⑨鉄道技術開発（一般鉄道）	鉄道の安全、環境対策等のための技術開発	○一般財源　　　　0（1）
		小　計　　0（1）
5. 安全・防災対策助成事業		
⑩鉄道防災事業	JR鉄道施設の防災事業（荒廃山地、海岸等）及び鉄道・運輸機構が行う青函トンネルの機能保全のための改修事業	○公共事業関係費　　9（9）
⑪鉄道施設総合安全対策事業	踏切道改良促進法に基づく踏切保安設備の整備	○公共事業関係費 50の内数（46の内数）
		小　計　　9+50の内数（9+46の内数）
		○歳出予算998+50の内数（1,012+46の内数）○機構特定財源 0(163)○合計998+50の内数（1,175+46の内数）

大都市地域における宅地開発及び鉄道整備の一体的推進に関する特別措置法（平成元年法律第61号）

この法律は、大都市地域において、鉄道整備を沿線の開発と整合性をとって一体的に推進するために必要な特別措置を講ずることにより大量の住宅地の円滑な供給と、大都市の近郊と都心の区域を直結する大規模な鉄道新線の着実な整備を図ることを目的とするものである。

〔概要〕

(1) 都府県による基本計画の策定

都府県が、鉄道の計画路線及び駅の位置の概要、住宅地の供給目標、鉄道の整備に対する地方公共団体の援助等の措置等を内容とする基本計画を作成する。

(2) 協議会の設置及び協定締結義務

同意を得た基本計画に従い宅地開発事業及び鉄道事業を一体的に推進するため、地方公共団体、宅地開発事業者、鉄道事業者からなる協議会を組織するとともに、両事業者による協定の締結を義務付ける。

(3) 地価高騰の防止

鉄道の周辺地域（特定地域）における地価の安定を図るため、監視区域を積極的に指定するとともに、監視区域の指定期間の特例を設ける。

(4) 集約換地制度の創設（土地区画整理法の特例）

鉄道用地を確保するため、駅予定地の周辺地域（重点地域）における土地区画整理事業について、鉄道事業者、地方公共団体等の有する土地を鉄道用地に集約して換地することができるものとする。

5) 地方公共団体による鉄道整備への支援措置
　地方公共団体による鉄道事業者に対する出資、助成及び土地の取得のあっせん等の措置並びに鉄道整備のために必要な経費についての地方債の特例措置を講ずる。

6) 税制上の特例
　本法に基づく鉄道新線については、線路設備等の固定資産税の課税標準を特例として当初5年間1／4、その後5年間1／2とする。（通常の鉄道新線は、当初5年間1／3、その後5年間2／3）

特定地域及び重点地域のイメージ

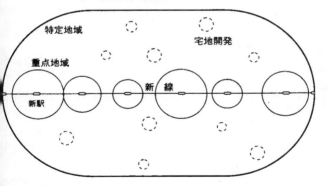

特定都市鉄道整備積立金制度

（特定都市鉄道整備促進特別措置法（昭和 61 年法律第 42 号））

【目　　的】

　大都市圏においては、通勤・通学時の著しい鉄道混雑を緩和するため、鉄道の複々線化や大規模改良工事を緊急に行う必要があるが、これらの工事は膨大な資金を要するわりには、新たな利用者の獲得にはつながらず収入増はあまり期待できない。

　そこで、これらの工事の促進を図るため、「特定都市鉄道整備積立金」制度が昭和 61 年 4 月に創設されたところであるが、都市鉄道の輸送力の計画的な増強を一層促進する必要があることから、平成 6 年 7 月に特定都市鉄道整備促進特別措置法の一部改正（平成 6 年 8 月 1 日施行）が行われ、制度の拡充が図られた。

【制度の概要】

(1) 特定都市鉄道整備事業計画の認定

　　鉄道事業者は、10 年以内に完了する輸送力増強工事（複々線化工事、一定の新線建設工事等）の計画を作成し、国土交通大臣の認定を受けることができるものとする。

　　※政令で定める認定の申請期間は平成 18 年 7 月 29 日をもって終了。

(2) 特定都市鉄道整備積立金の積立て

　　認定事業者は、整備事業計画の期間中において、旅客運送収入の一定割合を指定法人に積み立てなければならないものとする。積立金は、租税特別措置法により非課税とする。

　　※租税特別措置法による非課税措置は平成 17 年度税制改正において経過措置を講じた上で廃止。

(3) 特定都市鉄道整備積立金の工事費への支出

　　認定事業者は、積み立てた翌々事業年度の終了までに当該積立金を取り戻し、整備事業計画に含まれる工事の工事費の支出に充てなければならないものとする。

(4) 特定都市鉄道整備準備金

　　認定事業者は、積み立てた額に相当する額を累積して特定都市鉄道整備準備金として（会計上）積み立て、整備事業計画の終了後に取り崩さなければならないものとする。

(5) 認定事業者の運賃

　　認定事業者の運賃については、積立金の確保、取崩額の利用者への還元がなされるよう配慮するものとする。

特定都市鉄道整備積立金制度

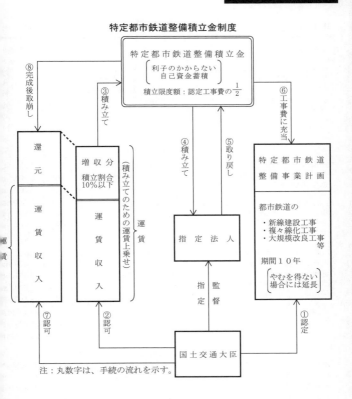

注：丸数字は、手続の流れを示す。

地域鉄道等に対する補助金等の概要

（単位：百万円）

補助金名	概　　要	年度	予算額
幹線鉄道等活性化事業費補助 （地域公共交通計画事業）	潜在的な鉄道利用ニーズが大きい地方都市やその近郊の路線等について、地域公共交通計画に基づき行う鉄軌道利用者の利便性向上を図るための施設整備に要する経費の一部を国が補助する。 ○補助率：1/3 ○補助対象設備 　輸送ニーズに対応した駅・路線の再配置、 　ダイヤ改正・増便等に必要な施設の整備等	2 3 4 4補正 5	483 361 170 417(内数) 23
鉄道施設総合安全対策事業費補助 （鉄道軌道安全輸送設備等整備事業）	地域鉄道事業者等が行う安全性の向上に資する設備の整備等に要する経費の一部を国が補助する。 ○補助率：1/3 等 ○補助対象設備 　レール、マクラギ、落石等防止設備、ATS、列車無線設備、防風設備等	2 2補正 3 3補正 4 4補正 5	4,631(内数) 5,960(内数) 4,308(内数) 5,620(内数) 4,588(内数) 5,319(内数) 5,035(内数)
地域公共交通確保維持改善事業費補助金 （鉄道軌道安全輸送設備等整備事業）	地域鉄道事業者等が行う安全性の向上に資する設備の整備等に要する経費の一部を国が補助する。 ○補助率：1/3 等 ○補助対象設備 　レール、マクラギ、落石等防止設備、ATS、列車無線設備、防風設備、車両等	2 2補正 3 3補正 4 4補正 5	20,430(内数) 30,497(内数) 20,630(内数) 28,503(内数) 20,733(内数) 25,000(内数) 20,692(内数)
地域公共交通確保維持改善事業費補助金 （利用環境改善促進等事業）	バリアフリー化されたまちづくりの一環として、公共交通の利用環境改善（LRTの導入）に資する設備の整備等に要する経費の一部を国が補助する。 ○補助率：1/3 等 ○補助対象設備 　低床式車両（LRV）、停留施設、制振軌道等	2 2補正 3 3補正 4 4補正 5	20,430(内数) 30,497(内数) 20,630(内数) 28,503(内数) 20,733(内数) 25,000(内数) 20,692(内数)

訪日外国人旅行者受入環境整備緊急対策事業費補助金 (インバウンド対応型鉄軌道車両整備事業)	訪日外国人旅行者等の移動に係る利便性の向上の促進を図るため、地域鉄道事業者等が行う鉄道軌道車両の整備等に要する経費の一部を国が補助する。 ○補助率:1/3 等 ○補助対象設備 　車両(インバウンド対応のものに限る)	2 2補正 3 3補正 4 4補正 5	5,412(内数) 4,997(内数) 3,383(内数) 9,988(内数) 2,706(内数) 36,272(内数) 1,643(内数)
訪日外国人旅行者受入環境整備緊急対策事業費補助金 (交通サービス利便向上促進事業)	訪日外国人旅行者等の移動に係る利便性の向上の促進を図るため、地域鉄道事業者等が行うICカードの導入や LRT システムの整備等に要する経費の一部を国が補助する。 ○補助率:1/3 等 ○補助対象設備 　ICカード(全国相互利用可能なものに限る)の利用を可能とするシステム、ロケーションシステム(多言語で情報提供するものに限る。)、低床式車両(LRV)、停留施設、制振軌道、観光列車等	2 2補正 3 3補正 4 4補正 5	5,412(内数) 9,340(内数) 3,383(内数) 9,988(内数) 2,706(内数) 36,272(内数) 1,643(内数)
観光振興事業費補助金 (公共交通利用環境の革新等事業)	我が国へのゲートウェイとなる空港・港湾から、訪日外国人旅行者の来訪が特に多い観光地に至るまでの交通サービスの利用環境を刷新するため、地域鉄道事業者等が行うICカードの導入や LRT システムの整備、観光列車の導入等に要する経費の一部を国が補助する。 ○補助率:1/2 等 ○補助対象設備 　ICカード(全国相互利用可能なものに限る)の利用を可能とするシステム、低床式車両(LRV)、停留施設、制振軌道、観光列車等	2 3 4 5	4,400(内数) 1,240(内数) 1(内数) 1(内数)
社会資本整備総合交付金 (地域公共交通再構築事業)	地域交通ネットワークの再構築に必要な鉄道施設のインフラ整備を支援する。 ○補助率:1/2 ○補助対象設備 　地域公共交通特定事業の実施計画の認定を受けた、持続可能性・利便性の向上に資する施設整備(駅施設、線路設備、電路設備、信号保安設備等の整備)	5	549,190(内数)

(注)国土交通省鉄道局資料による。

車両キロ及び列車キロの推移
(旅客)

年度	車両キロ(A)(単位：千キロ)	列車キロ(B)(単位：千キロ)	(A)／(B)
昭和40	4,278,671(73) 〔2,965,695(72)〕	932,415(105) 〔419,100(86)〕	4.59〔7.08〕
45	5,291,582(90) 〔3,712,760(90)〕	915,066(103) 〔470,432(96)〕	5.78〔7.89〕
50	5,878,893(100) 〔4,124,207(100)〕	890,407(100) 〔489,373(100)〕	6.60〔8.43〕
55	6,123,283(106) 〔4,255,841(103)〕	916,332(103) 〔501,203(102)〕	6.68〔8.49〕
60	6,113,268(104) 〔3,949,346(96)〕	948,555(107) 〔516,591(106)〕	6.45〔7.65〕
平成2	7,176,375(122) 〔4,696,929(114)〕	1,131,903(127) 〔655,500(134)〕	6.34〔7.17〕
3	7,321,413(125) 〔4,764,728(116)〕	1,158,731(130) 〔669,784(137)〕	6.32〔7.11〕
4	7,467,262(127) 〔4,844,142(117)〕	1,156,522(130) 〔664,830(136)〕	6.46〔7.29〕
5	7,549,774(128) 〔4,858,531(118)〕	1,168,070(131) 〔670,629(137)〕	6.46〔7.24〕
6	7,590,569(129) 〔4,801,937(116)〕	1,168,190(131) 〔665,037(136)〕	6.50〔7.22〕
7	7,531,706(128) 〔4,873,270(118)〕	1,183,832(133) 〔668,970(137)〕	6.36〔7.28〕
8	7,709,424(131) 〔4,860,618(118)〕	1,183,211(133) 〔672,137(137)〕	6.52〔7.23〕
9	7,817,997(133) 〔4,914,474(119)〕	1,192,296(134) 〔671,405(137)〕	6.55〔7.32〕
10	7,834,585(133) 〔4,902,141(119)〕	1,197,595(134) 〔672,466(137)〕	6.54〔7.29〕
11	7,768,912(132) 〔4,835,586(117)〕	1,195,874(134) 〔672,643(137)〕	6.50〔7.19〕
12	7,770,227(132) 〔4,828,458(117)〕	1,195,119(134) 〔670,139(137)〕	6.50〔7.19〕
13	7,868,081(134) 〔4,854,961(118)〕	1,190,752(134) 〔675,491(138)〕	6.61〔7.19〕
14	7,888,643(134) 〔4,854,961(118)〕	1,205,721(135) 〔675,491(138)〕	6.54〔7.19〕
15	7,959,310(135) 〔4,900,341(119)〕	1,215,769(137) 〔676,724(138)〕	6.55〔7.24〕
16	8,066,956(137) 〔5,001,403(121)〕	1,218,176(137) 〔675,833(138)〕	6.62〔7.40〕
17	8,237,240(140) 〔5,116,521(124)〕	1,230,476(138) 〔680,451(139)〕	6.69〔7.52〕
19	8,301,381(141) 〔5,135,644(124)〕	1,179,065(132) 〔651,646(133)〕	7.04〔7.89〕
20	8,392,023(143) 〔5,187,629(126)〕	1,210,160(136) 〔650,772(133)〕	6.93〔7.97〕
21	8,376,123(142) 〔5,112,323(123)〕	1,198,876(134) 〔637,678(130)〕	6.90〔7.94〕
22	8,332,137(142) 〔5,121,869(124)〕	1,193,355(134) 〔638,792(131)〕	6.98〔8.02〕
23	8,288,215(141) 〔5,092,005(123)〕	1,162,910(131) 〔620,867(127)〕	7.13〔8.20〕
24	8,419,252(143) 〔5,199,768(126)〕	1,201,198(135) 〔642,650(131)〕	7.01〔8.09〕
25	8,468,738(144) 〔5,229,088(127)〕	1,234,762(139) 〔675,931(138)〕	6.86〔7.74〕
26	8,481,176(144) 〔5,245,646(127)〕	1,243,956(140) 〔677,358(138)〕	6.82〔7.74〕
27	8,610,770(146) 〔5,365,131(130)〕	1,237,118(139) 〔677,767(138)〕	6.96〔7.92〕
28	8,645,444(147) 〔5,379,805(130)〕	1,239,319(139) 〔671,293(137)〕	6.98〔8.01〕
29	8,677,590(148) 〔5,410,974(131)〕	1,237,922(139) 〔668,608(137)〕	7.01〔8.09〕
30	8,683,466(148) 〔5,404,678(131)〕	1,231,875(138) 〔664,845(136)〕	7.05〔8.13〕
令和元	8,770,453(149) 〔5,448,312(132)〕	1,246,277(140) 〔671,954(137)〕	7.03〔8.10〕
2	8,503,218(145) 〔5,204,395(126)〕	1,215,317(136) 〔649,577(133)〕	6.99〔8.01〕
3	8,351,278(142) 〔5,083,323(123)〕	1,194,568(134) 〔635,699(130)〕	6.99〔8.01〕

（貨物）

年　度	車両キロ(A)（単位：千キロ）	列車キロ(B)（単位：千キロ）	(A)／(B)
昭和40	4,151,793(139) [4,049,480(138)]	180,331(99) [165,652(94)]	23.0 [24.4]
45	4,125,914(138) [4,039,790(138)]	206,655(114) [196,461(112)]	20.0 [20.6]
50	2,982,165(100) [2,923,873(100)]	181,518(100) [175,589(100)]	16.4 [16.7]
55	2,188,584(73) [2,138,230(73)]	145,714(80) [141,053(80)]	15.0 [15.2]
60	1,190,771(40) [1,166,042(40)]	97,206(54) [94,409(54)]	12.2 [12.4]
平成2	1,483,303(50) [1,453,888(50)]	95,148(52) [92,755(53)]	15.6 [15.7]
3	1,495,026(50) [1,468,131(50)]	93,573(52) [91,468(52)]	16.0 [16.1]
4	1,461,420(49) [1,436,733(49)]	93,395(51) [91,408(52)]	15.6 [15.7]
5	1,386,882(47) [1,363,426(47)]	90,566(50) [88,695(51)]	15.3 [15.4]
6	1,400,804(47) [1,391,022(48)]	84,816(47) [83,678(48)]	16.5 [16.6]
7	1,454,950(49) [1,432,369(49)]	90,025(50) [88,113(50)]	16.2 [16.3]
8	1,415,528(47) [1,394,518(48)]	85,799(47) [84,132(48)]	16.5 [16.6]
9	1,397,943(47) [1,380,422(47)]	85,798(47) [84,369(48)]	16.3 [16.4]
10	1,316,828(44) [1,301,503(45)]	83,248(46) [81,950(47)]	15.8 [15.9]
11	1,291,733(43) [1,276,507(41)]	80,228(44) [78,954(45)]	16.1 [16.2]
12	1,247,096(42) [1,230,952(42)]	78,211(43) [76,831(44)]	15.9 [16.0]
13	1,251,605(42) [1,244,815(43)]	77,973(43) [77,133(44)]	16.1 [16.1]
14	1,234,475(41) [1,227,983(42)]	74,475(41) [77,133(44)]	16.6 [15.9]
15	1,251,613(42) [1,245,583(43)]	74,815(41) [74,100(42)]	16.7 [16.8]
16	1,158,990(39) [1,146,732(39)]	73,740(41) [72,436(41)]	15.7 [15.8]
17	1,192,123(40) [1,178,144(40)]	75,387(42) [74,396(42)]	15.8 [15.8]
19	1,270,008(43) [1,263,852(43)]	73,483(40) [72,774(41)]	17.3 [17.4]
20	1,236,172(43) [1,230,491(43)]	73,110(40) [72,380(41)]	17.3 [17.4]
21	1,228,156(40) [1,211,098(41)]	72,998(38) [72,011(40)]	17.1 [17.3]
22	1,131,987(40) [1,123,036(38)]	66,997(37) [66,255(38)]	16.9 [16.9]
23	1,101,298(37) [1,092,495(37)]	64,826(36) [64,205(37)]	17.0 [17.0]
24	1,112,761(37) [1,102,930(38)]	65,380(36) [64,607(37)]	17.0 [17.1]
25	1,153,618(39) [1,143,142(39)]	64,505(36) [63,718(36)]	17.9 [17.9]
26	1,089,722(36) [1,079,357(37)]	63,290(35) [62,502(36)]	17.2 [17.3]
27	1,231,867(41) [1,221,819(42)]	62,299(34) [61,546(35)]	19.8 [19.9]
28	1,193,760(40) [1,183,562(40)]	60,165(34) [59,400(34)]	19.8 [19.9]
29	1,200,296(40) [1,189,788(41)]	60,046(33) [59,260(34)]	20.0 [20.1]
30	1,146,342(38) [1,136,386(39)]	54,720(30) [53,944(31)]	20.9 [21.1]
令和元	1,248,597(41) [1,238,039(42)]	57,332(31) [56,544(32)]	21.7 [21.9]
2	1,210,085(41) [1,200,044(41)]	55,551(31) [54,785(31)]	21.8 [21.9]
3	1,175,850(40) [1,165,651(40)]	54,795(30) [54,042(31)]	21.5 [21.6]

(注)1. 鉄道統計年報による。
　　2. 〔 〕は、JR（国鉄）の数値である。
　　3. （ ）は、昭和50年度を100とした指数である。
　　4. 貨物については、平成22年度より算出方法が異なるため、数字に連続性はない。

新造鉄道車両(電車)生産台数及び生産金額の推移

仕向 項目 年度	国 内		輸 出		合 計	
	車両数(両)	金額(百万円)	車両数 (両)	金額(百万円)	車両数(両)	金額(百万円)
昭和45	1,232〔 499〕	20,356〔10,783〕	40	780	1,272	21,137
50	1,142〔 794〕	50,401〔34,433〕	52	2,920	1,194	53,321
55	1,396〔 783〕	77,501〔51,009〕	118	5,513	1,514	83,015
60	1,177〔 626〕	74,133〔44,744〕	127	12,048	1,304	86,181
平成2	2,040〔1,098〕	136,875〔82,162〕	11	1,318	2,051	138,193
7	1,642〔 775〕	134,763〔76,240〕	118	16,415	1,760	151,179
12	1,223〔 830〕	115,920〔79,961〕	233	21,908	1,456	137,828
17	1,405〔 735〕	101,885〔60,975〕	342	71,441	1,747	173,326
22	1,619〔1,184〕	172,803〔141,780〕	162	21,626	1,781	194,430
23	1,541〔1,028〕	162,105〔122,994〕	44	6,576	1,585	168,681
24	1,147〔768〕	133,337〔104,598〕	108	18,491	1,255	151,828
25	1,259〔815〕	142,334〔108,410〕	194	38,433	1,453	180,767
26	1,289〔868〕	137,275〔103,989〕	87	11,568	1,376	148,842
27	1,254〔659〕	126,053〔74,282〕	182	35,305	1,436	161,358
28	1,181〔516〕	119,749〔63,043〕	73	17,649	1,254	137,399
29	1,307〔627〕	131,109〔75,297〕	259	46,470	1,566	177,579
30	1,517〔874〕	155,698〔96,164〕	343	58,507	1,860	241,205
令和元	1,521〔574〕	174,908〔73,110〕	143	25,410	1,664	200,318
2	1,302〔558〕	157,587〔77,540〕	212	29,406	1,514	187,047
3	1,549〔673〕	198,717〔101,068〕	234	36,080	1,783	234,797

(注) 1. 国内の〔 〕内は、JR(国鉄)の数値で内数である。
　　 2. 鉄道車両等生産動態統計年報による。
　　 3. 四捨五入による端数処理をしているため合計が一致しないところがある。

在来線における主要都市間の所要時間及び関係線区の最高速度

(令和5年7月1日現在)

都市（駅）間	営業キロ (km)	所要 時間	表定速度 (km/h)	関係線区の最高速度 (km/h)
札 幌 － 帯 広	220.2	2:25	91.1	千歳線(130) 石勝線(130) 根室線(上 落合-130-新得-120-帯広)
帯 広 － 釧 路	128.3	1:32	83.7	根室線(帯広-120-札内-130-利別-120- 豊頃-130-新吉野-120-庶路-130-新富 士-120-釧路)
札 幌 － 旭 川	136.8	1:25	96.6	函館線(130)
旭 川 － 稚 内	259.4	3:41	70.4	宗谷線(旭川-110-北旭川-130-名寄- 95-稚内)
旭 川 － 網 走	237.7	3:37	65.7	石北線(95)
函 館 － 札 幌	318.7	3:33	89.8	函館線(函館-100-五稜郭-130-長万部) 室蘭線(130) 千歳線(130)
秋 田 － 青 森	185.8	2:40	69.7	奥羽線(95)
新 潟 － 秋 田	273.0	3:33	76.9	白新線(120) 羽越線(新発田-120-村上 -100-今川-95-三瀬-120-酒田-95-秋 田)
福 島 － 山 形	87.1	1:01	85.7	奥羽線(130)
東 京(上野)－水 戸	117.5	1:05	108.5	常磐線(130)
水 戸 － 仙 台	246.0	3:10	77.7	常磐線(水戸-130-日立-120-いわき- 100-岩沼-120-仙台)
東 京(新宿)－甲 府	123.8	1:25	87.4	中央線(新宿-95-八王子-130-甲府)
甲 府 － 松 本	101.3	1:03	96.5	中央線(130) 篠ノ井線(130)
東 京 － 成田空港	79.2	0:53	89.7	総武線(東京-100-錦糸町-130-千葉- 120-佐倉) 成田線(佐倉-120-成田- 130-成田空港)
名古屋 － 松 本	188.1	2:03	91.8	中央線(名古屋-130-中津川-120-塩尻) 篠ノ井線(130)
松 本 － 長 野	62.7	0:49	76.8	篠ノ井線(110) 信越線(120)
名古屋 － 高 山	166.7	2:15	74.1	東海道線(120) 高山線(岐阜-110-下麻 生-100-高山)

運転及び施設の状況

都市（駅）間	営業キロ （km）	所要 時間	表定速度 （km/h）	関係線区の最高速度 （km/h）
名古屋（近鉄名古屋） － 大阪（大阪難波）	189.7	2:05	91.1	近畿日本鉄道［名古屋線(120) 大阪線 (130)］
名古屋 － 新宮	231.1	3:18	70.0	関西線(120) 伊勢鉄道(110) 紀勢線 (津-100-多気-85-新宮)
新 宮 － 和歌山	200.7	3:10	63.4	紀勢線(新宮-95-紀伊富田-110-芳養- 130-南部-110-紀三井寺-130-和歌山)
和 歌 山 － 大阪（天王寺）	61.3	0:42	87.6	阪和線(和歌山-120-鳳-95-天王寺)
大 阪 － 金 沢	267.6	2:31	106.3	東海道線(130) 湖西線(130) 北陸線 (130)
金 沢 － 富 山	59.4	0:44	81.0	IRいしかわ鉄道(110) あいの風とや ま鉄道(110)
米 子 － 益 田	191.5	2:29	77.1	山陰線(米子-120-出雲市-110-益田)
大 阪 － 鳥 取	210.7	2:25	87.2	東海道線(130) 山陽線(上郡-120-姫路 -130-神戸)(130) 智頭線(130) 因美線(鳥取-110-津ノ井-95-智頭)
岡 山 － 米 子	159.1	2:10	73.4	山陽線(120) 伯備線(倉敷-120-備中高 梁-110-江尾-120-伯耆大山) 山陰線 (120)
岡 山 － 高 松	71.8	0:52	82.8	宇野線(100) 本四備讃線(茶屋町-130- 児島-120-宇多津) 予讃線(130)
岡 山 － 松 山	214.4	2:35	83.0	宇野線(100) 本四備讃線(茶屋町-130- 児島-120-宇多津) 予讃線(130)
岡 山 － 高 知	179.3	2:24	74.7	宇野線(100) 本四備讃線(茶屋町-130- 児島-120-宇多津) 予讃線(130) 土讃 線(125)
高 松 － 徳 島	74.5	0:59	75.8	高徳線(130)
高 松 － 松 山	194.4	2:19	83.9	予讃線(130)
高 松 － 高 知	159.3	2:11	73.0	予讃線(130) 土讃線(125)
福岡（博多）－大分	200.1	2:01	99.2	鹿児島線(130) 日豊線(130)
福岡（博多）－大分	177.2	3:00	59.1	鹿児島線(博多－130－鳥栖－100－久 留米) 久大線(95)

都市（駅）間	営業キロ (km)	所要時間	表定速度 (km/h)	関係線区の最高速度 (km/h)
大 分 － 宮 崎	207.0	2:59	69.4	日豊線（大分-110-佐伯-85-延岡-110- 宮崎）
宮 崎 －鹿児島（鹿児島中央）	125.9	2:02	61.9	日豊線（宮崎-85-国分-90-隼人-100-鹿児島島線（鹿児島）-95-鹿児島中央）
福岡（博多）－佐賀（武雄温泉）	81.9	0:54	91.0	鹿児島線（130）長崎線（130）佐世保線（江北-130-高橋-95-武雄温泉）
<参考>	※1			
東 京 － 秋 田	662.6	3:37	172.5	東北新幹線（東京-130-大宮-275-宇都宮320-盛岡）田沢湖線（130）（直通列車に限る）
東 京 － 長 野	226	1:17	176.1	北陸新幹線（東京-130-大宮-275-高崎-260-長野）
東 京 － 金 沢	454.1	2:25	187.9	北陸新幹線（東京-130-大宮-275-高崎-260-金沢）
東 京 － 仙 台	325.4	1:29	219.4	東北新幹線（東京-130-大宮-275-宇都宮-320-仙台）
東 京 － 盛 岡	496.5	2:09	230.9	東北新幹線（東京-130-大宮-275-宇都宮320-盛岡）
東 京 －函館（新函館北斗）	823.7	3:57	208.5	東北新幹線（東京-130-大宮-275-宇都宮-320-盛岡-260-新青森） 北海道新幹線（新青森-260-新中小国-160-木古内-260-新函館北斗）
東 京 － 山 形	342.2	2:26	140.6	東北新幹線（東京-130-大宮-275-福島）奥羽線（130）（直通列車に限る）
東 京 － 新 潟	300.8	1:29	202.8	上越新幹線（東京-130-大宮-275-新潟）
東 京 － 名古屋	342.0	1:33	220.6	東海道新幹線（285）
東 京 － 大阪（新大阪）	515.4	2:21	219.3	東海道新幹線（285）
東 京 － 福 岡（博多）	1069.1	4:46	224.2	東海道新幹線（285）山陽新幹線（300）
大阪（新大阪）－福岡（博多）	553.7	2:21	235.6	山陽新幹線（300）
福岡（博多）－熊本	98.2	0:32	184.1	九州新幹線（260）
福岡（博多）－鹿児島（鹿児島中央）	256.8	1:16	202.7	九州新幹線（260）
佐賀（武雄温泉）－ 長 崎	69.6	0:23	181.6	西九州新幹線（260）

注 1．所要時間及び表定速度は、当該区間を運行する列車のうち最も速い列車によるものである。
　　2．新幹線におけるキロ程（※1）は、駅中心間距離である。
　　3．国土交通省鉄道局資料による。

駅数の推移

年度	駅 数		年度	駅 数	
昭和40	11,519 (100)	[5,040 (100)]	20	9,700 (84)	[4,657 (92)]
45	10,179 (88)	[5,097 (101)]	21	9,969 (87)	[4,659 (92)]
50	9,660 (84)	[5,194 (103)]	22	9,741 (85)	[4,646 (92)]
55	9,408 (82)	[5,186 (103)]	23	9,777 (85)	[4,649 (92)]
60	9,393 (82)	[5,054 (100)]	24	9,769 (85)	[4,648 (92)]
平成2	9,487 (82)	[4,672 (93)]	25	9,779 (87)	[4,643 (91)]
7	9,594 (83)	[4,666 (93)]	26	9,755 (85)	[4,584 (91)]
12	9,782 (85)	[4,690 (93)]	27	9,782 (85)	[4,582 (91)]
13	9,734 (85)	[4,690 (93)]	28	9,762 (85)	[4,564 (91)]
14	9,751 (85)	[4,658 (92)]	29	9,996 (87)	[4,802 (95)]
15	9,735 (85)	[4,640 (92)]	30	9,989 (87)	[4,763 (95)]
16	9,774 (85)	[4,643 (92)]	令和元	10,020 (87)	[4,761 (95)]
17	9,785 (85)	[4,630 (92)]	2	10,010 (87)	[4,726 (94)]
18	9,612 (83)	[4,520 (90)]	3	9,922 (86)	[4,654 (92)]
19	9,752 (85)	[4,650 (92)]			

(注)1.〔 〕内は、JR（国鉄）の数値である。（63年度以降はJR6社の数値である。）
2.（ ）内は、昭和40年度を100としたときの数値である。
3.鉄道統計年報による。

複線化の推移

年度	営業キロ(km)	複線キロ(km)	複線化率(%)
昭和40	27,504(100)〔20,376(100)〕	6,298(100)〔3,497(100)〕	22.9〔17.2〕
45	26,734(97)〔20,520(101)〕	7,556(120)〔4,919(141)〕	28.3〔24.0〕
50	26,557(97)〔20,963(103)〕	8,031(128)〔5,424(155)〕	30.2〔25.9〕
55	26,676(97)〔21,038(103)〕	8,352(133)〔5,641(161)〕	31.3〔26.8〕
60	26,361(96)〔20,479(101)〕	8,582(136)〔5,775(165)〕	32.6〔28.2〕
平成2	25,289(92)〔18,131(89)〕	8,941(142)〔5,953(170)〕	35.4〔32.8〕
7	25,303(92)〔18,089(89)〕	9,096(144)〔5,980(171)〕	35.9〔33.1〕
12	25,589(92)〔17,995(88)〕	9,352(148)〔5,964(171)〕	36.5〔33.1〕
17	25,290(92)〔17,683(87)〕	9,520(151)〔5,846(167)〕	37.6〔33.1〕
22	25,142(91)〔17,532(86)〕	9,615(153)〔5,766(165)〕	38.2〔32.9〕
23	25,142(91)〔17,532(86)〕	9,616(153)〔5,766(165)〕	38.2〔32.9〕
24	25,107(91)〔17,535(86)〕	9,618(153)〔5,767(165)〕	38.3〔32.9〕
25	25,104(91)〔17,535(86)〕	9,615(153)〔5,767(165)〕	38.3〔32.9〕
26	25,118(91)〔17,298(85)〕	9,625(153)〔5,584(160)〕	38.3〔32.3〕
27	25,130(91)〔17,251(85)〕	9,661(153)〔5,606(160)〕	38.4〔32.5〕
28	25,023(91)〔17,151(84)〕	9,644(153)〔5,593(160)〕	38.5〔32.6〕
29	25,001(91)〔17,135(84)〕	9,628(153)〔5,577(159)〕	38.5〔32.5〕
30	24,963(91)〔16,986(83)〕	9,713(154)〔5,579(160)〕	38.9〔32.8〕
令和元	24,900(91)〔16,971(83)〕	9,659(153)〔5,579(160)〕	38.8〔32.9〕
2	24,749(90)〔16,823(83)〕	9,663(153)〔5,580(160)〕	39.0〔33.2〕
3	24,634(90)〔16,706(82)〕	9,678(154)〔5,583(160)〕	39.3〔33.4〕
4	24,591(89)〔16,591(82)〕	9,705(154)〔5,598(160)〕	39.5〔33.4〕

(注)1.〔 〕内は、JR（国鉄）の数値である。
2.（ ）内は、昭和40年度を100としたときの数値である。
3. JRは在来線（第2種事業の路線を除く）である。
4. 民鉄は、営業キロは本線路延長キロ、複線キロが複線以上の区間のキロ程の数値である。
5. 国土交通省鉄道局資料による。

電化キロの推移

項目 / 年度	鉄　　道			軌　　道			合　　計		
	営業キロ(km)	電化キロ(km)	電化率(%)	営業キロ	電化キロ	電化率	営業キロ	電化キロ	電化率
昭和40	26,060[20,374]	8,608[4,228]	33.0[20.8]	1,513	1,513	100	27,573	10,121	36.7
45	25,849[20,520]	10,474[6,021]	40.5[29.3]	930	930	100	26,779	11,404	42.6
50	25,900[20,963]	11,872[7,628]	45.8[36.4]	658	658	100	26,558	12,530	47.2
55	26,238[21,038]	12,923[8,414]	49.3[40.0]	398	398	100	26,636	13,321	50.0
60	25,929[20,479]	13,660[9,109]	52.7[44.5]	386	386	100	26,315	14,046	53.4
平成2	24,860[18,131]	14,356[9,601]	57.8[52.3]	434	434	100	25,294	14,790	58.5
7	24,861[18,101]	14,958[10,112]	60.2[55.9]	456	456	100	25,317	15,414	60.9
12	25,052[17,981]	14,914[9,886]	59.6[55.1]	482	474	98.3	25,534	15,388	60.4
17	24,885[17,542]	15,191[9,861]	61.0[56.2]	487	481	98.8	25,372	15,672	61.8
21	24,590[17,602]	15,189[9,841]	61.8[55.9]	500	500	100	25,090	15,689	62.5
22	24,595[17,506]	15,224[9,744]	61.9[55.7]	500	500	100	25,095	15,724	62.7
23	24,593[17,506]	15,220[9,744]	61.9[55.7]	500	500	100	25,093	15,720	62.6
24	24,561[17,506]	15,210[9,744]	61.9[55.7]	500	500	100	25,061	15,710	62.6
25	24,568[17,509]	15,213[9,774]	61.9[55.8]	497	497	100	25,065	15,710	62.7
26	24,730[17,419]	15,399[9,710]	62.3[55.7]	497	497	100	25,227	15,896	63.0
27	24,496[17,137]	15,255[9,516]	62.3[55.5]	497	497	100	24,993	15,752	63.0
28	24,480[17,122]	15,256[9,518]	62.3[55.6]	497	497	100	24,997	15,754	63.0
29	24,406[17,122]	15,179[9,518]	62.2[55.6]	497	497	100	24,903	15,676	63.0
30	24,382[17,014]	15,193[9,518]	62.3[55.9]	497	497	100	24,879	15,691	63.0
令和元	24,290[16,935]	15,190[9,516]	62.5[56.2]	497	497	100	24,787	15,687	63.3
2	24,144[16,789]	15,191[9,516]	62.9[56.7]	501	501	100	24,645	15,692	63.7
3	24,026[16,671]	15,191[9,516]	63.2[57.1]	501	501	100	24,527	15,692	64.0

(注) 1. 〔　〕内は、JR(国鉄)の在来線(第2種事業の路線を除く)の数値である。
2. 国土交通省鉄道局資料による。

変電所設備の推移

項目 年度	変電所数 （箇所）	整流器及び回転変流機		交流き電用変圧器	
		台数（台）	全容量（キロワット）	台数（台）	全容量（キロボルトアンペア）
昭和40	927〔300〕	2,043〔543〕	2,868,324〔1,331,900〕	67〔 67〕	1,121,000〔 1,121,000〕
45	1,083〔419〕	2,077〔680〕	4,138,774〔2,048,000〕	139〔139〕	2,351,000〔 2,351,000〕
50	1,158〔515〕	1,946〔697〕	4,842,184〔2,519,000〕	171〔171〕	6,202,000〔 6,202,000〕
55	1,265〔558〕	2,016〔700〕	5,504,827〔2,837,000〕	217〔187〕	7,744,000〔 7,700,000〕
60	1,374〔619〕	2,096〔728〕	6,080,589〔3,052,000〕	261〔217〕	11,636,000〔11,569,000〕
平成2	1,458〔649〕	2,229〔777〕	6,844,050〔3,444,000〕	245〔186〕	11,088,130〔10,990,500〕
7	1,585〔698〕	2,428〔821〕	7,766,150〔3,801,000〕	281〔211〕	13,043,684〔12,934,500〕
12	1,665〔714〕	2,593〔845〕	8,509,125〔3,948,500〕	281〔214〕	13,581,250〔13,471,500〕
17	1,708〔725〕	2,693〔866〕	8,963,525〔4,056,500〕	328〔226〕	14,179,245〔13,968,500〕
22	1,783〔738〕	2,748〔885〕	9,279,450〔4,144,500〕	364〔239〕	14,895,375〔14,599,100〕
27	1,807〔737〕	2,754〔885〕	9,413,350〔4,127,500〕	387〔252〕	15,226,070〔14,798,300〕
28	1,809〔739〕	2,744〔877〕	9,388,480〔4,134,630〕	388〔253〕	15,176,670〔14,749,300〕
29	1,813〔739〕	2,744〔879〕	9,416,730〔4,160,030〕	389〔254〕	15,201,920〔14,774,300〕
30	1,810〔737〕	2,732〔889〕	9,426,630〔4,173,130〕	388〔253〕	15,181,920〔14,754,300〕
令和元	1,794〔737〕	2,705〔888〕	9,388,730〔4,168,130〕	388〔252〕	15,159,820〔14,731,600〕
2	1,808〔737〕	2,733〔888〕	9,449,450〔4,165,000〕	390〔254〕	15,159,820〔14,731,600〕
3	1,809〔737〕	2,732〔887〕	9,471,425〔4,164,000〕	390〔254〕	15,164,820〔14,736,600〕

(注) 1. 〔 〕内は、JR(国鉄)の数値である。
  2. 整流器及び回転変流機とは、直流電化区間の電車線に直流電気を送るために、交流を直流に変換するものである。
  3. 交流き電用変圧器とは、交流電化区間の運転に必要な交流電圧に変圧するものである。
  4. 国土交通省鉄道局資料による。

鉄道事業者による自転車等駐車場用地の提供状況等

令和4年度末現在

事業社名	自転車等駐車場								合計	
	用地提供				自己経営等					
	地方公共団体		その他		自己経営		その他（委託経営等）			
	箇所数	面積(㎡)	箇所数	面積(㎡)	箇所数	面積(㎡)	箇所数	面積(㎡)	箇所数	面積(㎡)
東 武 鉄 道	66	25,097	125	26,919	3	400	35	44,155	229	96,571
西 武 鉄 道	50	25,801	62	20,871	1	114	11	6,540	124	53,326
京 成 電 鉄	19	4,666	49	13,060	0	0	0	0	68	17,726
京 王 電 鉄	45	24,409	0	0	0	0	17	7,554	62	31,963
小 田 急 電 鉄	7	3,002	3	367	123	62,715	0	0	133	66,084
東 急 電 鉄	20	8,713	13	647	47	33,261	5	3,249	85	45,330
京 浜 急 行 電 鉄	31	13,488	2	781	0	0	33	11,871	66	26,140
相 模 鉄 道	7	2,594	18	5,061	6	6,454	0	0	31	14,109
名 古 屋 鉄 道	162	55,955	13	2,410	24	2,453	50	17,488	249	78,306
近 畿 日 本 鉄 道	136	51,241	87	45,595	4	1,619	0	0	227	98,455
南 海 電 気 鉄 道	64	28,185	17	5,844	0	0	4	187	85	34,216
京 阪 電 気 鉄 道	22	12,521	27	5,726	70	47,840	0	0	119	66,087
阪 急 電 鉄	9	4,985	0	0	1	48	100	55,574	110	60,607
阪 神 電 気 鉄 道	20	9,858	40	11,091	0	0	4	2,892	64	23,841
西 日 本 鉄 道	25	8,890	0	0	7	330	10	1,821	42	11,041
東 京 地 下 鉄	33	18,994	10	1,321	0	0	0	0	43	20,315
大手民鉄　計	716	297,859	466	139,693	286	155,234	269	151,331	1,737	744,117
札 幌 市	29	7,730	1	228	45	6,989	0	0	75	14,947
仙 台 市	13	5,571	0	0	0	0	0	0	13	5,571
東 京 都	37	11,097	0	0	0	0	0	0	37	11,097
横 浜 市	4	1,435	0	0	0	0	19	10,094	23	11,529
名 古 屋 市	42	10,755	2	267	0	0	0	0	44	11,022
大 阪 市	26	3,193	16	695	0	0	0	0	42	3,888
京 都 市	0	0	1	364	0	0	1	978	2	1,342
神 戸 市	4	1,526	0	0	0	0	1	2,626	5	4,152
福 岡 市	14	7,941	0	0	0	0	0	0	14	7,941
公 営　計	169	49,248	20	1,554	45	6,989	21	13,698	255	71,489
J R 北 海 道	84	22,502	6	101	0	0	0	0	90	22,603
J R 東 日 本	496	174,071	111	63,732	0	0	28	10,664	635	248,467
J R 東 海	157	54,119	15	6,295	0	0	0	0	172	60,414
J R 西 日 本	472	136,577	86	25,033	0	0	3	237	561	161,847
J R 四 国	89	24,102	1	6	0	0	0	0	90	24,108
J R 九 州	163	47,164	12	243	0	0	0	0	175	47,407
J R　計	1,461	458,535	231	95,410	0	0	31	10,901	1,723	564,846
総　計	2,346	805,642	717	236,657	331	162,223	321	175,930	3,715	1,380,452

1．「用地提供」の「地方公共団体」は、鉄道事業者が自社用地を地方公共団体に提供し（有償又は無償）、提供先の地方公共団体が自転車等駐車場の設置・運営等を行っているものである。「その他」は、鉄道事業者が自社用地を地方公共団体以外に提供し（有償又は無償）、提供先の団体等が自転車等駐車場の設置・運営等を行っているものである。

2．「自己経営等」の「自己経営」は、鉄道事業者が自社用地に自転車等駐車場を設置し、運営しているものである。「その他委託経営等」は、鉄道事業者の用地に関連会社等が自転車等駐車場を設置・運営しているもの又は、鉄道事業者が自社用地に自転車等駐車場を設置し、関連会社等に経営を委託しているものである。

3．箇所数については、一駅に複数の自転車等駐車場を設置している場合がある。

4．端数処理のため、合計欄の数字と内訳の集計が一致しない場合がある。

運転及び施設の状況

令和3年度末　鉄軌道駅における駅の段差解消への対応状況について

令和4年3月31日現在

事業者名	総駅数	平均利用者数が3千人/日以上の駅数 A	平均利用者数が3千人/日以上及び重点整備地区内の生活関連施設が位置づけられた平均利用者数が2千人/日以上3千人/日未満の駅数 B	移動等円滑化基準第4条及び第18条の2に適合している設備により段差が解消されている駅数 ※1	うち平均利用者数が3千人/日以上及び重点整備地区内の生活関連施設が位置づけられた平均利用者数が2千人/日以上3千人/日未満の駅数 C	平均利用者数が3千人/日以上及び重点整備地区内の生活関連施設が位置づけられた平均利用者数が2千人/日以上の駅に対する割合(%) (C/B)×100	改正前の移動等円滑化基準に適合している設備により段差が解消されている駅数 ※2	うち平均利用者数が3千人/日以上の駅数 D	平均利用者数が3千人/日以上の駅における割合(%) (D/A)×100
JR北海道	342	38	41	53	35	85.4%	53	33	86.8%
JR東日本	1,612	515	520	767	487	93.7%	769	485	94.2%
JR東海	403	101	101	146	98	97.0%	157	99	98.0%
JR西日本	1,172	346	354	508	332	93.8%	512	330	95.4%
JR四国	259	11	11	44	10	90.9%	45	10	90.9%
JR九州	566	97	102	216	96	94.1%	230	92	94.8%
JR旅客会社6社　小計	4,354	1,108	1,129	1,734	1,058	93.7%	1,766	1,049	94.7%
東武鉄道	201	124	127	145	125	98.4%	145	123	99.2%
西武鉄道	91	79	79	85	79	100.0%	85	79	100.0%
京成電鉄	65	58	58	59	58	100.0%	59	58	100.0%
京王電鉄	69	67	67	68	66	98.5%	69	67	100.0%
小田急電鉄	70	70	70	69	69	98.6%	69	69	98.6%
東急電鉄	87	85	85	86	84	98.8%	86	84	98.8%
京浜急行電鉄	72	72	72	72	72	100.0%	72	72	100.0%
相模鉄道	26	25	25	25	24	100.0%	26	25	100.0%
名古屋鉄道	272	134	136	212	122	89.7%	212	120	89.6%
近畿日本鉄道	283	146	148	163	136	91.9%	163	134	91.8%
南海電気鉄道	100	58	60	62	55	91.7%	65	60	100.0%
京阪電気鉄道	88	61	64	66	61	95.3%	66	60	98.4%
阪急電鉄	87	87	87	81	81	93.1%	81	81	93.1%
阪神電気鉄道	49	46	46	46	46	100.0%	46	46	100.0%
西日本鉄道	72	28	28	35	27	96.4%	35	27	96.4%
大手民鉄15社　小計	1,632	1,140	1,152	1,274	1,105	95.9%	1,279	1,101	96.6%
札幌市交通局	46	46	46	43	43	93.5%	43	43	93.5%
仙台市交通局	29	29	29	29	29	100.0%	29	29	100.0%
東京都交通局	94	94	94	87	87	92.6%	89	89	94.7%
東京地下鉄	139	139	139	139	139	100.0%	139	139	100.0%
横浜市交通局	40	40	40	40	40	100.0%	40	40	100.0%
名古屋市交通局	85	85	85	82	82	96.5%	85	85	100.0%
京都市交通局	31	31	31	31	31	100.0%	31	31	100.0%
大阪市高速電気軌道	100	100	100	99	96	96.0%	100	100	100.0%
神戸市交通局	26	25	25	19	18	72.0%	20	19	76.0%
福岡市交通局	35	34	34	34	34	100.0%	35	34	100.0%
地下鉄10社局　小計	625	623	623	601	599	96.1%	611	609	97.8%
JR、大手民鉄、地下鉄　小計	6,611	2,871	2,904	3,609	2,762	95.1%	3,656	2,759	96.1%
中小民鉄、路面電車等　小計	2,768	427	444	1,125	373	84.0%	1,184	389	91.1%
鉄軌道全体　合計	9,379	3,298	3,348	4,734	3,135	93.6%	4,840	3,148	95.5%
(参考) 令和2年度末の数値	9,411	3,251	3,301	—	—	—	4,744	3,090	95.0%

※1.　「移動等円滑化基準第4条及び第18条の2に適合している設備により段差が解消されている駅」とは※2「改正前の移動等円滑化基準に適合している設備」により段差が解消されている駅」のうち、自社内での乗継経路に関する段差解消が主たる経路とバリアフリールートの経路の長さの差ができる限り小さくされている等の基準に適合している駅をいう。

※2.　「改正前の移動等円滑化基準に適合している設備」により、乗降場ごとに、段差が解消された経路を1駅に確保している駅をいう。

注)1.　新幹線が乗り入れている在来線の駅において、在来線の駅を事業者が管理する場合は当該在来線の駅、新幹線の駅を事業者が管理する場合は新幹線の駅をもって計上している。新幹線の駅と在来線の駅を別々の事業者が管理する場合には、別駅として計上している。

注)2.　2以上の事業者の路線が乗り入れている駅であって、事業者間の連絡改札口が設けられておらず、改札内で相互乗換えができる場合は、全ての事業者の駅を含めて全体で1駅としている。この場合、代表して1事業者に当該駅を計上する。

令和3年度末　鉄軌道駅における転落防止設備および視覚障害者用誘導ブロック設置状況について

令和4年3月31日現在

事業者名	総駅数	平均利用者数が3千人/日以上の駅数 A	移動等円滑化基準第20条第1項第6号から第8号に適合している転落防止のための設備を設置している駅数 B	改正前の移動等円滑化基準第20条第1項第6号から第8号に適合している転落防止設備を設置している駅で平成18年12月に施行された移動等円滑化基準への適合状況			移動等円滑化基準第9条に適合しているブロックを設置している駅数			改正前の移動等円滑化基準第9条に適合しているブロックを設置している駅で平成18年12月に施行された移動等円滑化基準への適合状況		
				うち平均利用者数が3千人/日以上の駅数	C	(C/A)×100		うち平均利用者数3千人/日以上の駅数 D	(D/A)×100		うち平均利用者数が3千人/日以上の駅数 F	(F/A)×100
JR北海道	342	38	41	112	40	97.6%	113	37	97.4%	63	39	95.1%	64	36	94.7%
JR東日本	1,612	515	520	964	511	98.3%	1,322	512	99.4%	287	189	36.3%	1,160	511	99.2%
JR東海	403	101	101	167	99	98.0%	403	101	100.0%	51	24	23.8%	403	101	100.0%
JR西日本	1,172	346	354	587	303	85.6%	691	335	96.8%	148	193	54.5%	693	344	99.4%
JR四国	259	11	11	34	9	81.8%	195	11	100.0%	27	3	27.3%	146	11	100.0%
JR九州	566	97	102	148	49	48.0%	367	96	99.0%	81	85	83.3%	209	90	92.8%
JR旅客会社6社　小計	4,354	1,108	1,129	2,012	1,011	89.5%	3,091	1,092	98.6%	1,027	533	47.2%	2,675	1,093	98.8%
東武鉄道	201	124	127	104	86	67.7%	201	124	100.0%	84	49	30.4%	182	124	100.0%
西武鉄道	91	79	79	81	73	92.4%	91	79	100.0%	32	26	32.9%	91	79	100.0%
京成電鉄	65	58	58	65	58	100.0%	65	58	100.0%	60	54	93.1%	65	58	100.0%
京王電鉄	69	67	67	69	67	100.0%	69	67	100.0%	48	47	70.1%	69	67	100.0%
小田急電鉄	70	70	70	38	38	54.3%	70	70	100.0%	42	40	57.1%	70	70	100.0%
東急電鉄	87	85	85	75	74	87.1%	87	85	100.0%	23	23	27.1%	87	85	100.0%
京浜急行電鉄	72	72	72	31	31	43.1%	72	72	100.0%	15	15	20.8%	72	72	100.0%
相模鉄道	26	25	25	24	24	96.0%	26	25	100.0%	13	12	48.0%	26	25	100.0%
名古屋鉄道	272	134	136	148	104	76.5%	272	134	100.0%	70	51.5%	231	127	94.8%
近畿日本鉄道	283	146	148	113	89	60.1%	283	146	100.0%	11	10	6.8%	174	140	95.9%
南海電気鉄道	100	58	60	43	38	63.3%	99	57	38.3%	16	16	16.0%	100	58	100.0%
京阪電気鉄道	88	61	64	36	33	51.6%	88	61	100.0%	11	11	18.0%	88	61	100.0%
阪急電鉄	87	85	87	26	25	28.7%	87	85	100.0%	13	13	28.3%	49	46	100.0%
阪神電気鉄道	49	46	46	15	15	32.6%	49	46	100.0%	11	11	50.0%	40	26	92.5%
西日本鉄道	72	28	28	55	25	89.3%	72	28	100.0%	21	14	50.0%	40	26	92.5%
大手民鉄15社　小計	1,632	1,140	1,152	970	828	71.9%	1,631	1,139	98.9%	485	418	38.3%	1,398	1,121	98.3%
札幌市交通局	46	46	46	46	46	100.0%	46	46	100.0%	11	11		46	46	100.0%
仙台市交通局	29	29	29	29	29	100.0%	29	29	100.0%	12	12	41.4%	29	29	100.0%
東京都交通局	94	94	94	91	91	96.8%	94	94	100.0%	8	8	8.5%	94	94	100.0%
横浜市交通局	139	139	139	139	139	100.0%	139	139	100.0%	72	51.8%	139	139	100.0%
名古屋市交通局	85	85	85	69	69	81.2%	85	85	100.0%	20	20	23.5%	85	85	100.0%
京都市交通局	31	31	31	19	19	61.3%	31	31	100.0%	6	6	20.0%	31	31	100.0%
大阪市高速電気軌道	100	100	100	56	56	56.0%	100	100	100.0%	14	14	14.0%	100	100	100.0%
神戸市交通局	26	25	25	9	9	36.0%	26	25	100.0%	9	9	36.0%	26	25	100.0%
福岡市交通局	35	34	34	35	34	100.0%	35	34	100.0%				35	34	100.0%
地下鉄10社局　小計	625	623	623	533	532	85.4%	625	623	100.0%	207	206	33.1%	625	623	100.0%
JR、大手民鉄、地下鉄　小計	6,611	2,871	2,904	3,515	2,371	81.6%	5,347	2,854	99.4%	1,719	1,157	39.8%	4,698	2,837	98.8%
中小民鉄、路面電車等　小計	2,768	427	444	964	347	78.2%	1,473	403	94.9%	785	238	52.3%	1,150	359	84.1%
合計	9,379	3,298	3,348	4,479	2,718	81.2%	6,820	3,257	98.6%	2,504	1,393	41.6%	5,848	3,196	96.6%
(参考) 令和2年度末の数値	9,411	3,251	3,301				6,970	3,214	98.8%				5,308	3,158	97.1%

※1　「移動等円滑化基準第20条第1項第6号から第8号に適合している転落防止設備の設置数」とは、※2「改正前の移動等円滑化基準第20条に適合している転落防止のための設備を設置している駅」のうち、点状ブロックがJIS T9251に適合した内方線付き点状ブロックである駅をいう。

※2　「改正前の移動等円滑化基準に適合している転落防止のための設備を設置している駅」とは、ホームドア、点状ブロックその他視覚障害者の転落を防止するための設備、線路側の壁の端部には、旅客の転落を防止するための棚を設けている駅をいう。

※3　「移動等円滑化基準第9条に適合しているブロックを設置している駅」とは、※4「改正前の移動等円滑化基準第9条に適合しているブロックを設置している駅」のうち、視覚障害者誘導用ブロックがJIS T9251に適合している駅をいう。

※4　「改正前の移動等円滑化基準第9条に適合しているブロックを設置している駅」とは、公共用通路と車両等の乗降口との間の経路や、便所の出入口との経路等において視覚障害者誘導用ブロックを設けている駅をいう。

注1)　新幹線が乗り入れる駅の数で、在来線の駅を併設する事業者を除く新幹線の駅も含めて1駅として計上している。新幹線の駅と在来線の駅を別々の事業者が管理する場合は、別駅として計上している。

注2)　2以上の事業者の路線が乗り入れる駅について、事業者間の乗換えが改札口が分けられておらず、改札内で相互乗換えができる場合は、全ての事業者の駅を含めて全体で1駅として計上している。この場合、代表して1事業者に当駅数を計上している。

運転及び施設の状況

令和3年度末　鉄軌道駅における障害者対応型トイレ設置状況について

令和4年3月31日現在

事業者名	総駅数	平均利用者数が3千人/日以上の駅数	平均利用者数が3千人/日以上でトイレの設置がある駅数	トイレを設置している駅数	うち平均利用者数が3千人/日以上の駅数 A	うち移動等円滑化基準第13条から第15条に適合したトイレを設置している駅数 B	移動等円滑化基準第13条から第15条に適合したトイレを設置している駅数	うち平均利用者数が3千人/日以上の駅数 C	(C)/(B)×100	改正前の移動等円滑化基準に適合しているトイレを設置している駅数	うち平均利用者数が3千人/日以上の駅数 D	(D/A)×100
JR北海道	342	38	41	214	38	41	46	36	87.8%	46	33	86.8%
JR東日本	1,612	515	520	1,172	501	506	665	482	95.3%	665	477	95.2%
JR東海	403	101	101	235	100	100	110	96	96.0%	110	96	96.0%
JR西日本	1,172	346	354	670	306	313	323	287	91.7%	320	283	92.5%
JR四国	259	11	11	163	11	11	34	11	100.0%	34	11	100.0%
JR九州	566	97	102	320	94	99	109	71	71.7%	109	68	72.3%
JR旅客会社6社　小計	4,354	1,108	1,129	2,774	1,050	1,070	1,287	983	91.9%	1,284	968	92.2%
東武鉄道	201	124	127	197	123	126	140	124	98.4%	140	124	99.2%
西武鉄道	91	79	79	89	79	79	77	74	93.7%	77	74	93.7%
京成電鉄	65	58	58	65	58	58	58	58	100.0%	60	58	100.0%
京王電鉄	69	67	67	66	66	66	66	66	100.0%	68	66	100.0%
小田急電鉄	70	70	70	70	70	70	70	70	100.0%	70	70	100.0%
東急電鉄	87	85	85	83	82	82	83	82	100.0%	83	82	100.0%
京浜急行電鉄	72	72	72	72	72	72	72	70	97.2%	70	70	97.2%
相模鉄道	26	25	25	26	25	25	26	25	100.0%	26	25	100.0%
名古屋鉄道	272	134	136	154	111	112	96	93	83.0%	96	92	82.9%
近畿日本鉄道	283	146	148	250	146	148	147	137	92.6%	147	135	92.5%
南海電気鉄道	100	58	60	99	58	60	65	55	98.3%	65	57	98.3%
京阪電気鉄道	88	61	61	70	60	62	53	52	83.9%	53	50	83.3%
阪急電鉄	87	87	87	87	87	87	72	72	82.8%	72	72	82.8%
阪神電気鉄道	49	46	46	47	46	46	46	46	100.0%	46	46	100.0%
西日本鉄道	72	28	28	72	28	28	27	20	71.4%	27	20	71.4%
大手民鉄15社　小計	1,632	1,140	1,152	1,449	1,111	1,121	1,100	1,048	93.5%	1,100	1,039	93.5%
札幌市交通局	46	46	46	46	46	46	46	46	100.0%	46	46	100.0%
仙台市交通局	29	29	29	29	29	29	29	29	100.0%	29	29	100.0%
東京都交通局	94	94	94	94	94	94	94	94	100.0%	94	94	100.0%
東京地下鉄	139	139	139	139	139	139	139	139	100.0%	139	139	100.0%
横浜市交通局	40	40	40	40	40	40	30	30	75.0%	30	30	75.0%
名古屋市交通局	85	85	85	85	85	85	85	85	100.0%	85	85	100.0%
京都市交通局	31	31	31	31	31	31	24	24	77.4%	24	24	77.4%
大阪市高速電気軌道	100	100	100	100	100	100	100	100	100.0%	100	100	100.0%
神戸市交通局	26	25	25	26	25	25	26	25	100.0%	26	25	100.0%
福岡市交通局	35	34	34	35	34	34	35	34	100.0%	35	34	100.0%
地下鉄10社局　小計	625	623	623	625	623	623	608	606	97.3%	608	606	97.3%
JR、大手民鉄、地下鉄　合計	6,611	2,871	2,904	4,848	2,784	2,814	2,995	2,637	93.7%	2,992	2,613	93.9%
中小民鉄、路面電車等　小計	2,768	427	444	1,442	342	347	508	269	77.5%	510	267	78.1%
鉄軌道全体　合計	9,379	3,298	3,348	6,290	3,126	3,161	3,503	2,906	91.9%	3,502	2,880	92.1%
(参考)令和2年度末の数値	9,411	3,251	3,301	6,338	3,074	3,113	—	—	—	3,456	2,832	92.1%

※1.「移動等円滑化基準第13条から第15条に適合しているトイレ」とは、便所の構造を音や点字等で示す設備や、男子用小便器に手すり等を設けており、車椅子使用者が円滑に利用できる構造の便房及び高齢者、障害者等が円滑に利用することができる構造の水洗器具を設けた便房がそれぞれ又は同一の便房として1以上を設けている便所をいう。

※2.「改正前の移動等円滑化基準に適合しているトイレ」とは、便所の構造を音や点字等で示す設備や、男子用小便器に手すり等を設けており、高齢者や障害者等の円滑な利用に適した、構造の便房を設けている便所をいう。

注1.　新幹線が乗り入れている在来線の駅において、在来線の駅を管理する事業者が新幹線の駅も管理する場合は、当該在来線駅に新幹線の駅も含み全体で1駅として計上している。新幹線の駅と在来線の駅を別々の事業者が管理する場合は、別駅として計上している。

注2.　2以上の事業者の路線が乗り入れている駅であって、事業者間の乗換改札口が設けられておらず、改札内で相互乗換えができる場合は、全ての事業者の駅を1駅として計上している。この場合、代表して1事業者に当該駅を計上している。

令和3年度末　鉄軌道駅における案内設備、障害者対応型券売機および拡幅改札口の設置状況について

令和4年3月31日現在

事業者名	総駅数	平均利用者数が3千人/日以上の駅数 A	平均利用者数が3千人/日以上の駅数	移動等円滑化基準第1号から第9号までに適合している案内設備を設置している駅数 ※1			改正前の移動等円滑化基準第17号に適合している案内設備を設置している駅数（平成18年12月に施行された移動等円滑化基準への適合状況）※2			移動等円滑化基準第17号に適合している障害者対応型券売機を設置している駅数 ※3			移動等円滑化基準第1号に適合している拡幅改札口を設置している駅数 ※4		
				駅数	うち利用者数が3千人/日以上の駅数 B	割合(%) (C)/A×100	駅数	うち利用者数が3千人/日以上の駅数 D	割合(%) (D)/A×100	駅数	うち利用者数が3千人/日以上の駅数	割合(%)	駅数	うち利用者数が3千人/日以上の駅数	割合(%)
JR北海道	342	38	41	50	36	87.8%	50	34	89.5%	53	40	97.6%	119	40	97.6%
JR東日本	1,612	515	520	359	342	65.8%	429	399	77.5%	830	513	98.7%	1,552	520	100.0%
JR東海	403	101	101	106	97	96.0%	106	97	96.0%	149	101	100.0%	197	101	100.0%
JR西日本	1,172	346	354	277	262	74.0%	309	280	80.9%	414	286	80.8%	749	352	99.4%
JR四国	259	11	11	11	9	81.8%	11	9	81.8%	103	11	100.0%	111	11	100.0%
JR九州	566	97	102	107	62	60.1%	107	58	59.8%	202	101	99.5%	215	89	87.3%
JR旅客会社6社　小計	4,354	1,108	1,129	910	808	71.6%	1,012	877	79.2%	1,751	1,052	93.2%	2,943	1,113	98.6%
東武鉄道	201	124	127	110	107	84.3%	110	106	85.5%	172	126	99.2%	201	127	100.0%
西武鉄道	91	79	79	77	76	96.2%	77	76	96.2%	91	79	100.0%	91	79	100.0%
京成電鉄	65	58	58	65	58	100.0%	65	58	100.0%	59	57	98.3%	65	58	100.0%
京王電鉄	69	67	67	69	67	100.0%	69	67	100.0%	69	67	100.0%	69	67	100.0%
小田急電鉄	70	70	70	70	70	100.0%	70	70	100.0%	67	67	95.7%	70	70	100.0%
東急電鉄	87	85	85	69	67	78.8%	69	67	78.8%	87	85	100.0%	87	85	100.0%
京浜急行電鉄	72	72	72	72	72	100.0%	72	72	100.0%	72	72	100.0%	72	72	100.0%
相模鉄道	26	25	25	26	25	100.0%	26	25	100.0%	26	25	100.0%	26	25	100.0%
名古屋鉄道	272	134	136	115	103	75.7%	115	101	75.4%	259	135	99.3%	259	135	99.3%
近畿日本鉄道	283	146	148	67	64	43.2%	67	63	43.2%	253	148	100.0%	265	148	100.0%
南海電気鉄道	100	56	60	60	56	93.1%	60	54	93.1%	72	55	91.7%	99	60	100.0%
京阪電気鉄道	49	46	46	46	46	100.0%	46	46	100.0%	47	46	100.0%	45	46	100.0%
阪急電鉄	88	61	64	61	59	97.3%	61	57	93.4%	67	63	98.4%	88	64	98.4%
阪神電気鉄道	87	87	87	87	85	97.7%	87	85	97.7%	87	87	100.0%	87	87	100.0%
西日本鉄道	72	28	28	6	6	21.4%	6	6	21.4%	28	28	100.0%	67	28	100.0%
大手民鉄15社　小計	1,632	1,140	1,152	988	961	83.4%	898	953	83.6%	1,497	1,144	99.3%	1,577	1,150	99.8%
札幌市交通局	46	46	46	46	46	100.0%	46	46	100.0%	46	46	100.0%	46	46	100.0%
仙台市交通局	29	29	29	29	29	100.0%	29	29	100.0%	68	68	72.3%	94	94	100.0%
東京都交通局	139	139	139	139	139	100.0%	139	139	100.0%	107	107	100.0%	139	139	100.0%
横浜市交通局	40	40	40	27	27	67.5%	27	27	67.5%	24	24	60.0%	40	40	100.0%
名古屋市交通局	85	85	85	85	85	100.0%	85	85	100.0%	85	85	100.0%	85	85	100.0%
神戸市交通局	31	31	31	31	31	100.0%	31	31	100.0%	31	31	100.0%	31	31	100.0%
大阪高速電気軌道	100	100	100	43	43	43.0%	43	43	43.0%	100	100	100.0%	100	100	100.0%
神戸新交通	26	26	26	26	26	100.0%	26	26	100.0%	26	26	100.0%	26	26	100.0%
福岡市交通局	35	34	35	35	34	100.0%	35	34	100.0%	35	34	100.0%	35	34	100.0%
地下鉄10社局　小計	625	623	623	555	553	88.8%	555	553	88.8%	551	549	88.1%	625	623	100.0%
JR、大手民鉄、地下鉄　小計	6,611	2,871	2,904	2,463	2,322	80.0%	2,565	2,383	80.3%	3,799	2,745	94.5%	5,145	2,886	99.4%
中小民鉄、路面電車等　小計	2,768	427	444	409	247	55.6%	466	266	62.3%	662	324	73.0%	984	366	82.4%
鉄軌道全体　合計	9,379	3,298	3,348	2,872	2,569	76.7%	3,031	2,649	80.3%	4,461	3,069	91.5%	6,129	3,252	97.1%
（参考）令和2年度末の数値	9,411	3,251	3,301	—	—	—	3,118	2,624	80.7%	4,467	—	—	6,010	—	—

※1.「移動等円滑化基準第1号から第9号までに適合している案内設備を設置している駅」とは、第1号に定める案内板等の視覚的情報を提供する設備及び第2号に定める移動等円滑化された経路を表示した駅構内図等の設備が先及び視覚障害者が先及び視覚障害者に対する案内設備を設置している場合にもその情報を文字等により表示する設備及び拡声装置、音声誘導装置等の設備による情報を音声により提供する駅をいう。

※2.「改正前の移動等円滑化基準に適合している案内設備を設置している駅」とは、運行情報を提供する設備、エレベーター等をはじめとした移動等円滑化のための主要な設備の案内設備を設置している駅をいう。

※3.「移動等円滑化基準第17号に適合している障害者対応型券売機を設置している駅」とは、高齢者や障害者等の円滑な利用に適した構造の券売機等を設けている駅をいう。

※4.「移動等円滑化基準第1号に適合している拡幅改札口を設置している駅」とは、改札口のうち有効幅が80cm以上のものを設置している駅をいう。

注1.新幹線が乗り入れている在来線の駅について、在来線の駅を管理する事業者が新幹線の駅も併せて管理する場合は、当該在来線の駅に新幹線の駅も含み全体で1駅として計上している。新幹線の駅と在来線の駅を別々の事業者が管理する場合は、別々に1駅としている。

注2.2以上の事業者の路線が乗り入れる駅であって、事業者間の乗換改札口が設けられておらず、改札内で相互乗換えができる場合は、全ての事業者の駅を合わせて全体で1駅として計上している。この場合、代表して1事業者に当該駅を計上している。

令和３年度末　鉄軌道駅におけるホームドアの整備状況について

令和4年3月31日現在

事業者名	総駅数	ホームドア整備駅数	1日当たりの平均利用者数が10万人以上の駅数	1日当たりの平均利用者数が10万人以上の駅のホームドア整備駅数	総番線数	ホームドア整備番線数	1日当たりの平均利用者数が10万人以上の駅の番線数	1日当たりの平均利用者数が10万人以上の駅のホームドア整備番線数
JR北海道	342	3	1	0	728	6	10	0
JR東日本	1,612	95	64	36	3,607	216	370	88
JR東海	403	8	2	2	878	32	20	6
JR西日本	1,172	22	10	9	2,553	56	80	27
JR四国	259	0	0	0	479	0	0	0
JR九州	566	18	1	0	1,185	46	8	0
JR旅客会社6社　小計	4,354	146	78	47	9,430	356	488	121
東武鉄道	201	10	7	5	489	35	31	19
西武鉄道	91	6	4	4	236	22	18	15
京成電鉄	65	3	1	0	165	12	4	0
京王電鉄	69	8	3	3	172	24	14	11
小田急電鉄	70	8	7	3	193	24	33	12
東急電鉄	87	66	14	13	223	171	57	48
京浜急行電鉄	72	9	4	3	173	27	16	10
相模鉄道	26	12	1	1	68	34	6	6
名古屋鉄道	272	2	2	0	607	3	8	0
近畿日本鉄道	283	1	3	1	723	2	17	2
南海電気鉄道	100	1	1	0	264	1	16	1
京阪電気鉄道	88	1	1	1	208	2	4	2
阪急電鉄	87	2	1	0	243	7	18	0
阪神電気鉄道	49	2	1	1	138	5	7	1
西日本鉄道	72	1	0	0	167	2	0	0
大手民鉄15社　小計	1,632	132	50	36	4,069	371	249	127
札幌市交通局	46	46	2	2	99	99	10	10
仙台市交通局	29	29	1	1	60	60	4	4
東京都交通局	94	80	5	5	210	182	20	20
東京地下鉄	139	114	24	23	358	298	95	87
横浜市交通局	40	40	1	1	88	88	2	2
名古屋市交通局	85	71	3	3	198	158	12	12
京都市交通局	31	19	0	0	68	42	0	0
大阪市高速電気軌道	100	62	8	8	254	136	29	21
神戸市交通局	26	5	0	0	63	12	0	0
福岡市交通局	35	35	1	1	75	75	2	2
地下鉄10社局　小計	625	501	45	44	1,473	1,150	174	158
JR、大手民鉄、地下鉄　小計	6,611	779	173	127	14,972	1,877	911	406
中小民鉄、路面電車等　小計	2,768	223	0	0	4,869	460	0	0
鉄軌道全体　合計	9,379	1,002	173	127	19,841	2,337	911	406
(参考)令和２年度末の数値	9,411	943	154	103	19,922	2,192	851	334

注）1. 新幹線が乗り入れている在来線の駅であって、在来線の駅を管理する事業者が新幹線の駅も管理する場合、当該在来線の駅に新幹線の駅も含み、全体で1駅として計上している。新幹線の駅と在来線の駅を別々の事業者が管理する場合は、別駅として計上している。

注）2. 2以上の事業者の路線が乗り入れる駅であって、事業者間の乗換改札口が設けられておらず、改札内で相互乗換えができる場合は、全ての事業者の駅を含めて全体で1駅として計上している。この場合、代表して1事業者に当該駅を計上している。

令和3年度末 鉄軌道車両のバリアフリー化設備整備状況

令和4年3月31日現在

	事業の用に供しているもの		公共交通移動等円滑化基準に適合したもの※1 (令和2年4月施行の基準への適合状況)		改正前の公共交通移動等円滑化基準に適合したもの (令和2年4月以前の旧基準への適合状況)		車椅子スペースの数が公共交通移動等円滑化基準を満たしている編成数※2	便所のある編成のうち車いす対応型便所のある編成数※3	案内装置のある編成数※3	車両間転落防止設備のある編成数※4
	編成数	車両数	編成数	車両数	編成数	車両数	編成数	編成数		
JR旅客会社 6社	5,416	24,818	1,818	10,188	3,455	20,298	2,685	3,093 (4,486)	3,523	4,343
編成総数又は車両総数に対する割合			33.6%	41.1%	63.8%	81.8%	49.6%	68.9%	65.0%	80.2%
大手民鉄 15社	2,789	14,530	1,540	9,418	1,817	10,786	2,053	177 (344)	1,803	2,674
編成総数又は車両総数に対する割合			55.2%	64.8%	65.1%	74.2%	73.6%	51.5%	64.6%	95.9%
公営・東京地下鉄・大阪市高速電気軌道	1,217	7,735	906	6,113	1,076	7,084	1,130	0 (0)	1,019	1,181
編成総数又は車両総数に対する割合			74.4%	79.0%	88.4%	91.6%	92.9%	0.0%	83.7%	97.0%
JR・大手民鉄・公営・東京地下鉄・大阪市高速電気軌道 小計	9,422	47,083	4,264	25,719	6,348	38,168	5,868	3,270 (4,830)	6,345	8,198
編成総数又は車両総数に対する割合			45.3%	54.6%	67.4%	81.1%	62.3%	67.7%	67.3%	87.0%
中小民鉄	2,228	5,452	833	2,570	904	2,826	1,317	196 (339)	1,454	914
編成総数又は車両総数に対する割合			37.4%	47.1%	40.6%	51.8%	59.1%	57.8%	65.3%	41.0%
総合計	11,650	52,535	5,097	28,281	7,252	40,994	7,185	3,466 (5,169)	7,799	9,112
編成総数又は車両総数に対する割合			43.8%	53.8%	62.2%	78.0%	61.7%	67.1%	66.9%	78.2%
(参考)令和2年度末の数値 総合計	11,691	52,645	4553	25601	7,121	40,027	6,952	3,388 (5,182)	7,290	8,999
編成総数又は車両総数に対する割合			38.9%	48.6%	60.9%	76.0%	59.5%	65.4%	62.4%	77.0%

※1.「公共交通移動等円滑化基準に適合したもの」とは、車椅子スペースや案内装置を設ける等、公共交通移動等
　　円滑化基準のすべてに適合している編成数、車両数をいう。

※2.車椅子対応便所のある編成数の（　）内の数字は便所のある編成数を、編成総数に対する割合は便所のある
　　編成数に対する割合を示す。

※3.「案内装置のある編成数」とは、次に停車する駅や当該車両の運行に関する情報を文字及び音声による提供
　　するための設備を設けている編成数をいう。

※4.「車両間転落防止策のある編成数」とは、車両の連結部に転落防止用ほろ等の設備を設けている編成数をいう。

令和3年度末　車椅子使用者が単独乗降しやすいホームと車両の段差・隙間の縮小に向けた整備状況について

○ホームと車両の段差・隙間の目安値の設定
　車椅子使用者が単独乗降しやすい環境を整備するため、関係者団体、学識経験者、鉄道事業者等から構成される検討会[1]を設置し、車椅子使用者の単独乗降と列車走行の安全確保を両立するホームと車両乗降口の段差・隙間の目安値の検討を行った。
　検討会において、様々なタイプの車椅子を利用する車椅子使用者による実証試験を行った結果、約9割の方が単独乗降が可能であった段差3cm・隙間7cmの組み合わせを目安値とした。
　この目安値の段差3cm・隙間7cmは、列車走行の安全を確保するため、基本的に、車両の揺れや軌道の変位等の影響が少ないコンクリート軌道かつ直線部を含むホームの駅において満たすこととした。(令和元年8月とりまとめ)
　　※1　令和元年8月「鉄道駅におけるプラットホームと車両乗降口の段差・隙間に関する検討会」とりまとめ
　　　　　(https://www.mlit.go.jp/tetudo/tetudo_fr7_000029.html)

○令和3年度末現在における、ホームと車両の段差・隙間を縮小し目安値を満たすホームを有する駅数は以下のとおり。
　この駅数には、コンクリート軌道かつ直線部を含むホームを有する駅[2]のほか、バラスト軌道あるいは曲線ホームであっても、比較的軌道変位の少ない軌道構造や緩い曲線部のホームであるため、目安値を満たすホームを有する駅を含む。
　　※2　技術的な課題があるため当面は縮小が叶わない駅(駅入口からホームまでのバリアフリー化が進んでいない駅や、床面高さの異なる複数の車両が乗り入れているためホーム高さの決定に時間を要する駅)は除く。

事業者名	ホームと車両の段差・隙間を縮小している駅数[3]	
		うち平均利用者数が3千人/日以上及び重点整備地区内の生活関連施設に位置づけられた平均利用者数が2千人/日以上3千人/日未満の駅数
JR東日本	66	65
JR東海	1	1
JR西日本	2	1
JR旅客会社　　小計	69	67
東武鉄道	3	3
西武鉄道	7	7
京成電鉄	4	4
京王電鉄	11	11
小田急電鉄	4	4
東急電鉄	54	54
相模鉄道	6	6
名古屋鉄道	63	54
南海電気鉄道	2	2
京阪電気鉄道	26	6
大手民鉄　　小計	180	151
仙台市交通局	13	13
東京都交通局	67	67
東京地下鉄	65	65
横浜市交通局	11	11
名古屋市交通局	15	15
京都市交通局	31	31
大阪市高速電気軌道	55	55
神戸市交通局	1	1
福岡市交通局	16	15
地下鉄　　小計	274	273
JR、大手民鉄、地下鉄　小計	523	491
中小民鉄、路面電車等　小計	408	137
鉄軌道全体　合計	931	628
(参考値)		
段差・隙間の縮小が可能な駅	1,646	1,165
全ての駅数	9,379	3,345
(参考)令和2年度末の数値	658	519

※3　「ホームと車両の段差・隙間を縮小している駅数」とは、一列車またはホーム一面の中でも、ホームと車両の間の段差・隙間が段差3cm・隙間7cmを満たす箇所がある番線(のりば)数を一面でも有する駅数をいう。
注1)　新幹線駅や、在来線の駅であって、在来線の駅を管理する事業者が新幹線の駅も管理する場合の、当該在来線の駅に新幹線駅を有する全体で1駅として計上している。新幹線の駅と在来線の駅を別々の事業者が管理する場合は、別駅として計上している。
注2)　2以上の事業者の路線が乗り入れる駅であって、事業者間の乗換改札口が設けられておらず、改札内で相互乗換えができる場合は、全ての事業者を含めて全体で1駅として計上している。この場合、代表して1事業者に当該駅を計上している。

連続立体交差化工事中区間一覧

JR及び民鉄の連続立体交差化工事中の区間は次のとおりである。

(令和5年3月31日現在)

事業者名	線　名	区　間	工事延長 (km)	備考
JR北海道	札　沼　線	百合が原～拓　　北	2.1	高架化
JR東日本	越　後　線	白　　山～新　潟	2.5	高架化
JR東日本	信越・白新線	新　　潟～上沼垂		高架化
JR東日本	中　央　線	三　　鷹～立　川	13.1	地下化
JR東日本	赤　羽　線	板　　橋～赤　羽	1.5	高架化
JR東　海	武　豊　線	乙　　川～東成岩	2.6	高架化
JR西日本	高　山　線	西　富　山～富　山	0.7	高架化
JR西日本	山　陽　線	安芸中野～広　　島	7.6	高架化
JR西日本	呉　　　線	矢　　野～海田市		高架化
JR西日本	関　西　線	奈　　良～郡　山	1.9	高架化
JR西日本	東海道線	新　大　阪～福　島	2.3	地下化
JR四　国	予　讃　線	三　津　浜～市　坪	2.4	高架化
JR九　州	鹿児島線	陣　　原～水　巻	4.5	高架化
JR九　州	筑　豊　線	本　　城～東水巻		高架化
JR九　州	長　崎　線	西　浦　上～長　崎	2.4	高架化

（令和 5 年 3 月 31 日現在）

事業者名	線　名	区　間	工事延長（km）	備考
東　武　鉄　道	伊　勢　崎　線	西　新　井　～　谷　塚	1.7	高架化
東　武　鉄　道	伊　勢　崎　線	曳　　舟　～　とうきょうスカイツリー	0.9	高架化
東　武　鉄　道	伊　勢　崎　線	一　ノ　割　～　北　春　日　部	} 2.9	高架化
	野　田　線	八　木　崎　～　藤　の　牛　島		
東　武　鉄　道	野　田　線	清　水　公　園　～　梅　　郷	2.9	高架化
東　武　鉄　道	東　上　本　線	下　板　橋　～　中　板　橋	1.6	高架化
西　武　鉄　道	新　宿　線	中　井　～　野　方	2.4	地下化
西　武　鉄　道	新　宿　線	久　留　米　川　～　東　村　山	} 4.5	高架化
	国　分　寺　線	東　村　山　～　小　川		
	西　武　園　線	東　村　山　～　西　武　園		
京　王　電　鉄	京　王　線	笹　　塚　～　仙　川	7.2	高架化
京　成　電　鉄	押　上　線	四　ツ　木　～　青　砥	2.2	高架化
京浜急行電鉄	本　　線	泉　岳　寺　～　新　馬　場	1.7	高架化
京浜急行電鉄	大　師　線	川　崎　大　師　～　小　島　新　田	5.0	地下化
相　模　鉄　道	本　　線	西　横　浜　～　和　田　町	1.8	高架化
新　京　成　電　鉄	新　京　成　線	鎌ヶ谷大仏　～　くぬぎ山	3.3	高架化
名　古　屋　鉄　道	名　古　屋　本　線	一　ツ　木　～　牛　田	} 4.2	高架化
	三　河　線	三　河　八　橋　～　重　原		
名　古　屋　鉄　道	名　古　屋　本　線	岐　　南　～　名　鉄　岐　阜	2.9	高架化
名　古　屋　鉄　道	瀬　戸　線	小　　幡　～　大森・金城学院前	2.0	高架化
名　古　屋　鉄　道	三　河　線	三　河　八　橋　～　竹　村	} 2.2	高架化
名　古　屋　鉄　道	尾　西　線	二　　子　～　名　鉄　一　宮	1.8	高架化
近　畿　日　本　鉄　道	奈　良　線	八　戸　ノ　里　～　瓢　箪　山	3.3	高架化
南　海　電　気　鉄　道	南　海　本　線	浜　寺　公　園　～　北　助　松	3.1	高架化
	高　師　浜　線	羽　　衣　～　高　師　浜	1.0	
南　海　電　気　鉄　道	南　海　本　線	石　　津　～　羽　衣	2.7	高架化
阪　急　電　鉄	京　都　線	南　方　～　上　新　庄	} 7.1	高架化
	千　里　線	天神橋筋六丁目　～　吹　田		
阪　神　電　気　鉄　道	本　　線	住　　吉　～　芦　屋	4.0	高架化
京　阪　電　気　鉄　道	京　阪　本　線	寝　屋　川　市　～　枚　方　市	5.5	高架化
西　日　本　鉄　道	天神大牟田線	雑　餉　隈　～　都　府　楼　前	3.3	高架化
西　日　本　鉄　道	天神大牟田線	井　　尻　～　春　日　原	1.9	高架化
富　山　地　方　鉄　道	本　　線	電　鉄　富　山　～　稲　荷　町	1.0	高架化
あいの風とやま鉄道	あいの風とやま鉄道線	呉　　羽　～　東　富　山	1.8	高架化

トンネル

　鉄道におけるトンネルは総数 4,797 カ所で、その総延長は 3,922 kmである。(令和 4 年 3 月 31 日現在)

長大トンネルの例
JR

名　　　称	事業者名	線　名	駅　　間	延長(m)	完成年月
青　　　函	北 海 道	海峡線・北海道新幹線	津軽今別内～木古内	53,850	昭和 63. 3
八 甲 田	東 日 本	東北新幹線	七戸十和田～新青森	26,455	平成 23.12
岩 手 一 戸	東 日 本	東北新幹線	いわて沼宮内～二戸	25,808	14.12
飯　　　山	東 日 本	北陸新幹線	飯 山～上越妙高	22,251	27. 3
大 清 水	東 日 本	上越新幹線	上毛高原～越後湯沢	22,221	昭和 54. 9

民鉄(地下鉄を除く。)

名　　　称	事業者名	線　名	駅　　間	延長(m)	完成年月
頸　　　城	えちごトキめき鉄道	日本海ひすいライン	能 生～名 立	11,353	昭和 44. 4
赤　　　倉	北越急行	ほくほく線	魚沼丘陵～しんざ	10,472	平成 9. 3
鍋 立 山	北越急行	ほくほく線	まつだい～ほくほく大島	9,130	9. 3
北　　　神	神 戸 市	北 神 線	新神戸～谷 上	7,276	昭和 63. 4
真　　　崎	三陸鉄道	北リアス線	田 老～摂 待	6,532	50. 3

(注)鉄道統計年報、国土交通省鉄道局資料による。

橋りょう

　鉄道における橋りょうは総数 140,547 で、その総延長は 4,409 kmである。(令和 4 年 3 月 31 日現在)

長大橋梁の例(高架橋を除く。)
JR

名　　　称	事業者名	線　名	駅　　間	延長(m)	完成年月
第 1 北上川	東 日 本	東北新幹線	一ノ関～水沢江刺	3,868	昭和 51.11
南備讃瀬戸大橋	四 国	本四備讃線	児 島～宇多津	1,723	63. 3
北備讃瀬戸大橋	四 国	本四備讃線	児 島～宇多津	1,611	63. 3
下津井瀬戸大橋	四 国	本四備讃線	児 島～宇多津	1,477	63. 3
烏　　　川	東 日 本	上越新幹線	本庄早稲田～高 崎	1,380	56. 7

民鉄

名　　　称	事業者名	線　名	駅　　間	延長(m)	完成年月
関西国際空港連絡橋	関西国際空港	空港連絡線	りんくうタウン～関西空港	3,849	平成 4. 2
荒川・中川橋梁	東京地下鉄	東 西 線	南砂町～西葛西	1,236	昭和 43. 9
揖斐川橋梁	近畿日本鉄道	名 古 屋 線	桑 名～近鉄長島	987	34. 9
木曽川橋梁	〃	〃	近鉄長島～近鉄弥富	861	34. 9
千曲川村山橋梁	長野電鉄	長 野 線	村 山～柳 原	822	平成 21.10

(注)鉄道統計年報、国土交通省鉄道局資料による。

自動券売機の設置状況 （令和4年3月31日現在）

事業者区分	設置駅数(駅)	設置台数(台)
Ｊ　Ｒ　北　海　道	114	240
Ｊ　Ｒ　東　日　本	838	3,620
Ｊ　Ｒ　東　海	153	518
Ｊ　Ｒ　西　日　本	809	1,810
Ｊ　Ｒ　四　国	108	138
Ｊ　Ｒ　九　州	374	588
大　手　民　鉄	1,722	5,552
中　小　民　鉄	1,250	2,789
公　営	426	1,532
合　計	5,794	16,787

(注)鉄道統計年報による。

自動集改札機の設置状況 （令和4年3月31日現在）

事業者区分	設置駅数(駅)	設置台数(台)
Ｊ　Ｒ　北　海　道	66	429
Ｊ　Ｒ　東　日　本	877	4,977
Ｊ　Ｒ　東　海	169	921
Ｊ　Ｒ　西　日　本	662	3,854
Ｊ　Ｒ　四　国	21	85
Ｊ　Ｒ　九　州	297	1,367
大　手　民　鉄	1,709	10,617
中　小　民　鉄	777	3,700
公　営	408	2,907
合　計	4,986	28,857

(注)鉄道統計年報による。

踏切道数の推移

(単位:箇所)

年度 \ 項目	第 1 種	第 2 種	第 3 種	第 4 種	合 計
昭和 40	6,543(11)	320(1)	12,681(21)	41,764(68)	61,308
45	10,552(20)	72(0)	14,645(28)	27,961(53)	53,230
50	21,199(44)	37(0)	6,621(14)	20,451(42)	48,308
55	27,250(60)	20(0)	4,534(10)	13,949(30)	45,753
60	29,547(69)	0(0)	3,788(9)	9,268(22)	42,603
平成 2	30,562(77)	0(0)	2,410(6)	6,683(17)	39,655
7	30,994(81)	0(0)	1,812(5)	5,404(14)	38,210
12	30,786(84)	0(0)	1,360(4)	4,568(12)	36,714
21	29,930(88)	0(0)	907(3)	3,305(10)	34,142
22	29,967(88)	0(0)	861(3)	3,230(9)	34,058
23	29,988(88)	0(0)	841(2)	3,138(9)	33,967
24	29,860(88)	0(0)	816(2)	3,034(9)	33,710
25	29,880(88)	0(0)	794(2)	2,981(8)	33,655
26	29,836(89)	0(0)	775(2)	2,917(8)	33,528
27	29,811(89)	0(0)	757(2)	2,864(9)	33,432
28	29,800(89)	0(0)	737(2)	2,795(9)	33,332
29	29,801(90)	0(0)	723(2)	2,726(8)	33,250
30	29,748(90)	0(0)	698(2)	2,652(8)	33,098
令和元	29,717(90)	0(0)	684(2)	2,603(8)	33,004
2	29,567(90)	0(0)	639(2)	2,527(8)	32,733
3	29,473(91)	0(0)	612(2)	2,455(7)	32,540
4	29,442(91)	0(0)	592(2)	2,408(7)	32,442

(注) 1. ( )内は、構成比(%)を表す。
　　 2. 国土交通省鉄道局資料による。
第 1 種踏切道　昼夜を通じて踏切警手が遮断機を操作している踏切道または自動遮断機が
　　　　　　　 設置されている踏切道。
第 2 種踏切道　1日のうち一定時間だけ踏切警手が遮断機を操作している踏切道。
第 3 種踏切道　警報機が設置されている踏切道。
第 4 種踏切道　踏切警手もおらず、遮断機も警報機も設置されていない踏切道。

踏切道整備実績の推移

(単位:箇所)

年度＼項目	立体交差化	構 造 改 良	踏切保安設備
平成7	119 〔 53〕	242 〔134〕	162 〔 68〕
12	108 〔 24〕	280 〔138〕	96 〔 52〕
22	29 〔 21〕	325 〔138〕	79 〔 63〕
27	40 〔 18〕	230 〔174〕	40 〔 32〕
28	25 〔 12〕	245 〔168〕	47 〔 36〕
29	14 〔 7〕	211 〔139〕	23 〔 17〕
30	11 〔 10〕	238 〔153〕	39 〔 29〕
令和元	17 〔 6〕	316 〔248〕	32 〔 26〕
2	31 〔 2〕	269 〔212〕	31 〔 26〕
3	22 〔 5〕	245 〔200〕	31 〔 29〕
4	25 〔 6〕	243 〔189〕	17 〔 25〕

(注) 1. 〔 〕内は、JR の数値で内数である。
　　 2. 踏切保安設備は、踏切遮断機又は踏切警報機。
　　 3. 国土交通省鉄道局資料による。

踏切保安設備整備費補助実績の推移

年度＼項目	対象箇所数(箇所)	補助金額(千円)
平成7	52 〔 19〕	239,459 〔 54,153〕
12	60 〔 48〕	268,129 〔205,720〕
22	13 〔 6〕	85,038 〔 46,451〕
27	14 〔 2〕	80,374 〔 9,157〕
28	113 〔 1〕	122,065 〔 5,060〕
29	129 〔 1〕	156,491 〔 13,152〕
30	91 〔 3〕	168,301 〔 1,450〕
令和元	123 〔 2〕	144,527 〔 672〕
2	51 〔 3〕	66,885 〔 1,266〕
3	28 〔 5〕	66,723 〔 1,072〕
4	40 〔 4〕	153,198 〔 1,013〕

(注) 1. 〔 〕内は、JR の数値で内数である。
　　 2. 国土交通省鉄道局資料による。

閉そく等方式別営業キロ (令和4年3月31日現在)(単位:km)

分類	自動閉そく式	車内信号閉そく式	特殊自動運動及び連鎖閉そく式	タブレット閉そく式	票券閉そく式	スタフ閉そく式	列車間の間隔を確保する装置による方式	その他	合計
鉄道	16,900.7 [11,792.5]	248.3 [0.0]	5,563.9 [4,543.8]	72.5 [32.6]	38.8 [25.8]	206.4 [38.8]	3,994.4 [3,265.6]	14.0 [2.7]	27,038.6 [19,701.8]
軌道	141.6	142.6	0.4	0.0	0.0	5.6	52.6	31.8	374.6
合計	17,042.3 [11,792.5]	390.9 [0.0]	5,564.3 [4,543.8]	72.5 [32.6]	38.8 [25.8]	212.0 [38.8]	4,047.0 [3,265.6]	45.8 [2.7]	27,413.2 [19,701.8]

(注) 1. 〔 〕内は JR の数値である。
　　 2. 国土交通省鉄道局資料による。

車内信号方式の設置線区

　鉄道の車内信号方式（車内信号閉そく式又は列車間の間隔を確保する装置による方式）の設置線区は次のとおりである。

(令和4年3月31日現在)

事業者名	線　名	区　　間	設置キロ (km)	備考
JR 北海道	海　峡　線	中　小　国〜木　古　内	86.0	
	北海道新幹線	新　青　森〜新函館北斗	148.8	
JR 東日本	東北新幹線	東　　京〜新　青　森	713.7	
	上越新幹線	大　　宮〜新　　潟	303.6	
	北陸新幹線	高　崎〜上越妙高	176.9	
	上　越　線	越後湯沢〜ガーラ湯沢	1.8	
	赤　羽　線	池　袋〜赤　羽	5.5	
	常　磐　線	綾　瀬〜取　手	29.7	
	東　海　道　線	東　京〜横　浜	28.8	
	東　北　線 (埼京線含む)	東　京〜大　宮	48.3	
	仙　石　線	あおば通〜東　塩　釜	17.2	
	根　岸　線	横　浜〜大　船	22.1	
	山　手　線	品　川〜田　端	20.6	
JR 東　海	東海道新幹線	東　京〜新　大　阪	552.6	
JR 西日本	山陽新幹線	新　大　阪〜博　多	644.0	
	博　多　南　線	博　多〜博　多　南	8.5	
	北陸新幹線	上越妙高〜金　沢	168.6	
JR 九　州	九州新幹線	博　多〜鹿児島中央	288.9	
札　幌　市	南　北　線	麻　生〜真　駒　内	14.3	
	東　西　線	宮　の　沢〜新さっぽろ	20.1	
	東　豊　線	栄　町〜福　住	13.6	

事 業 者 名	線 名	区 間	設置キロ (km)	備 考
仙 台 市	南 北 線	泉 中 央～富 沢	14.8	
	東 西 線	八 木 山～荒 井	13.9	
埼玉新都市交通	伊 奈 線	動 物 公 園 大 宮～内 宿	12.7	
千葉都市モノレール	1 号 線	千葉みなと～県 庁 前	3.2	
	2 号 線	千 葉～千 城 台	12.0	
東 京 地 下 鉄	2 号(日比谷)線	北 千 住～中 目 黒	20.3	
	3 号(銀座)線	浅 草～渋 谷	14.2	
	9 号(千代田)線	綾 瀬～代々木上原	21.9	
	〃	綾 瀬～北 綾 瀬	2.1	
	8 号(有楽町)線	和 光 市～新 木 場	28.3	
	11 号(半蔵門)線	渋 谷～押 上	16.8	
	7 号(南北)線	目 黒～赤 羽 岩 淵	21.3	
	4 号(丸ノ内)線	池 袋～荻 窪	24.2	
	〃	中 野 坂 上～方 南 町	3.2	
	5 号(東西)線	中 野～西 船 橋	30.8	
	13 号(副都心)線	小 竹 向 原～渋 谷	11.9	
東 武 鉄 道	東 上 本 線	池 袋～小 川 町	64.0	
西 武 鉄 道	西武有楽町線	練 馬～小 竹 向 原	2.6	
東 京 都	10 号(新宿)線	新 宿～本 八 幡	23.5	
	6 号(三田)線	白 金 高 輪～西 高 島 平	24.2	
	12 号(大江戸)線	都 庁 前～光 が 丘	24.2	
	日暮里・舎人ライナー	日 暮 里～見沼代親水公園	9.7	無人運転
京 王 電 鉄	京 王 線	新 宿～京王八王子	37.9	
	相 模 原 線	調 布～本	22.6	
	高 尾 線	北 野～高 尾 山 口	8.6	
	競 馬 場 線	東 府 中～府中競馬正門前	0.9	
	動 物 園 線	高 幡 不 動～多摩動物公園	2.0	
	井 の 頭 線	渋 谷～吉 祥 寺	12.7	
東 京 急 行 電 鉄	東 横 線	渋 谷～横 浜	24.2	
	目 黒 線	目 黒～日 吉	11.9	
	田 園 都 市 線	渋 谷～中 央 林 間	31.5	
	大 井 町 線	大 井 町～二 子 玉 川	12.4	
横浜高速鉄道	こどもの国線	長 津 田～こどもの国	3.4	
	みなとみらい線	横 浜～元町・中華街	4.1	
東京モノレール	東 京 モ ノ レ ー ル 羽 田 空 港 線	羽田空港第2～モノレール浜松町 ターミナル	17.8	
ゆりかもめ	東 京 臨 海 新 交 通 臨 海 線	新 橋～豊 洲	14.7	無人運転
横 浜 市	1 号 線	関 内～湘 南 台	19.7	
	3 号 線	関 内～あ ざ み 野	20.7	

安全対策

事業者名	線　名	区　　　間	設置キロ (km)	備考
横浜シーサイドライン	4 号 線	中　　山〜日　　吉	13.0	
	金沢シーサイドライン	新 杉 田〜金 沢 八 景	10.8	無人運転
舞浜リゾートライン	ディズニーリゾートライン	リゾートゲートウェイ・〜リゾートゲートウェイ・ステーション ステーション	5.0	無人運転
埼玉高速鉄道	埼玉高速鉄道線	赤 羽 岩 淵〜浦 和 美 園	14.6	
多摩都市モノレール	多摩都市モノレール線	多摩センター〜上　北　台	16.0	
首都圏新都市鉄道	常 磐 新 線	秋 葉 原〜つ く ば	58.3	
名 古 屋 市	1 号（東山）線	高　　　畑〜藤　ヶ　丘	20.6	
	2 号（名城）線	大 曽 根〜名 古 屋 港	14.9	
	3 号（鶴舞）線	上 小 田 井〜赤　　池	20.4	
	4 号（名城）線	大 曽 根〜金　　山	17.5	
	6 号（桜通）線	中 村 区 役 所〜徳　　重	19.1	
上飯田連絡線	上飯田連絡線	味　　鋺〜平　安　通	3.1	
愛知高速交通	東部丘陵線	藤　が　丘〜八　　草	8.9	無人運転
京 都 市	烏 丸 線	国 際 会 館〜竹　　田	13.7	
	東 西 線	六 地 蔵〜太 秦 天 神 川	17.5	
大 阪 市	5 号（千日前）線	野 田 阪 神〜南　　巽	12.6	
	7 号（長堀鶴見緑地）線	大　　正〜門　真　南	15.0	
	8 号（今里）線	井 高 野〜今　　里	11.9	
	南港ポートタウン線	トレードセンター前〜住 之 江 公 園	7.3	無人運転
大阪港トランスポートシステム	南港ポートタウン線	コスモスクエア 〜トレードセンター前	0.6	無人運転
大阪モノレール	大阪モノレール線	大 阪 空 港〜門　真　市	21.2	
	国際文化公園都市線（彩都）線	万 博 記 念 公 園〜彩　都　西	6.8	
神 戸 市	海 岸 線	三宮・花時計前〜新　長　田	7.9	
	山 手 線	新 長 田〜新 神 戸	7.6	
	西 神 線	西 神 中 央〜新 長 田	15.1	
	北 神 線	新 神 戸〜谷　　上	7.5	
神戸新交通	ポートアイランド線	三　　　宮〜神 戸 空 港	10.8	無人運転
	六甲アイランド線	住　　　吉〜マリンパーク	4.5	無人運転
広島高速交通	広島新交通 1 号線	本　　通〜広 域 公 園 前	18.4	
福 岡 市	1 号（空港）線	姪　　浜〜福 岡 空 港	13.1	
	2 号（箱崎）線	中 洲 川 端〜貝　　塚	4.7	
	3 号（七隈）線	橋　　本〜天　神　南	12.0	
北九州高速鉄道		小　　倉〜企　救　丘	8.8	
沖縄都市モノレール	沖縄都市モノレール線	那 覇 空 港〜てだこ浦西	17.0	

(注) 1. 国土交通省鉄道局資料による。

自動列車停止装置（ATS）の設置状況の推移

年度 \ 区分	設置事業者数	設置キロ(km)	年度 \ 区分	設置事業者数	設置キロ(km)
平成7	117[7]	24,259[18,126]	平成27	164[7]	24,876[17,175]
12	136[7]	24,698[17,981]	28	164[7]	24,858[17,158]
17	157[7]	24,915[17,672]	29	166[7]	24,860[17,158]
22	158[7]	24,751[17,545]	30	164[7]	24,759[16,987]
23	158[7]	24,750[17,545]	令和1	164[7]	24,752[16,971]
24	157[7]	24,719[17,545]	2	164[7]	24,628[16,820]
25	157[7]	24,719[17,545]	3	164[7]	24,494[16,677]
26	162[7]	25,035[17,381]			

(注) 1. ATC含む。
　　 2. 〔 〕内は、JR在来線の数値である。
　　 3. ATS：自動列車停止装置、ATC：自動列車制御装置
　　 4. 国土交通省鉄道局資料による。

列車集中制御装置（CTC）の設置状況の推移

年度 \ 区分	設置事業者数	設置キロ(km)	年度 \ 区分	設置事業者数	設置キロ(km)
平成7	92[6]	17,457[14,171]	平成27	118[6]	23,823[17,792]
12	102[6]	20,147[15,777]	28	119[6]	24,091[17,970]
17	111[6]	21,634[16,565]	29	121[6]	24,113[17,970]
22	116[6]	23,104[17,685]	30	121[6]	24,237[17,980]
23	116[6]	23,106[17,685]	令和1	123[6]	24,243[17,980]
24	114[6]	23,080[17,685]	2	123[6]	24,065[17,803]
25	114[6]	23,082[17,685]	3	123[6]	24,096[17,803]
26	117[6]	23,647[17,685]			

(注) 1. 〔 〕内は、JRの数値である。
　　 2. CTC：列車集中制御装置
　　 3. 電子閉そく化された区間を含む。
　　 4. 国土交通省鉄道局資料による。

列車無線の設置状況の推移

年度	設置事業者数	設置キロ(km)	年度	設置事業者数	設置キロ(km)
平成 7	104[7]	19,963[14,053]	平成27	181[7]	25,083[17,440]
12	154[7]	22,152[15,560]	28	181[7]	25,058[17,416]
17	172[7]	23,360[16,321]	29	183[7]	25,055[17,416]
22	174[7]	24,145[17,068]	30	183[7]	25,131[17,416]
23	174[7]	24,154[17,068]	令和1	181[7]	25,349[17,636]
24	173[7]	24,184[17,139]	2	182[7]	25,371[17,658]
25	175[7]	24,250[17,139]	3	181[7]	25,380[17,658]
26	178[7]	24,907[17,327]			

(注) 1. 〔 〕内は、JR の数値である。
　　 2. 国土交通省鉄道局資料による。

運転事故の件数及び死傷者数の推移

運転事故の件数は、長期的には減少傾向にあり、令和4年度は584件となっている。

運転事故による死傷者数は、件数と同様に長期的には減少傾向にあるが、JR西日本福知山線列車脱線事故があった平成17年度など、甚大な人的被害を生じた運転事故があった年度は死傷者数が多くなっている。

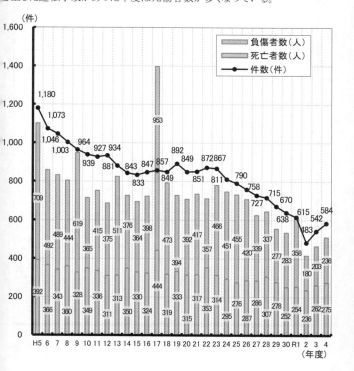

注）国土交通省鉄道局資料による。

列車走行百万キロ当たりの運転事故件数の推移

　列車走行百万キロ当たりの運転事故件数は、運転事故の件数と同様に長期的には減少傾向にあり、令和4年度は0.46件となっている。

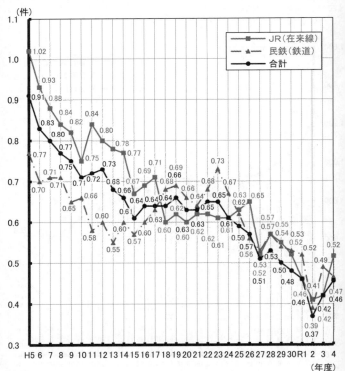

(注)　グラフ中の「合計」は、JR（在来線＋新幹線）と民鉄等（鉄道＋軌道）の合計
(注)　国土交通省鉄道局資料による。

重大事故件数の推移

　令和4年度に、重大事故(死傷者10名以上又は脱線車両10両以上)の発生はなかった。

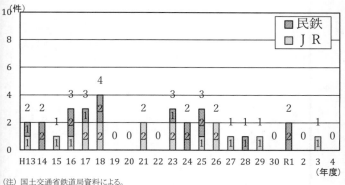

(注) 国土交通省鉄道局資料による。

踏切事故の件数及び死傷者数の推移

踏切事故は、踏切遮断機の整備等により、長期的には減少傾向にある。

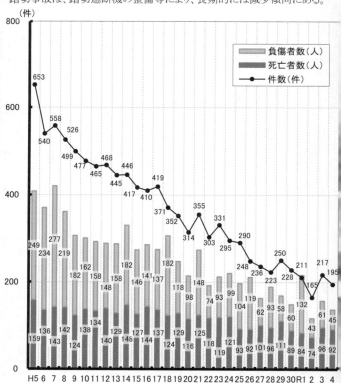

(注) 国土交通省鉄道局資料による。

分類別踏切事故件数（令和4年度）

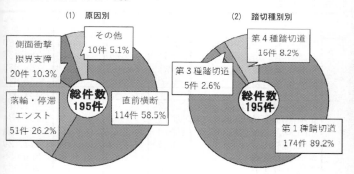

(1) 原因別

その他 10件 5.1%

側面衝撃限界支障 20件 10.3%

落輪・停滞エンスト 51件 26.2%

総件数 195件

直前横断 114件 58.5%

(2) 踏切種別別

第4種踏切道 16件 8.2%

第3種踏切道 5件 2.6%

総件数 195件

第1種踏切道 174件 89.2%

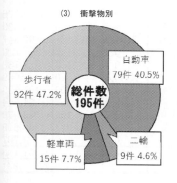

(3) 衝撃物別

歩行者 92件 47.2%

総件数 195件

自動車 79件 40.5%

軽車両 15件 7.7%

二輪 9件 4.6%

（注）国土交通省鉄道局資料による。

鋼索鉄道の概要（令和3年度）

会社名	項目	所在地	営業キロ	輸送人員（千人）	旅客収入（千円）
大手民鉄	近畿日本鉄道（西信貴）	大阪	1.3	51	24,180
	近畿日本鉄道（生駒）	奈良	2.0	374	84,237
	南海電気鉄道	和歌山	0.8	214	58,853
	京阪電気鉄道	京都	0.4	235	53,828
	小　計		4.5	874	221,098
その他	青函トンネル記念館	青森	0.8	15	7,676
	立山黒部貫光（黒部）	富山	0.8	211	138,084
	立山黒部貫光（立山）	富山	1.3	255	197,534
	筑波観光鉄道	茨城	1.6	391	177,820
	高尾登山電鉄	東京	1.0	785	306,638
	御岳登山鉄道	東京	1.0	409	201,097
	箱根登山鉄道	神奈川	1.2	582	185,756
	大山観光電鉄	神奈川	0.8	440	219,241
	伊豆箱根鉄道	静岡	0.3	66	19,576
	比叡山鉄道	滋賀	2.0	139	92,320
	京福電気鉄道	京都	1.3	131	92,847
	鞍馬寺	京都	0.2	147	0
	丹後海陸交通	京都	0.4	186	51,783
	能勢電鉄	兵庫	0.6	70	21,069
	六甲山観光	兵庫	1.7	302	107,723
	神戸すまいまちづくり公社	兵庫	0.9	57	21,014
	四国ケーブル	香川	0.7	103	43,970
	皿倉登山鉄道	福岡	1.1	224	62,218
	ラクテンチ	大分	0.3	142	4,767
	小　計		18.0	4,655	1,951,133
合　計			22.5	5,529	2,172,231

(注)1.鉄道要覧、鉄道統計年報による。
　　2.旅客収入には手小荷物収入を含む。

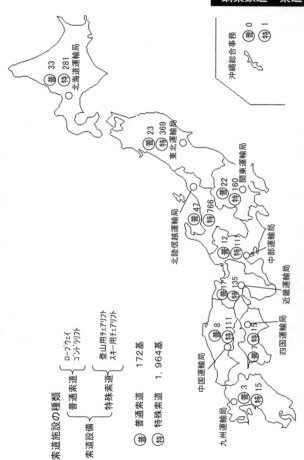

地方運輸局別索道分布図（令和5年3月末現在）

鋼索鉄道・索道

索道施設の種類
索道設備
普通索道 { ロープウェイ
ゴンドラリフト
特殊索道 { 登山用チェアリフト
スキー用チェアリフト

（普）普通索道 172基
（特）特殊索道 1,964基

（普）普通索道
（特）特殊索道

沖縄総合事務局
（普）0
（特）1

北海道運輸局
（普）33
（特）281

東北運輸局
（普）23
（特）369

関東運輸局
（普）22
（特）160

北陸信越運輸局
（普）47
（特）66

中部運輸局
（普）12
（特）111

近畿運輸局
（普）17
（特）135

中国運輸局
（普）8
（特）111

四国運輸局
（普）7
（特）15

（特）15

九州運輸局
（普）3
（特）15

鋼索鉄道・索道

索道営業基数の推移

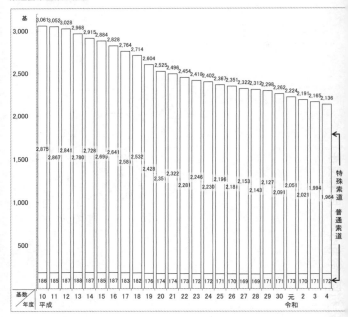

基数／年度	10	11	12	13	14	15	16	17	18	19	20	21	22	23	24	25	26	27	28	29	30	元	2	3	4
平成／令和	186	185	187	188	187	185	187	183	182	176	174	174	173	172	172	171	170	169	169	171	173	170	171	172	

特殊索道
普通索道

索道輸送人員の推移

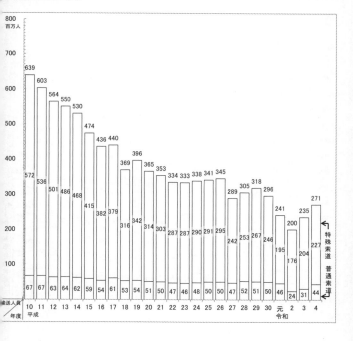

鋼索鉄道・索道

索道運輸収入の推移

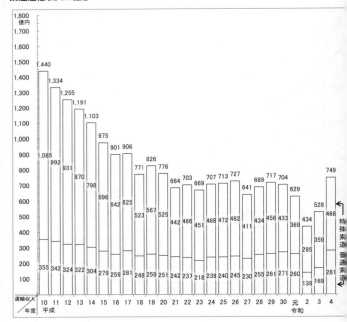

索道線路傾斜こう長ベスト10

線路傾斜こう長の長い普通索道を順に並べると次のとおりである。

(令和5年3月31日現在)

都道府県名	索道名(所在地)	索道の種類	営業キロ(m)	事業者名
1．新　潟	苗場・田代ゴンドラ (苗場スキー場〜田代、かぐら、み つまたスキー場間)	単線自動 循　環　式	5,482	㈱西武・プリ ンスホテルワー ルドワイド
2．長　野	栂池ゴンドラ (2線) (栂池高原スキー場)	単線自動 循　環　式	4,126	栂池ゴンド ラリフト㈱
3．岩　手	雫石第1ゴンドラ (雫石スキー場)	単線自動 循　環　式	3,531	㈱西武・プリ ンスホテルワー ルドワイド
4．岩　手	ザイラーゴンドラ (安比高原スキー場)	単線自動 循　環　式	3,494	㈱岩手ホテ ルアンドリ ゾート
5．秋　田	阿仁ゴンドラ (阿仁スキー場)	単線自動 循　環　式	3,473	特定非営 利活動法 人森吉山
6．北海道	七飯ゴンドラ (函館七飯スノーパーク)	単線自動 循　環　式	3,319	㈱鈴木商会
7．北海道	キロロゴンドラ (キロロスノーワールド)	単線自動 循　環　式	3,309	㈱New KRH
8．岩　手	雫石第2ゴンドラ (雫石スキー場)	単線自動 循　環　式	3,227	㈱西武・プリ ンスホテルワー ルドワイド
9．群　馬	パルコール嬬恋スキー 場ゴンドラ (嬬恋スキー場)	単線自動 循　環　式	3,193	パルコール 嬬恋2号㈱
10．新　潟	かぐらゴンドラ (かぐらスキー場)	単線自動 循　環　式	3,132	㈱西武・プリ ンスホテルワー ルドワイド

(注) 国土交通省鉄道局資料による。

磁気浮上式鉄道の比較

項目 ＼ 種類	超電導磁気浮上式鉄道	常電導磁気浮上式鉄道 (HSST)	常電導磁気浮上式鉄道 (トランスラピッド・ドイツ)
原　　理	極低温（−269度）で電気抵抗が0になる超電導現象による強力な電磁石の磁力を利用して車両を浮上走行させる鉄道	通常の電磁石の吸引力を利用し車両を浮上走行させる鉄道	通常の電磁石の吸引力を利用し車両を浮上走行させる鉄道
開 発 目 的	高速都市間輸送	都市内・都市近郊輸送 （空港アクセスを含む）	高速都市間輸送
開 発 主 体	(公財)鉄道総合技術研究所 東海旅客鉄道㈱	中部エイチ・エス・エス・ティ開発㈱	トランスラピッド・インターナショナル
浮上のしくみ	超電導電磁誘導吸引・反発 （約10cm）［側壁浮上方式］	常電導吸引（約1cm）	常電導吸引（約1cm）
開 発 状 況	1997年から山梨実験線において本格的な走行試験を開始。 2004年、相対速度1,026km/hの高速すれ違い走行実施。 2011年、中央新幹線の走行方式に採用。 2013年、山梨実験線を更新・延伸（全長42.8km）し、走行試験を再開。	1985年筑波科学博で運行。 1986年バンクーバー交通博で運行。 1988年埼玉博で運行。 1989年横浜博で運行。 1991年名古屋市に実験線を建設し、走行実験を開始。 2001年愛知高速交通㈱軌道特許可。（東部丘陵線藤ケ丘〜八草間営業キロ8.9km） 2005年愛知県にて運行を開始。（最高速度100km/h、営業キロ8.9km）	1979年ハンブルグ国際交通博で運行。　（90 km/h） 2003年中国上海にて正式運行を開始。（最高速度430km/h、営業キロ29.9km）
最 高 速 度	実績 （有人）603 km/h （2015年） 営業時の最高速度 500 km/h（予定）	実績 （無人）307km/h （1978年、補助加速装置） （有人）110km/h	実績 （有人）450km/h （1993年）
断面の概略	 地上一次リニアシンクロナスモーター	 車上一次リニアインダクションモーター	 地上一次リニアシンクロナスモーター

（注）国土交通省鉄道局資料による。

超電導磁気浮上式鉄道開発の経緯

昭和37年	リニアモーター推進浮上式鉄道の研究開始
50年	ML-100Aによる完全非接触走行成功
52年7月	宮崎実験線逆T形ガイドウェイ走行実験開始 (ML-500)
54年5月	ヘリウム冷凍機搭載走行実験 (ML-500R)
12月	最高速度517km/hを記録 (ML-500)
55年11月	宮崎実験線U形ガイドウェイ走行実験開始 (MLU001)
62年2月	MLU001 (2両編成) による有人走行400.8km/hを記録
4月	国鉄の分割民営化に伴い、鉄道総研が研究開発を承継
	MLU002走行実験開始
平成元年11月	MLU002による無人走行394km/hを記録
2年6月	運輸省は、鉄道総研、JR東海及び日本鉄道建設公団の3者に対し技術開発の基本計画及び山梨実験線の建設計画を承認
11月	山梨リニア実験線着手
3年10月	宮崎実験線で車両火災が発生し、実験車両MLU002が全焼
5年1月	宮崎実験線で、防火対策を施したMLU002N走行実験開始
6年2月	MLU002Nによる無人走行431km/hを記録
7年1月	MLU002Nによる有人走行411km/hを記録
8年7月	「山梨実験センター」開設
9年4月	山梨実験線先行区間において実験用第一編成車両 (MLX01) が走行実験開始
12月	山梨実験線において無人走行550km/h、有人走行531km/hを記録
10年2月	実験用第二編成車両が走行実験開始
11年4月	5両編成の車両による有人走行552km/hを記録
6月	高速すれ違い試験で相対速度1,003km/hを記録
14年6月	新型試験車両 (MLX01-901・MLX01-22) 山梨実験線車両基地へ搬入
15年11月	最高一日走行距離2,876kmを記録
12月	3両編成の車両による有人走行581km/hを記録
16年11月	高速すれ違い試験で相対速度1,026km/hを記録
19年1月	国土交通省は、技術開発の基本計画の変更及び山梨実験線の建設計画の変更 (先行区間の設備更新、一般区間の建設着手) を承認
20年5月	山梨リニア実験線の延伸更新工事 (18.4km→42.8km) に着手
21年4月	新型車両 (MLX01-901A・MLX01-22A) による走行試験開始
7月	超電導磁気浮上式鉄道実用技術評価委員会において、「実用化の技術の確立の見通しが得られた」と評価
22年5月	累積走行距離80万kmを突破
23年5月	全国新幹線鉄道整備法に基づく整備計画において中央新幹線の走行方式に採用
23年9月	先行区間での走行試験終了
24年11月	新型車両 (L0系) 山梨実験線車両基地へ搬入
25年8月	延伸更新された山梨リニア実験線 (42.8km) で走行試験再開
26年4月	累積走行距離100万kmを突破
27年4月	最高一日走行距離4,064kmを記録、7両編成の車両による有人走行603km/hを記録
29年2月	超電導磁気浮上式鉄道実用技術評価委員会において、「営業線に必要な技術の開発は終了するとともに、今後はより一層の保守の効率化、快適性の向上等を目指した技術開発を推進すること」と評価
29年3月	国土交通省は、技術開発の基本計画の変更を承認
令和2年4月	L0系改良型試験車山梨実験線車両基地へ搬入
8月	L0系改良型試験車による走行試験開始

(注) 国土交通省鉄道局資料による。

鉄道事業に係る鉄道事業法（昭和 61 年法律第 92 号）の体系

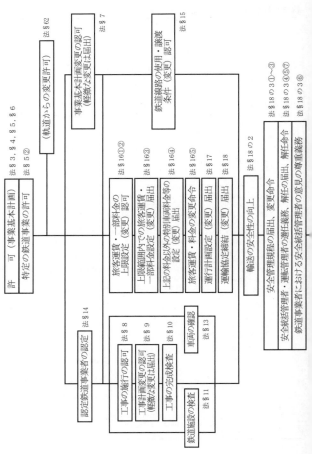

法 § 3、§ 4、§ 5、§ 6　　許　可（事業基本計画）

法 § 5②　　特定の鉄道事業の許可

法 § 62　　（軌道からの変更許可）

法 § 7　　事業基本計画変更の認可（軽微な変更は届出）

法 § 15　　鉄道線路の使用・讓渡・讓受条件（変更）認可

法 § 16①②　　旅客運賃・一部料金の上限設定（変更）認可

法 § 16③　　上限範囲内での旅客運賃・一部料金設定（変更）届出

法 § 16④　　上記の料金以外の特別車両料金等の設定（変更）届出

法 § 16⑤　　旅客運賃・料金の変更命令

法 § 17　　運行計画設定（変更）届出

法 § 18　　運輸協定締結（変更）届出

法 § 18 の 2　　輸送の安全性の向上

法 § 18 の 3①～③　　安全管理規程の届出、変更命令

法 § 18 の 3④⑤⑦　　安全統括管理者・運行管理者の選任義務、解任の届出、解任命令

法 § 18 の 3⑥　　鉄道事業者における安全統括管理者の意見の尊重義務

法 § 14　　認定鉄道事業者の認定

法 § 8　　工事の施行の認可

法 § 9　　工事計画変更の認可（軽微な変更は届出）

法 § 10　　工事の完成検査

法 § 13　　車両の確認

法 § 11　　鉄道施設の検査

名義の利用等の禁止　法§24

業務管理受委託の許可、改善命令及び許可の取消し　法§25

鉄道施設変更の認可（軽微な変更は届出）　法§12①②

工事の完成検査　法§12③

会計処理　法§20

乗継円滑化措置に関する努力義務　法§22の3①

乗継円滑化措置の協議の義務　法§22の3②

乗継円滑化措置の協議開始（再開）命令　法§22の3③

乗継円滑化措置に係る勧告及び勧告に従わない場合の公表　法§22の4

事故等の報告　法§19

インシデントの報告　法§19の2

大臣による輸送の安全に関する情報の公表　法§19の3

鉄道事業者による安全報告書の公表　法§19の4

事業者及び業務受託者からの報告の徴収　法§55

事業者及び業務受託者への立入検査　法§56

事業改善命令　法§22　　法§22の2

土地の立入り及び使用の許可

植物等の伐採等の許可　　法§23

事業の休止の届出　法§28

事業（貨物運送を除く）の廃止の届出　法§28の2①

事業（貨物運送に限る）の廃止の届出　法§28の2②

廃止に係る意見聴取及び廃止日の繰り上げ　法§28の2②〜⑤

法人の解散の決議又は総社員の同意の認可　法§29

譲渡譲受の認可　法§26①

法人合併・分割の認可　法§26②

相続の認可　法§27

事業停止命令　法§30

許可の取消し　法§30

（凡例）法§5②：鉄道事業法第5条第2項

大都市センサス

　大都市交通センサスは、首都圏、中京圏、近畿圏の三大都市圏において、鉄道、バス等の大量公共機関の利用実態を調査し、各都市圏における旅客の流動量及び利用経路、時間帯別利用状況、結節点における乗換え等の実態を把握するとともに、人口分布と輸送量の関係、輸送需要構造の変化状況等を分析して、三大都市圏における公共交通ネットワークの利便性の向上、交通サービスの改善等の公共交通背策の検討に資する基礎資料とすることを目的とした調査であり、国土交通省において、昭和35年度から5年ごとに実施している。

　令和3年に実施した第13回調査の集計結果から、代表的なものを以下に紹介しておく。

Ⅰ　定期券販売枚数（定期利用：定期券販売実績調査）

> ・定期券の発売枚数は次のように変化しており、首都圏638万枚、中京圏72万枚、近畿圏は231万枚でした。前回調査時と比較し、全ての圏域で前回調査から約2～3割減少しました。

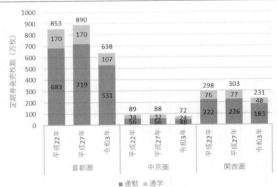

図　圏域別定期券発売枚数の推移

※「定期券発売実績調査」結果（調査時点で有効な通勤・通学定期券の発売枚数を集計）。
※通勤定期券、通学定期券を積み上げた数値と合計値は四捨五入の関係で必ずしも一致しない場合があります。

Ⅱ　地域間流動（定期外利用：一件明細調査）
①発生量（発駅分布）
【首都圏】

・鉄道 IC カード（定期外）を利用して東京都区部から発生する人は 529 万人となっています。
・地域間の利用をみると、神奈川県から東京都区部への利用が多く、埼玉県、東京都多摩部が続きます。
・東京都多摩部、埼玉県、千葉県、茨城県では 3 割強が、神奈川県では約 2 割が、東京都区部への移動となっています。
・東京都区部内々の発生は 406 万人となっています。

※発生量は、一件明細調査結果を用いて、鉄道 IC カード（定期外）による入場駅および出場駅の所在地をもとに集計しました。
※令和 3 年 12 月のうちの 1 日の乗り継ぎを考慮した発生量です。

【中京圏】

・鉄道 IC カード（定期外）を利用して名古屋市から発生する人は 44 万人となっています。
・地域間の利用をみると、愛知県（名古屋市を除く）からの利用が 8 万人と多くなっています。
・愛知県、岐阜県では半数、三重県では 3 割が名古屋市への移動となっています。
・名古屋市内々の発生は 35 万人となっています。

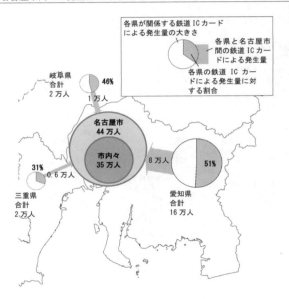

【近畿圏】

・鉄道 IC カード（定期外）を利用して大阪市から発生する人は 156 万人となっています。
・地域間の利用をみると、大阪府（大阪市を除く）からの利用が 34 万人と多くなっています。
・大阪府（大阪市を除く）では 5 割、奈良県、和歌山県では 3 割、兵庫県では 2 割、京都府、滋賀県では 1 割が大阪市への移動となっています。
・大阪市内々の発生は 104 万人となっています。

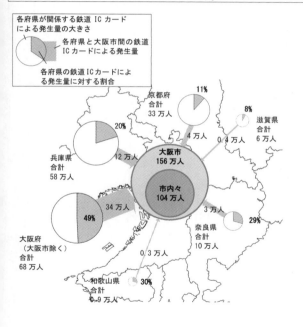

各府県が関係する鉄道 IC カードによる発生量の大きさ

各府県と大阪市間の鉄道 IC カードによる発生量

各府県の鉄道 IC カードによる発生量に対する割合

京都府
合計
33 万人

11%

4 万人

8%

滋賀県
合計
6 万人

0.4 万人

20%

兵庫県
合計
58 万人

12 万人

大阪市
156 万人

市内々
104 万人

34 万人

3 万人

29%

奈良県
合計
10 万人

49%

大阪府
（大阪市除く）
合計
68 万人

0.3 万人

和歌山県
合計
0.9 万人

30%

②集中量（着駅分布）

【首都圏】

・鉄道 IC カード（定期外）を利用して東京都区部へ集中する人は 529 万人となっています。

・地域間の利用をみると、東京都区部から神奈川県への利用が多く、埼玉県、東京都多摩部が続きます。

・東京都多摩部、埼玉県、千葉県、茨城県では 3 〜 4 割、神奈川県では 2 割が東京都区部からの移動となっています。

・東京都区部内々の集中は 406 万人となっています。

※集中量は、一件明細調査結果を用いて、鉄道 IC カード（定期外）による入場駅および出場駅の所在地をもとに集計しました。

※令和 3 年 12 月のうちの 1 日の乗り継ぎを考慮した集中量です。

【中京圏】

- 鉄道 IC カード（定期外）を利用して名古屋市へ集中する人は 44 万人となっています。
- 地域間の利用をみると、愛知県（名古屋市を除く）への利用が 8 万人と多くなっています。
- 愛知県、岐阜県では 4 〜 5 割、三重県では 3 割が名古屋市からの移動となっています。
- 名古屋市内々の集中は 35 万人となっています。

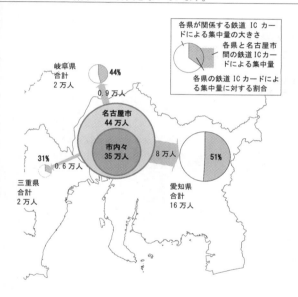

各県が関係する鉄道 IC カードによる集中量の大きさ

各県と名古屋市間の鉄道 IC カードによる集中量

各県の鉄道 IC カードによる集中量に対する割合

岐阜県
合計
2 万人

44%

0.9 万人

名古屋市
44 万人

市内々
35 万人

31%

0.6 万人

8 万人

51%

三重県
合計
2 万人

愛知県
合計
16 万人

【近畿圏】

- 鉄道 IC カード（定期外）を利用して大阪市へ集中する人は 156 万人となっています。
- 地域間の利用をみると、大阪府（大阪市を除く）への利用が 33 万人と多くなっています。
- 大阪府（大阪市を除く）では 5 割、和歌山県、奈良県では 3 割、兵庫県では 2 割、京都府、滋賀県では 1 割が大阪市からの移動となっています。
- 大阪市内々の集中は 104 万人となっています。

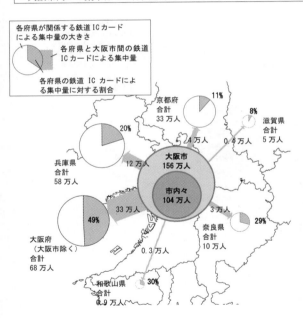

各府県が関係する鉄道 IC カードによる集中量の大きさ

各府県と大阪市間の鉄道 IC カードによる集中量

各府県の鉄道 IC カードによる集中量に対する割合

京都府
合計
33 万人　11%
2.4 万人

滋賀県
合計
5 万人　8%
0.4 万人

兵庫県
合計
58 万人　20%
12 万人

大阪市
156 万人

市内々
104 万人

大阪府
（大阪市除く）
合計
68 万人　49%
33 万人

奈良県
合計
10 万人　29%
3 万人

和歌山県
合計
0.9 万人　30%
0.3 万人

駅周辺における放置自転車の現況

　調査対象地域は、令和3年10月1日時点の、各都道府県の市、東京都特別区及び三大都市圏（東京駅から概ね半径50km、名古屋駅から概ね半径40km及び、大阪駅から概ね半径50km）の町村。全909市区町村。

　本調査において、「駅周辺」とは、最寄り駅から概ね500m以内の地域。「放置自転車」とは、自転車等駐車場以外の場所に置かれている自転車であって、当該自転車の利用者が当該自転車を離れて直ちに移動することができない状態にあるもの。

1. 駅周辺における自転車の放置台数の推移

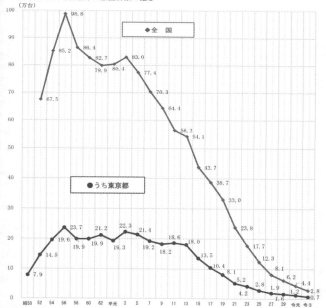

注1）　昭和50年は全国市長会調査、昭和52年から平成11年までは総務庁調査、平成13年から平成27年までは内閣府調査による。

注2）　調査対象は、昭和50年は市・区のみであるが、昭和52年以降は三大都市圏内の町村も含む。

注3）　調査時点は、各年につき10～12月の晴天の平日、概ね午前11時頃を基準としている。

注4）　総合政策局の「駅周辺における放置自転車等の実態調査の集計結果」による。

2. 放置自転車の多い駅

(令和3年)

順位	駅 名	市区町村名	鉄道事業者名	放置台数
1	動物園前（新今宮）	大阪市（大阪府）	JR 西日本、大阪メトロ、南海電鉄	967
2	久屋大通	名古屋市（愛知県）	名古屋市交通局	944
3	上前津	名古屋市（愛知県）	名古屋市交通局	810
4	栄	名古屋市（愛知県）	名古屋市交通局、名古屋鉄道	706
5	梅田（大阪梅田・大阪）	大阪市（大阪府）	JR 西日本、大阪メトロ、阪神電鉄、阪急電鉄	651
6	高岳	名古屋市（愛知県）	名古屋市交通局	549
7	丸の内	名古屋市（愛知県）	名古屋市交通局	519
8	大通	札幌市（北海道）	札幌市交通局	499
9	札幌	札幌市（北海道）	JR 北海道、札幌市交通局	410
10	矢場町	名古屋市（愛知県）	名古屋市交通局	389
11	伏見	名古屋市（愛知県）	名古屋市交通局	383
12	石川町	横浜市（神奈川県）	JR 東日本	371
13	伊勢佐木長者町	横浜市（神奈川県）	横浜市交通局	358
14	名古屋	名古屋市（愛知県）	JR 東海、名古屋市交通局、近畿鉄道、名古屋鉄道、名古屋臨海高速鉄道	354
15	松山市	松山市（愛媛県）	伊予鉄道	338
16	東武宇都宮	宇都宮市（栃木県）	東武鉄道	336
17	鎌倉	鎌倉市（神奈川県）	JR 東日本、江ノ島電鉄	324
18	JR 福井	福井市（福井県）	JR 西日本	320
19	大須観音	名古屋市（愛知県）	名古屋市交通局	315
20	高円寺	杉並区（東京都）	JR 東日本	242
	京成立石	葛飾区（東京都）	京成電鉄	242
22	新栄町	名古屋市（愛知県）	名古屋市交通局	238
23	つくばエクスプレス浅草	台東区（東京都）	首都圏新都市鉄道	233
24	外苑前	港区（東京都）	東京メトロ	232
25	大門	岡崎市（愛知県）	愛知環状鉄道	223
26	横川	広島市（広島県）	JR 西日本、広島電鉄	218
27	御徒町・上野御徒町・上野広小路・仲御徒町	台東区（東京都）	JR 東日本、東京都交通局、東京メトロ	217
28	幡ヶ谷	渋谷区（東京都）	京王電鉄	214
	本厚木	厚木市（神奈川県）	小田急電鉄	214
30	川崎大師	川崎市（神奈川県）	京浜急行電鉄	211
	鳥栖	鳥栖市（佐賀県）	JR 九州	211

注）調査対象市区町村は、各都道府県の市、東京都特別区及び三大都市圏の町村。
総合政策局「駅周辺における放置自転車等の実態調査の集計結果」による

旅客鉄道会社の営業範囲

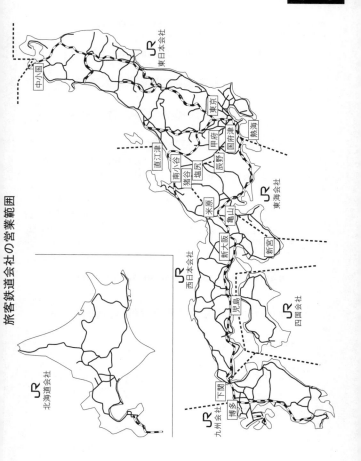

JR 中小国

JR 東日本会社

東京

甲府
国府津
熱海

直江津
南小谷
猪苗代
塩尻
辰野

米原
亀山

新大阪
新宮

JR 東海会社

JR 西日本会社

児島

JR 四国会社

下関

JR 九州会社
博多

JR 北海道会社

輸送機関別のエネルギー効率及び環境への影響
運輸部門における二酸化炭素排出原単位

●旅客輸送機関の二酸化炭素排出原単位（2021年度）

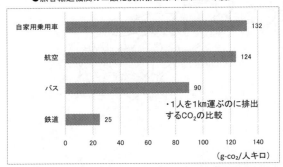

・1人を1kmを運ぶのに排出するCO₂の比較

※新型コロナウイルス感染症まん延に伴う各輸送機関の利用者数の減少により、例年に比べて輸送量当たりの二酸化炭素排出量が極端に高く算出されております。本データを利用する際にはご注意ください。

資料：国土交通省資料による

●貨物輸送機関の二酸化炭素排出量原単位（2021年度）

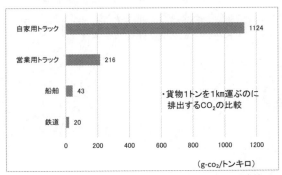

・貨物1トンを1km運ぶのに排出するCO₂の比較

資料：国土交通省資料による

鉄道関連主要年表

1869	（明治 2）	11.10	鉄道建設の廟議決定（東京・京都の幹線と東京・横浜、京都・神戸、琵琶湖畔・敦賀の三支線）…我が国初の鉄道計画
1870	（明治 3）	3.19	民部大蔵省に鉄道掛設置
		3.25	傭英国人建設技師エドモント・モレルらが、東京汐留から測量を開始
1871	（明治 4）	8.14	工部省に鉄道寮設置
1872	（明治 5）		鉄道略則（2月公布）、鉄道犯罪罰則（5月公布）
		10.14	新橋・横浜間（29km）鉄道開通
1873	（明治 6）	9.15	新橋・横浜間で貨物輸送を開始
1877	（明治10）	1.11	工部省に鉄道局設置（鉄道寮廃止）
1881	（明治14）	12.	日本鉄道会社設立（上野・青森間の鉄道敷設を目的とするわが国最初の私鉄鉄道、1883年7月28日に上野・熊谷開通）
1882	（明治15）	6.25	東京馬車鉄道　新橋・日本橋間開業〈軌道業の開始〉
1885	（明治18）	12.26	工部省の廃止により鉄道局は内閣直轄となる　阪堺鉄道　難波・大和川北岸間開通（1888年5月、堺まで全通）
		12.29	
1887	（明治20）	5.18	私設鉄道条例公布
			（1885〜90年　第1次私鉄ブーム）
1889	（明治22）	7.1	東海道線全通（新橋・神戸間）
1890	（明治23）	5.	内国勧業博覧会で電車試運転（東京電灯会社）
		8.23	軌道条例公布
		9.6	鉄道局を鉄道庁と改称、内務大臣直轄となる
1891	（明治24）	9.1	上野・青森間（東北線全通：日本鉄道会社）
1892	（明治25）	6.21	鉄道敷設法公布
		6.21	鉄道庁、内務省から逓信省に移管
1893	（明治26）	6.1	神戸工場で860形タンク機関車を製作〈初めて国産機関車が完成〉
		11.10	鉄道庁は鉄道局と改称、逓信省の内局となる（1895〜1900年　第2次私鉄ブーム）
1895	（明治28）	2.1	京都電気鉄道開業〈電気鉄道のはじめ〉
1896	（明治29）	9.1	新橋・神戸間急行列車を運転
1900	（明治33）	3.16	私設鉄道法公布（10.1施行）
		3.16	鉄道営業法公布（10.1施行）
1903	（明治36）	8.22	東京電車鉄道の新橋・品川間開業（東京最初の市内電車）

		9.12	大阪市の路面電車開業〈わが国初の公営鉄道〉
1905	(明治38)	3.13	鉄道抵当法公布(7.1施行)
1906	(明治39)	3.31	鉄道国有法公布(4.20施行)
			日本、山陽、九州など17鉄道路線 総延長4,800km買収。なお、1905年末5,231kmの民営鉄道に対し官鉄総延長は2,413 kmであった。なお、市街鉄道についても東京(1911年)を皮きりに市営化が進行することとなる。
1907	(明治40)	3.12	帝国鉄道庁官制公布(4.1施行)
1908	(明治41)	12.5	鉄道院官制公布、施行：鉄道行政を通信省から内閣に移管(鉄道院に軌道に関する権限も加わる。)
1909	(明治42)	4.1	関西本線湊町・柏原間で気動車運転を開始〈気動車運転のはじめ〉
		4.13	軌道の抵当に関する法律公布(7.22施行)
1910	(明治43)	4.21	軽便鉄道法公布(8.3施行)
1911	(明治44)	3.23	軽便鉄道補助法公布(1912.1.1施行)
		8.1	東京市、市内電車を市営化
1914	(大正3)	7.10	軽便鉄道協会(現在の(社)日本民営鉄道協会の前身)発足
1919	(大正8)	3.1	中央本線、東京・中野間直通電車運転開始
		4.10	地方鉄道法公布(8.15施行)
1920	(大正9)	5.15	鉄道省設置
1921	(大正10)	4.14	軌道法公布(1924.1.1施行)
1922	(大正11)	4.11	鉄道敷設法公布(5.1施行)
		10.13	鉄道大臣通達により毎年10月14日を「鉄道記念日」と定められる
1923	(大正12)	9.1	関東大震災(震災後、自動車が急速に普及)
1925	(大正14)	11.1	神田・上野間完成による山手線環状運転開始
1926	(大正15)	4.25	東京駅、上野駅で自動券売機による入場券の発売を開始
1927	(昭和2)	12.30	東京地下鉄道 浅草・上野間開業〈わが国初の地下鉄〉
1930	(昭和5)	10.1	東京・神戸間に特急燕号運転開始
1931	(昭和6)	4.1	自動車交通事業法公布(1933.10.1施行)
		9.1	清水トンネル完成
1932	(昭和7)	4.1	京都市トロリーバス導入
1934	(昭和9)	12.1	丹那トンネル完成
1938	(昭和13)	4.1	国家総動員法公布(5.5施行)
		4.2	陸上交通事業調整法公布(8.1施行)

1940	(昭和 15)	2. 1	陸運統制令公布(2. 25施行)
			〔民営鉄道22社　1,051kmが買収〕
		12.	交通事業調整委員会「東京市及びその付近における陸上交通事業の調整に関する具体方策」答申
			〔王子軌道、東急玉川線の一部は東京市に、郊外民鉄は民鉄4社(東京急行電鉄、西武農業鉄道、東武鉄道、京成電鉄)に統合、地下鉄は四事業者(東京市、東京地下鉄道、東京高速鉄道、京浜地下鉄道)が帝都高速度交通営団に統合〕
1941	(昭和 16)	3. 7	帝都高速度交通営団法公布(5.1施行)
1942	(昭和 17)		配電統制令、これにより電気業と電力業が分離
		6. 11	関門トンネル完成(営業開始11. 15)
1943	(昭和 18)	11. 1	運輸通信省設置
1945	(昭和 20)	5. 19	運輸通信省より通信部門を分離、運輸省となる
		8. 15	終戦
	1945〜49 年 (昭和 20〜24 年)		民営鉄道の再編成 1936年度末における地方鉄道軌道経営者数370社9,450km輸送人員22億8千万人/終戦時(1947年度)地方鉄軌道経営者数210社7,796km　輸送人員40億6千万人
			鉄道復興5ヵ年計画策定(国有鉄道)
			鉄道重点産業となる(傾斜生産方式)
1948	(昭和 23)	7. 7	国有鉄道運賃法公布(7. 10施行)
		12. 20	日本国有鉄道法公布(1949.6.1施行)
1949	(昭和 24)	5. 25	日本国有鉄道法施行法公布(6.1施行)
		5. 31	運輸省設置法公布(6.1施行)、日本国有鉄道を分離
		9. 15	東京・大阪間に特急が復活(「へいわ」のち「つばめ」と改称)
1951	(昭和 26)	3.	川崎トロリーバスを導入(占領軍の勧奨・東京都1952. 5、大阪市1953. 9)
		6. 1	道路運送法公布(7.1施行)
			ワンマンバス運転開始
		10. 25	国内民間航空営業開始(1番機マーチン202もく星号就航)
1953	(昭和 28)	8. 5	地方鉄道軌道整備法公布、施行
		12. 1	参宮道路開通(有料道路第1号)
1954	(昭和 29)	1. 20	戦後最初の地下鉄開通(池袋〜御茶の水)
		5. 20	第1次道路整備5箇年計画決定
1955	(昭和 30)	7. 19	都市交通審議会設置

	12.23	経済自立5ヵ年計画策定
		(1956. 7. 17発表第10次経済白書「もはや戦後ではない」)
1956 （昭和31）	4.16	日本道路公団設立
1957 （昭和32）	4.1	国鉄施設整備5ヵ年計画発足（1956年8月計画策定）
	4.16	国土開発縦貫自動車道建設法公布、施行
		(1966.7 国土開発幹線自動車道建設法となる)
	4.26	高速自動車国道法公布、施行
	9.5	仙山線仙台・作並間で交流電気機関車の運転を開始〈交流電化のはじめ〉

> 大手民鉄輸送力増強計画を策定
> 1957～61年度計画投資額1,079億円
> 1960年度末累積投資額727億円 同年度で打ち切り

	12.	新長期経済計画策定
	11.1	東京・神戸間に特急「こだま」の運転を開始
1958 （昭和33）	12.12	東海道新幹線を1959年から5ヵ年計画で工事着工することに決定（交通閣僚懇談会）(1959. 4. 20起工)
1959 （昭和34）	3.15	地下鉄丸ノ内線 池袋・銀座・新宿全線開通
	4.	日本開発銀行による大都市民営鉄道への融資開始
	4.14	首都高速道路公団法公布施行(6.17公団設立)
	11.5	汐留・梅田間に特急コンテナ列車「たから」を運転
	12.3	個人タクシーに初の免許
1960 （昭和35）	12.4	都営1号線と京成線との相互直通乗入れ開始（直通運転の開始）
	12.10	上野・青森間の特急「はつかり」を気動車化（ディーゼル特急のはじめ）
	12.27	国民所得倍増計画策定

1961～63年度	
（昭和36～38年度）	

> 大手民鉄第1次輸送力増強3ヵ年計画
> 投資計画額1,266億円 実績1,270億円
> （輸送力18%増強、ラッシュ時混雑率は14社平均で235%へ）

1961 （昭和36）	11.7	踏切道改良促進法公布、施行
1962 （昭和37）	4.1	地下高速鉄道建設費補助制度スタート

> 実勢金利と6.5%の利差を補助する利差補給方式。1962年度は営団、東京都、名古屋市及び大阪市に対し、1億8千万円

	5. 1	阪神高速道路公団設立
	10. 5	全国総合開発計画決定
1963　（昭和 38）	4.25	大阪駅前に我が国初の横断歩道橋完成
	7.16	名神高速道路 尼崎・栗東間開通(1965. 7全線開通)
1964　（昭和 39）	2.29	日本鉄道建設公団法公布、施行

1964～66年度　　 大手民鉄第2次輸送力増強3ヵ年計画
（昭和 39～41年度）　投資計画1,657億円 投資実績額1,452億円
　　　　　　　　　　（輸送力25%増、平均混雑率231%へ）

1964　（昭和 39）	9.17	羽田・浜松町間モノレール開通
	10. 1	東海道新幹線（東京～新大阪）開業
	10.10	第18回オリンピック東京大会
	～10.24	(1964年度国鉄財政赤字となる)
1965　（昭和 40）	1.	中期経済計画策定
1966　（昭和 41）	4. 1	地方バスに対する補助金制度開始
1967　（昭和 42）	1. 5	1966年中の交通事故死亡者史上最高(13,895人)(「交通戦争」という新語生まれる)
	2.28	物価安定推進会議設置決定
	3.13	経済社会発展計画策定
	6.28	(社)日本民営鉄道協会発足
	8. 3	公害対策基本法公布、施行
	10. 1	新大阪・博多間に寝台特急電車「月光」の運転を開始〈世界初の寝台特急電車運転〉
	12.10	初の年末年始交通安全総点検の実施
1968　（昭和 43）	3. 1	日本の人口1億人突破
1969　（昭和 44）	5. 9	国鉄再建10カ年計画発足
		日本国有鉄道財政再建促進特別措置法公布、施行

1967～71年度　　 大手民鉄第3次輸送力増強計画
（昭和 42～46年度）　計画投資額4,800億円
　　　　　　　　　　投資実績額4,433億円、平均混雑率207%へ

1969　（昭和 44）	5.26	東名高速道路全線開通
	5.30	新全国総合開発計画策定
	9.	「都市における道路と鉄道との連続立体交差化に関する協定」…連続立体交差化の推進
	12. 8	新幹線「ひかり」16両編成化

1970　(昭和45)	3.14	日本万国博覧会開催(〜9.13)
	5.1	新経済社会発展計画策定
	5.18	全国新幹線鉄道整備法公布(6.18施行)
	5.20	運輸政策審議会、運輸技術審議会設置
	5.27	サイリスタ・チョッパ車の導入(阪神)
	6.1	交通安全対策基本法公布、施行
1971　(昭和46)	7.31	運輸政策審議会「総合交通体系のあり方及びこれを実現するための基本的方策について」答申
1972〜76年度 (昭和47〜51年度)		大手民鉄第4次輸送力増強計画 計画投資額7,383億円、投資実績額6,631億円(輸送力12%増強、平均混雑率199%へ)
1972　(昭和47)	3.15	山陽新幹線(新大阪〜岡山)開業
	4.	地方鉄軌道近代化設備整備費補助制度を発足
	5.15	沖縄復帰
	6.9	日本鉄道建設公団による民鉄線建設等の助成制度発足
	11.17	都市モノレールの整備の促進に関する法律公布、施行
1973　(昭和48)	2.13	経済社会基本計画策定
	4.27	春闘史上初の交通ゼネスト
	7.10	名古屋・長野間に振子式特急電車「しなの」運転開始〈国内初の振子式電車運転〉
1975　(昭和50)	3.10	山陽新幹線(岡山〜博多)開業
	6.25	宅地開発公団法公布、施行
	7.20	沖縄国際海洋博覧会開催(〜1976.1.18)
1976　(昭和51)	3.2	国鉄の蒸気機関車全廃
	5.14	昭和50年代前期経済計画策定
1977〜81年度 (昭和52〜56年度)		大手民鉄第5次輸送力増強計画 計画投資額7,602億円 投資実績額7,545億円、平均混雑率189%へ
1977　(昭和52)	7.26	国鉄宮崎実験線において磁気浮上方式鉄道(リニア・モーターカー)の浮上走行実験開始
	11.4	第3次全国総合開発計画決定
	12.16	日本国有鉄道運賃法及び日本国有鉄道法の一部改正法公布(1978.3.31施行)…運賃決定方式の弾力化と投資対象事業の拡大
1978　(昭和53)	1.	交通対策本部「自転車駐車対策の推進について」決定

	4.	地下鉄補助制度の改正(建設費の70%相当額を国と地方公共団体折半で10年分割交付)
	5.20	新東京国際空港開港
	7.30	沖縄における交通方法の変更
1979 (昭和54)	8.10	新経済社会7ヵ年計画策定
	12.21	リニアモーターカーML-500形が時速517km/hを記録
1980 (昭和55)	11.25	自転車の安全利用の促進及び自転車駐車場の整備に関する法律公布(1981.5.20施行)
	12.27	日本国有鉄道経営再建促進特別措置法公布、施行
1981 (昭和56)	5.22	住宅・都市整備公団法公布、施行
1982~86年度 (昭和57~61年度)		大手民鉄第6次輸送力増強計画 計画投資額9,527億円 投資実績額9,714億円、平均混雑率184%へ
1982 (昭和57)	6.23	東北新幹線(大宮~盛岡)開業
	11.15	上越新幹線(大宮~新潟)開業
1983 (昭和58)	8.	1980年代経済社会の展望と指針策定
1985 (昭和60)	3.10	青函トンネル本坑貫通
	3.14	東北、上越新幹線(上野~大宮)開業
	3.16	科学万博―つくば '85開催(~9.16)
	7.26	日本国有鉄道再建監理委員会「国鉄改革に関する意見」を答申
	10.11	政府「国鉄改革のための基本方針」閣議決定
1986 (昭和61)	4.30	特定都市鉄道整備促進特別措置法公布(7.29施行)
	11.28	国鉄改革関連8法成立
	12.4	〃　　　　公布(1987.4.1施行)
1987~91年度 (昭和62~平成3年度)		大手民鉄第7次輸送力増強計画 計画投資額16,542億円 投資実績額17,133億円、平均混雑率179%へ
1987 (昭和62)	4.1	国鉄分割・民営化、JR7社発足
1988 (昭和63)	3.13	津軽海峡線(青函トンネル)開業
	4.10	本四備讃線(瀬戸大橋)開業
	5.	「世界とともに生きる日本」策定
1989 (平成元)	5.31	運輸政策審議会第10号答申 「大阪圏における高速鉄道を中心とする交通網の整備に関する基本計画について」

1990	(平成 2)	5.31	相模鉄道が日本民営鉄道協会より大手として承認される
1991	(平成 3)	4.26	鉄道整備基金関連法(鉄道三法)公布、施行
		5.14	信楽高原鐵道で列車衝突事故
		6.3	運輸政策審議会総合部会答申
		6.20	東北新幹線(東京～上野)開業
		7.1	運輸省組織改正(鉄道局発足)
		9.4	東北新幹線(盛岡～青森)着工
		9.7	九州新幹線(八代～西鹿児島)着工
		9.17	北陸新幹線(軽井沢～長野)着工
		10.1	鉄道整備基金設立
1992～96年度			大手民鉄第8次輸送力増強計画
(平成4～8年度)			計画投資額21,490億円
			投資実績額20,108億円、平均混雑率163%へ
1992	(平成 4)	1.10	運輸政策審議会第12号答申
			「名古屋圏における高速鉄道を中心とする交通網の整備に関する基本計画について」
		6.2	関東鉄道で列車脱線事故
		6.19	運輸政策審議会第13号答申
			「21世紀に向けての中長期の鉄道整備に関する基本的考え方について」
		6.25	生活大国5か年計画策定
		7.1	山形新幹線(福島～山形)新在直通運転開始
		8.27	北陸新幹線(西石動信号場～金沢)着工
1993	(平成 5)	10.13	北陸新幹線(糸魚川～魚津)着工
		10.26	JR東日本株式上場
1994	(平成 6)	6.17	特定都市鉄道整備促進特別措置法の一部を改正する法律公布 (8.1施行)
		6.28	運輸技術審議会答申
			「21世紀に向けての鉄道技術開発のあり方について」
		9.4	関西新空港開港
		10.14	第1回「鉄道の日」
1995	(平成 7)	1.17	阪神・淡路大震災発生
		3.20	地下鉄サリン事件発生
1996	(平成 8)	10.8	JR西日本株式上場
1997	(平成 9)	1. 1	新しい旅客鉄道運賃制度導入

	3.22	秋田新幹線(盛岡〜秋田間)新在直通運転開始
	5.30	全国新幹線鉄道整備法の一部を改正する法律公布、施行
	10.1	北陸新幹線(高崎〜長野)開業
		運輸施設整備事業団設立
	10.8	ＪＲ東海株式上場
1998 (平成10)	3.21	九州新幹線(船小屋〜新八代)着工
	3.28	東北新幹線(八戸〜新青森)着工
		北陸新幹線(長野〜上越)着工
	6.15	運輸政策審議会鉄道部会答申
		「旅客鉄道分野における需給調整規制廃止に向けて必要となる環境整備方策等について」
	10.19	日本国有鉄道清算事業団の債務等の処理に関する法律公布(10.22施行)
	11.13	運輸技術審議会答申
		「今後の鉄道技術行政のあり方について」
1999 (平成11)	4.14	リニア、山梨実験線で最高速度552km/hを達成
	5.21	鉄道事業法の一部を改正する法律公布 (2000.3.1施行)
	6.27	山陽新幹線福岡トンネル内でコンクリート剥落事故
	11.28	ＪＲ北海道室蘭線礼文浜トンネルにおいてコンクリート剥落事故発生
	12.4	山形新幹線(山形〜新庄)開業
2000 (平成12)	1.27	運輸政策審議会第18号答申
		「東京圏における高速鉄道を中心とする交通網の整備について」
	3.8	営団地下鉄日比谷線中目黒駅において列車脱線衝突事故発生
	5.17	高齢者、身体障害者等の公共交通機関を利用した移動の円滑化の促進に関する法律 (交通バリアフリー法) 公布 (11.15施行)
	8.1	運輸政策審議会第19号答申
		「中長期的な鉄道整備の基本方針及び鉄道整備の円滑化方策について」
2001 (平成13)	1.6	北海道開発庁、国土庁、運輸省及び建設省を母体とする国土交通省設置
	4.25	航空事故調査委員会設置法等の一部を改正する法律公布

		(10.1施行)
	5.27	北陸新幹線(上越〜富山)着工
	6.2	九州新幹線(博多〜船小屋)着工
	6.22	旅客鉄道株式会社及び日本貨物鉄道株式会社に関する法律の一部を改正する法律公布(12.1施行)
	7.19	平成12年12月に続き、平成13年6月に列車衝突事故を発生した京福電気鉄道に対し、保安監査等を実施し、事業改善命令を発出。
2002 (平成14)	2.22	ＪＲ九州鹿児島線において列車衝突事故発生
	5.31	ワールドカップ・サッカー大会開催(〜6. 30)
		(深夜の新幹線輸送等輸送対策を実施)
	6.12	全国新幹線鉄道整備法の一部を改正する法律公布、施行
	6.21	ＪＲ東日本株式の完全売却
	12.1	東北新幹線(盛岡〜八戸)開業
	12.18	独立行政法人鉄道建設・運輸施設整備支援機構法公布
		(2003.10.1施行)
	12.18	東京地下鉄株式会社法公布、施行
2003 (平成15)	10.1	独立行政法人鉄道建設・運輸施設整備支援機構設立
	12.2	リニア、山梨実験線で最高速度581km/hを達成
2004 (平成16)	3.12	ＪＲ西日本株式の完全売却
	3.13	九州新幹線(新八代〜鹿児島中央)開業
	4.1	東京地下鉄株式会社(東京メトロ)発足
	10.23	上越新幹線列車脱線事故発生(新潟県中越地震)
	12.16	整備新幹線政府・与党申合せを締結
2005 (平成17)	3.2	土佐くろしお鉄道宿毛線宿毛駅構内において列車脱線事故発生
	3.15	東武鉄道伊勢崎線竹ノ塚駅構内第1種踏切において死傷事故発生
	3.25	日本国際博覧会(愛知万博)開催(〜9.25)
	4.25	ＪＲ西日本福知山線において列車脱線事故発生
	5.6	都市鉄道等利便増進法公布(8.1施行)
	5.22	北海道新幹線(新青森〜新函館)着工
	5.24	エコレールマークの認定
	6.4	北陸新幹線(富山〜金沢及び福井駅部)着工
	12.6	鉄道テロ対策としての危機管理レベルの認定・運用の開始

		12.25	ＪＲ東日本羽越線において列車脱線事故発生
2006	（平成18）	3.31	運輸の安全性の向上のための鉄道事業法等の一部を改正する法律公布(10.1施行)
		4.5	ＪＲ東海株式の完全売却
		4.14	ＪＲ北海道においてＤＭＶ試験的営業運行開始（〜11.11）
		6.19	交通政策審議会陸上交通分科会鉄道部会中間とりまとめ（ネットワークとサービスの充実に向けて直ちに具体化を図るべき施策）
		6.21	高齢者、障害者等の移動等の円滑化の促進に関する法律（バリアフリー法）公布(12.20施行)
2007	（平成19）	3.1	ＪＲ北海道石北線において列車脱線事故発生
		5.25	地域公共交通の活性化及び再生に関する法律」公布(10.1施行)
2008	（平成20）	1.25	交通政策審議会陸上交通分科会鉄道部会・緊急提言「地域の暮らしや観光、まちづくりに組み込まれた持続可能な鉄道輸送の実現に向けて」
		4.28	九州新幹線武雄温泉〜諫早間着工
		6.19	交通政策審議会陸上交通分科会鉄道部会提言「環境新時代を切り拓く、鉄道の未来像」取りまとめ
		12.24	中央新幹線東京都・大阪市間の供給輸送力、施設・車両の技術開発、建設費用等に関する調査を指示
2009	（平成21）	2.24	地域公共交通の活性化及び再生に関する法律に基づく鉄道事業再構築事業実施計画の認定（福井鉄道、若桜鉄道：3.13）
		12.24	整備新幹線問題検討会議決定「整備新幹線の整備に関する基本方針」「当面の整備新幹線の整備方針」中央新幹線東京都・大阪市間の供給輸送力、施設・車両の技術開発、建設費用等に関する調査報告書の提出（ＪＲ東海、鉄道・運輸機構）
2010	（平成22）	2.24	中央新幹線の営業主体及び建設主体の指名並びに整備計画の決定について交通政策審議会へ諮問
		12.4	東北新幹線（八戸〜新青森）開業
2011	（平成23）	3.11	東日本大震災発生
		3.12	九州新幹線鹿児島ルート（博多〜新八代）開業
		5.12	交通政策審議会陸上交通分科会鉄道部会中央新幹線小委員

		会答申
	5.20	中央新幹線の営業主体及び建設主体の指名
	5.26	中央新幹線の整備計画の決定
	5.27	ＪＲ北海道石勝線において列車脱線火災事故発生
	6.15	日本国有鉄道清算事業団の債務等の処理に関する法律等の一部を改正する法律公布（8.1施行）
	12.26	整備新幹線の取扱いについて（政府・与党確認事項）の決定
2012（平成24）	1.25	整備新幹線の収支採算性や投資効果の確認等について交通政策審議会へ付議
	4.3	交通政策審議会陸上交通分科会鉄道部会整備新幹線小委員会とりまとめ
	8.18	九州新幹線（武雄温泉～長崎）着工
	8.19	北陸新幹線（金沢～敦賀）着工
	8.27	北海道新幹線（新函館～札幌）着工
2013（平成25）	3.16	東急東横線と東京メトロ副都心線との相互直通運転開始
	3.23	交通系ICカード全国相互利用サービス開始
	11.6	タイ・バンコク市パープルラインの我が国企業による受注の発表
	12.4	交通政策基本法公布、施行
2014（平成26）	4.6	三陸鉄道全線運行再開
	4.18	東京圏における今後の都市鉄道のあり方について交通政策審議会へ諮問
	5.21	地域公共交通の活性化及び再生に関する法律の一部を改正する法律公布（11.20施行）
	12.17	中央新幹線（品川～名古屋間）着工
2015（平成27）	3.14	北陸新幹線（長野～金沢）開業
	6.10	旅客鉄道株式会社及び日本貨物鉄道株式会社に関する法律の一部を改正する法律公布(2016.4.1施行)
2016（平成28）	3.26	北海道新幹線（新青森～新函館北斗）開業
	4.20	交通政策審議会第198号答申「東京圏における今後の都市鉄道のあり方について」
	10.25	ＪＲ九州株式上場・完全売却
	11.18	独立行政法人鉄道建設・運輸施設整備支援機構法の一部を改正する法律公布、施行
2018（平成30）	6.22	鉄道軌道整備法の一部を改正する法律公布（8.1施行）

2019	（平成31）	3.24	ハード・ソフト両面にわたり日本が全面的に支援を実施したジャカルタ都市高速鉄道（MRT）南北線が開業
		6.1	横浜シーサイドライン金沢シーサイドライン新杉田駅構内において人身傷害事故発生
		9.5	京浜急行電鉄本線神奈川新町駅構内の踏切道において列車脱線事故発生
2020	（令和2）	12.22	「東京圏における今後の地下鉄ネットワークのあり方等について」交通政策審議会へ諮問
2021	（令和3）	3.31	日本国有鉄道清算事業団の債務等の処理に関する法律等の一部を改正する法律公布（4.1施行）
		7.15	交通政策審議会第371号答申（東京圏における今後の地下鉄ネットワークのあり方等について）
		12.28	鉄道駅バリアフリー料金制度創設
2022	（令和4）	9.23	九州新幹線(武雄温泉〜長崎)開業
		10.6	鉄道開業150周年記念式典開催

ＪＲ北海道

87.4.1	北海道旅客鉄道株式会社発足
88.3.13	青函連絡航路廃止 青函トンネル開業 海峡線(中小国～木古内間)開業 寝台特急「北斗星」営業運転開始
88.4.29	SL「C62-3号」営業運転開始
90.9.1	L特急「スーパーホワイトアロー」営業運転開始
90.10.16	デンマーク国鉄(DSB)との姉妹鉄道提携調印
91.7.27	札幌～帯広間にグリーン車及び個室付2階建車両を増結した「スーパーとかち」運転
92.7.1	ダイヤ改正 ・快速「エアポート」運転開始。新千歳空港駅開業
92.7.18	新リゾート車両「ノースレインボーエクスプレス」運転開始
93.3.18	ダイヤ改正 ・急行「まりも」廃止
94.1.20	「道東高速鉄道株式会社」設立
94.3.1	ダイヤ改正 ・札幌～函館間に振子特急「スーパー北斗」営業運転開始
94.10.23	リゾート列車の第一号「アルファコンチネンタルエクスプレス」が引退
95.1.27	経営ビジョン「ステップ アップ21」を発表
95.3.16	ダイヤ改正 ・学園都市線、一部(太平～篠路間)複線化開業 ・函館線に新駅「ほしみ駅」(星置～銭函間)が開業
95.7.22	281系振子式特急気動車「スーパー北斗」がローレル賞を受賞
95.9.4	深名線運輸営業廃止。バス転換
96.1.10	鉄道旅客運賃改定
96.6.23	学園都市線新川高架開業
96.9.1	富良野線に「緑が丘駅」(神楽岡～西御料間)が開業
96.11.24	根室線帯広高架開業
96.12.24	札幌圏輸送に新型通勤電車(731系)導入
97.3.22	ダイヤ改正 ・札幌～釧路間に振子特急「スーパーおおぞら」営業運転開始
97.10.1	室蘭駅新駅舎開業
97.10.22	宗谷線高速化事業起工式
98.7.1	新型ノロッコ列車、釧網線釧路～塘路間運転開始
98.11.21	札幌都市圏の駅に自動改札システムを導入
99.2.26	小樽築港橋上駅舎供用開始
99.5.1	SL(C11-171号)復活 留萌線「SLすずらん号」運転開始
99.6.11	富良野線に新型ノロッコ列車運転開始。「ラベンダー畑駅」(臨時駅)設置
99.7.16	豪華寝台特急「カシオペア」上野～札幌間運転開始
99.11.28	室蘭線礼文浜トンネル内でコンクリート塊が落下し、貨物列車が脱線
00.3.11	ダイヤ改正 ・札幌～稚内間で新型特急「スーパー宗谷」営業運転開始 学園都市線複線高架事業完成
00.3.31	有珠山噴火。室蘭線等で列車の運行に多大な影響
00.10.7	函館線札幌～小樽～ニセコ間「SLニセコ号」運転
00.12.25	721系快速「エアポート」の指定席に「uシート」新登場
01.4.28	函館線函館～森間に「SL函館大沼号」運転
01.7.1	ダイヤ改正 ・特急「おおぞら」が全列車「スーパーおおぞら」化
02.3.16	ダイヤ改正 ・L特急「スーパーホワイトアロー」が旭川～札幌～新千歳空港間を直通運転

02.3.27	JR北海道グループ中期経営計画「スクラムチャレンジ21」を発表
02.4.27	函館線池田園～銚子口間に「流山温泉駅」開業
02.5.25	手稲橋上駅舎・自由通路供用開始
02.12.1	ダイヤ改正 ・函館～八戸間に特急「スーパー白鳥」「白鳥」運転開始
03.3.6	JRタワー開業
03.6.21	函館駅新駅舎開業
03.8.1	JR北海道インターネット指定席予約サービス開始
04.3.15	エコロジー委員会設置
05.3.31	JR北海道グループ中期経営計画「スクラムチャレンジ2006」を発表
05.4.1	組織改正(新幹線計画室新設)
05.6.1	札幌駅と新千歳空港駅に「JR北海道外国人インフォメーションセンター」を設置
05.9.14	札幌駅のルーフデザイン「direction」がブルネル賞を受賞
06.3.18	ダイヤ改正 ・道内相互発着の特急列車等の全面禁煙化の実施
06.6.1	組織改正(DMV推進センター、ICカード推進室新設)
07.4.14	釧網線浜小清水～藻琴間でDMV(デュアル・モード・ビークル)の試験的営業運行を開始
07.6.13	JR北海道グループ中期経営計画「スクラムチャレンジ2011」を発表
07.6.23	岩見沢駅新駅舎開業
07.10.1	ダイヤ改正 ・L特急「スーパーカムイ」運転開始
08.3.1	東室蘭駅新駅舎開業
08.3.17	組織改正(Kitaca事業室新設)
08.5.21	WCRR2008(世界鉄道研究会議)で論文「モータ・アシスト式ハイブリッド駆動システムの開発」がPrize of Best Paperを受賞
08.10.25	ICカード乗車券「Kitaca」サービス開始
09.3.14	Kitaca電子マネーサービス開始・Suicaとの相互利用サービス開始
09.3.30	岩見沢複合駅舎等完成
09.8.1	札幌鉄道病院が全棟完成に伴い「JR札幌病院」へ名称を変更
09.10.1	ダイヤ改正 ・特急「とかち」が全列車「スーパーとかち」化
09.11.6	岩見沢複合駅舎が「2009年度グッドデザイン大賞」を受賞
09.12.1	「JR北海道文化財団」設立
10.6.22	組織改正(新幹線計画部設置)
10.10.10	旭川鉄道高架開業
10.12.4	ダイヤ改正 ・東北新幹線新青森開業特急「スーパー白鳥」・「白鳥」の運転区間が函館～新青森に
11.1.30	白石橋上駅舎開業
11.4.3	稚内駅新駅舎開業
11.5.27	石勝線清風山信号場構内で列車脱線火災事故発生
11.7.28	岩見沢複合駅舎がブルネル賞を受賞
11.10.23	野幌鉄道高架開業
12.4.1	組織改正(新幹線開業準備室新設)
12.6.1	学園都市線桑園～北海道医療大学間電化開業
12.6.19	組織改正(企画室設置。企画部は「駅業務部」へ名称変更)
12.10.27	ダイヤ改正 ・学園都市線桑園～北海道医療大学間全面電車化等
12.11.14	「安全基本計画(案)」、JR北海道グループ「中期経営計画2016」策定
13.3.23	交通系ICカードの全国相互利用サービス開始
13.4.1	組織改正(新幹線推進本部設置)
13.4.26	江差線(木古内～江差間)の鉄道事業廃止届を提出
13.5.31	国土交通省運輸安全委員会から石勝線列車脱線火災事故に係る「鉄道事故調査報告書」が公表され、当社は「勧告」を受領

13.6.22	札幌市交通局等におけるKitacaの利用サービス開始
13.9.19	函館線大沼駅構内で貨物列車脱線事故発生
13.10.4	国土交通省鉄道局長から「保安監査の結果による当面の改善指示について」を受領
13.10.25	「保安監査の結果による当面の改善指示について（その2）」を受領
13.11.1	ダイヤ修正 ・最高速度、運転本数の見直し
13.11.29	国土交通省鉄道局長から「保安監査の結果による当面の改善指示について（その3）」を受領
14.1.24	国土交通省から「輸送の安全に関する事業改善命令及び事業の適切かつ健全な運営に関する監督命令」を受領
14.3.14	竜飛海底駅、吉岡海底駅、知内駅廃止
14.3.15	ダイヤ改正 ・最高速度の見直し
14.3.24	組織改正（資金運用室設置）
14.4.1	消費税引上げに伴う運賃・料金改定
14.4.16	北海道新幹線用車両(H5系)発表
14.5.11	江差線木古内～江差間廃止
14.5.23	稚内駅の周辺整備事業「稚内駅前地区再開発事業『キタカラ』-北国の都市デザイン-」が平成25年度日本都市計画学会賞(計画設計賞)受賞
14.6.11	北海道新幹線新駅の駅名発表。「新函館北斗」、「奥津軽いまべつ」
14.6.12	「JR北海道再生推進会議」を設置
14.6.22	江差線札苅駅構内で貨物列車脱線事故発生
14.7.23	「事業改善命令・監督命令による措置を講ずるための計画」を策定し、国土交通省へ提出
14.9.19	「保安安全の日」を制定
14.10.1	「新幹線開業準備対策本部」の設置
14.11.20	北海道新幹線車両H5系の列車名（「はやぶさ」（新函館北斗～東京・仙台間）、「はやて」（新函館北斗～盛岡間、新函館北斗～新青森間））、シンボルマークを発表
14.12.26	事業改善命令・監督命令による措置を講ずるための計画「3.更なる安全確保へ」を国土交通大臣に提出
15.1.8	日高線の厚賀～大狩部間で土砂流出
15.3.20	「安全投資と修繕に関する5年間の計画」を国土交通省へ提出
15.4.1	「JR北海道グループ経営理念」「社是」改定。行動指針「私たちの誓い」制定。「コンプライアンス委員会」設置
15.4.3	津軽海峡線青函トンネル内にて、特急スーパー白鳥34号車両から発煙
15.6.26	JR北海道再生推進会議から「JR北海道再生のための提言書」を受領
15.7.31	組織改正（「奥津軽いまべつ開業準備駅」、「木古内開業準備駅」、「新函館北斗開業準備駅」、「新幹線運行管理センター」の設置、新幹線準備運輸車両所を「函館新幹線総合車両所」に名称変更）
15.8.22	寝台特急「北斗星」の運行を終了
16.3.20	寝台特急「カシオペア」の運行を終了
16.3.26	ダイヤ改正 ・北海道新幹線　新青森～新函館北斗間、開業 ・駅の廃止（石勝線十三里駅、東追分駅、根室線上尾幌駅、函館線上白滝駅、旧白滝駅、下白滝駅、金華駅、函館線鷲ノ巣駅） 組織改正（鉄道事業本部内に「新幹線統括部」を設置。「新幹線計画部」は総合企画本部内に移管）
16.4.1	組織改正（総合企画本部内に「地域交通改革部」設置）
16.4.28	留萌線（留萌～増毛間）の鉄道事業廃止届を提出

16.5.27	「安全再生の日」を制定
16.7.29	「持続可能な交通体系のあり方について」発表
16.11.18	「当社単独では維持することが困難な線区について」発表
16.12.5	留萌線一部廃止（留萌～増毛間）
17.1.4	新しい社員研修センターの使用開始
17.3.4	ダイヤ改正
	・特急の運行体系の見直し（札幌～稚内間・札幌～網走間）、札幌～旭川間に789系特急電車「ライラック」運転開始
	・駅の廃止（千歳線美々駅、根室線島ノ下駅、稲士別駅、上厚内駅、釧網線五十石駅、函館線東山駅、姫川駅、桂川駅、北豊津駅、蕨岱駅）
17.11.4	リゾート列車「ニセコエクスプレス」の運転を終了
17.12.6	JR北海道再生推進会議有志による「声明文」を受領
18.2.19	H100形電気式気動車（DECMO）試作車の走行試験を開始
18.3.17	ダイヤ改正
	・特急「北斗」が全列車「スーパー北斗」化
	・駅の廃止（根室線羽帯駅）
18.3.22	キハ40「北海道の恵み」シリーズ車両のデビュー
18.3.25	特急「旭山動物園号」の運転を終了
18.3.26	石勝線新夕張～夕張間の鉄道廃止届書を提出
18.3.29	北海道新幹線札幌駅ホーム位置決定
18.6.17	「JR北海道の事業範囲見直しに係る関係者会議」において『JR北海道グループの「経営再生の見通し」（案）』を説明
18.7.27	国土交通大臣より事業の適切かつ健全な運営に関する監督命令を受領
18.9.6	「北海道胆振東部地震」発生。道内全列車が運休
18.10.30	快速「エアポート」車内における無料公衆無線LANサービスの開始
18.11.17	函館線苗穂駅新駅舎開業
18.12.21	札沼線北海道医療大学～新十津川間の鉄道事業廃止届の提出
18.12.26	千歳新千歳空港駅リニューアルオープン
19.1.7	「話せる券売機」試行導入開始
19.2.28	客室乗務員による車内サービス終了
19.3.15	北海道新幹線における車内販売終了
19.3.16	ダイヤ改正
	・青函トンネル内運転速度を時速160kmに引き上げ
	・駅の廃止（根室線直別駅、尺別駅、初田牛駅）
19.4.1	石勝線一部廃止（新夕張～夕張間）
19.4.9	JR北海道グループ長期経営ビジョン「未来2031」、JR北海道グループ中期経営計画2023、事業計画（アクションプラン）を発表
19.4.18	佐川急便との貨客混載事業を本格稼働（宗谷線稚内～幌延間）
19.6.1	組織体制の見直し（札幌駅周辺開発部、新幹線工事部を設置）
19.7.28	宗谷線で観光列車「風っこ　そうや」号を運転開始（～9月）
19.9.29	リゾート列車「クリスタルエクスプレス」の運転を終了
19.10.1	運賃・料金改定実施
19.11.11	「札幌駅交流拠点北5西1・西2地区市街地再開発準備組合」設立
19.11.26	経営改善委員会設置
20.1.27	安全アドバイザー会議設置
20.3.12	低気圧通過の影響で釧網線・花咲線において、線路冠水・路盤流出等の災害が発生
20.3.14	ダイヤ改正
	・快速エアポート毎時5本化
	・特別快速エアポートの設定
	・H100形の営業運転開始

・白老駅周辺整備事業施設の供用開始
・喫煙室内を除く駅構内禁煙化の実施
・駅の廃止(根室本線古瀬駅・釧網線南弟子屈駅)

20.3.23 新型コロナウイルス感染症の影響により、特急列車の編成両数見直しおよび減便を実施

20.5.7 札沼線一部廃止(北海道医療大学〜新十津川間)

20.8.28 「THE ROYAL EXPRESS 〜HOKKAIDO CRUISE TRAIN〜」運転開始

20.10.17 北海道鉄道140年記念号として261系5000代「はまなす」編成デビュー

20.12.31 青函トンネル区間において北海道新幹線の「時速210km営業運転」を実施(〜1/4)

21.2.28 ツインクルプラザ札幌支店・札幌南口支店等が閉店

21.3.13 ダイヤ改正
・特急列車の減便、閑散期の曜日運休、減車による輸送力調整。
・快速・普通列車の見直し、土休日の運休
・駅の廃止(函館線 伊納駅、宗谷線南比布駅・北比布駅・東六線駅・北剣淵駅・下士別駅・北星駅・南美深駅・紋穂内駅・豊清水駅・安牛駅・上幌延駅・徳満駅、石北線 北日ノ出駅・将軍山駅・東雲駅・生野駅、釧網線 南斜里駅)

21.3.24 北海道新幹線を使用した貨客混載輸送事業を開始

21.4.1 日高線一部廃止(鵡川〜様似間)

21.5.8 HOKKAIDO LOVE！FURANO号として261系5000代「ラベンダー」編成デビュー

21.5.12 新型コロナまん延防止等重点措置のため最終列車繰り上げ(〜7/11)

21.6.27 在来線チケットレス特急券を設定(札幌〜岩見沢間、札幌〜新札幌〜苫小牧間)

21.10.1 261系5000代「ラベンダー」編成を北海道高速鉄道開発㈱に移管

21.10.9 「HOKKAIDO LOVE！ひとめぐり号」運転開始

21.11.3 夜間帯の列車を運休した集中的な修繕工事の実施(〜11/7室蘭線長万部〜東室蘭間)

22.2.9 長期環境目標「JR北海道グループカーボンニュートラル2050」を発表

22.2.28 法人旅行札幌支店が閉店

22.3.12 ダイヤ改正
・ロイズタウン駅開業
・石狩太美駅が太美駅に、石狩当別駅が当別駅に改称
・東風連駅が名寄高校駅に改称、移設
・駅の廃止(函館線池田園駅・流山温泉駅・銚子口駅・石谷駅・本石倉駅、根室線糸魚沢駅、宗谷線歌内駅)

22.3.31 大阪営業所が閉所

22.4.1 空知運転所跡地における太陽光発電事業開始

22.5.14 「花たび そうや」運転開始

22.10.23 キハ281系車両の運転終了

22.11.30 普通回数乗車券発売終了

23.1.21 SL冬の湿原号客車内フルリニューアル

23.3.17 キハ183系車両の定期運転終了

23.3.18 ダイヤ改正
・駅の廃止(日高線浜田浦駅廃止)

23.4.1 留萌線一部廃止(石狩沼田〜留萌間)

23.4.30 リゾート列車「ノースレインボーエクスプレス」の運転を終了

23.5.20 737系電車の運転開始

JR東日本

87.4.1	東日本旅客鉄道株式会社発足
87.6.7	お客さまのご意見をうかがう「グリーンカウンター」(お客さま相談室)を設置
87.7.1	国内旅行業営業開始
87.7.16	会津線廃止(会津鉄道開業)
87.7.21	「とうきょうエキコン」開演
87.10.15	一般旅行業代理店業営業開始
88.3.13	寝台特急「北斗星」号運転開始(上野〜札幌)
88.3.24	木原線廃止(いすみ鉄道開業)
88.4.1	「東京ステーションギャラリー」開設
88.4.11	真岡線廃止(真岡鉄道開業)
88.9.7	ATS-P形の導入を決定
88.10.25	長井線廃止(山形鉄道開業)
88.12.1	京葉線開業(新木場〜西船橋間)
88.12.5	東中野列車衝突事故 発生
89.3.11	「スーパーひたち」号運転開始 東海道線に2階建グリーン車登場
89.3.29	足尾線廃止(わたらせ渓谷鉄道開業)
89.4.1	安全研究所、総合訓練センターを設置
90.3.10	京葉線(東京〜新木場間)開業
90.4.21	新型自動改札システム導入開始
90.4.28	「スーパービュー踊り子」号運転開始
90.10.14	21世紀への経営構想「FUTURE21」発表
90.10.30	「国際鉄道安全会議」を開催
90.12.20	越後湯沢〜ガーラ湯沢開業 「GALA湯沢スキー場」オープン
91.3.1	「イオカード」発売開始
91.3.16	相模線全線電化開業
91.3.19	成田〜成田空港間 開業 「成田エクスプレス」運転開始
91.6.20	新幹線(東京〜上野間)開業
91.12.1	JR東日本テレフォンセンターを開設 山手線全編成に6扉車1両増結し、11両運転開始
92.2.28	低騒音高速試験電車「STAR21」完成
92.3.17	東日本鉄道文化財団を設立
92.4.1	エコロジー推進委員会設置
92.7.1	山形新幹線(福島〜山形間)「つばさ」号新ใน 直通運転開始
92.12.3	成田空港第2ビル駅開業
93.2.2	ビューカード営業開始
93.3.1	終日禁煙を東京近郊及びエリア内主要駅に拡大
93.3.18	京浜東北線に209系登場
93.7.2	房総新型特急「ビューさざなみ・わかしお」号デビュー
93.10.26	株式上場(東京、大阪、名古屋、新潟各証券取引所に)
93.12.23	中央線新型特急「あずさ」運転開始
94.3.1	「安全基本計画」発表
94.7.15	オール2階建て新幹線「Max」デビュー
94.10.3	新津車両製作所操業開始
94.12.3	中央線「スーパーあずさ」130km/h運転開始
95.4.1	格安レンタカー(6,800円)発売開始
95.5.8	新潟地区にE127系新型電車営業運転開始
95.5.24	京浜東北線6扉車導入
95.7.2	中央線東京駅重層化新ホーム使用開始
95.12.1	ダイヤ改正 ・東京〜那須塩原間に「なすの」デビュー ・山形新幹線「つばさ」7両化 ・常磐線上野〜土浦間に通勤型交直流電車運転
96.1	耐震対策として高架橋柱などの補強工事を実施
96.3.16	ダイヤ改正 ・埼京線恵比寿駅へ乗り入れ ・八高線八王子〜高麗川間の電化
96.5.7	タッチパネル式新型自動券売機設置開始
96.12.1	ダイヤ改正 ・武蔵野線8両化

96.12.14 東京圏輸送管理システム「ATOS」使用開始
97.3.22 ダイヤ改正
・秋田新幹線(盛岡～秋田間)「こまち」新在直通運転開始
・東北新幹線275km/h運転開始
・北越急行株式会社「ほくほく線」開業
・全駅を「分煙化」、普通列車を全面禁煙化
97.4.21 ICカード、乗車券システムの現地試験開始
97.10.1 ダイヤ改正
・長野新幹線「あさま」デビュー
・上越新幹線に「たにがわ」登場
97.10.12 大月駅列車衝突事故 発生
97.10.16「新幹線自動改札システム」導入開始
98.3.14 ダイヤ改正
・東海道、総武快速、武蔵野線等の増発
98.11.1 新幹線早期地震検知システムの使用開始
98.12.8 ダイヤ改正
・秋田新幹線「こまち」6両化
・常磐線「ひたち」を全て「フレッシュひたち」化
99.1.25 めぐり姫キャンペーンスタート
99.2.2 「安全計画21」発表
99.2.19 新津車両製作所ISO14001認証取得
99.8.2 JR東日本株式(100万株)の第2次売却実施
99.12.4 ダイヤ改正
・山形新幹線新庄延伸
00.3.11 ダイヤ改正
・東北線「スーパーはつかり」デビュー
・中央・総武緩行線に新型電車(E231系通勤タイプ)登場
・仙石線(あおば通～陸前原ノ町間)地下化開業
00.4.1 JR東日本総合研修センター発足
00.11.29 JR東日本グループの中期経営構想「ニューフロンティア21」を発表

00.12.2 ダイヤ改正
・武蔵野線列車を海浜幕張駅まで延長運転
・宇都宮線他にE231系を投入
00.12.26 鉄道事業法に基づく認定鉄道事業者の第1号として認定される
01.2.7 20代後半の働く女性をターゲットとした「のんびり小町」キャンペーン開始
01.7.2 埼京線で「女性専用車両」導入開始
01.7.13 「大人の休日」展開開始
01.11.18 「Suica」サービス開始
01.12.1 JR会社法改正法施行
JR東日本研究開発センター発足
ATS-Ps形列車非常停止装置を仙山線仙台～愛子間で使用開始
ダイヤ改正
・中央線特急「あずさ」に新型車両(E257系)デビュー
02.4.21 山手線にE231系を投入
02.6.21 JR東日本株式の第3次売却完了
02.11.11 「国際鉄道安全会議2002」開催
02.12.1 ダイヤ改正
・東北新幹線盛岡～八戸間開業「はやて」運転開始
・埼京線、東京臨海高速鉄道との相互直通運転開始
03.4.10 「旧新橋停車場」開業
03.5.6 世界初のハイブリッド車両「NEトレイン」走行試験開始
03.10.26 仙台エリア「Suica」サービス開始
04.3.5 「安全計画2008」発表
04.8.1 JR西日本の「ICOCA」との相互利用開始
04.10.16 湘南新宿ライン・宇都宮線・高崎線に普通列車グリーン車、「グリーン車Suicaシステム」を導入
「さざなみ」、「わかしお」に新型車両(E257系)を導入
04 10.23 新潟県中越地震 発生(上越新幹線「とき325号」脱線)

04.12.27	新潟県中越地震のため一部区間で運転を見合わせていた上越線及び飯山線で運転再開、在来線全線で運転再開
04.12.28	新潟県中越地震のため一部区間運転を見合わせていた上越新幹線全線運転再開
05.1.24	中期経営構想「ニューフロンティア2008-新たな創造と発展」発表
05.4	「サービス介助士」資格取得の取り組みを開始
05.6.25	新幹線高速試験電車「FASTECH 360」試験走行開始
05.7.9	ダイヤ改正 ・常磐線普通列車に新型車両E531系を導入
05.12.10	ダイヤ改正 ・長野新幹線、成田エクスプレス、房総特急を全車禁煙化
05.12.25	羽越線列車脱線事故 発生
06.1.10	定期券機能付「ビュー・スイカ」カード受付開始
06.1.21	新潟エリアでのSuicaサービス開始
06.1.28	モバイルSuicaサービス開始
06.3.18	ダイヤ改正 ・東武鉄道と特急列車直通運転開始
06.4.1	遺失物管理システムを全支社に展開
06.4.6	新幹線高速試験電車「FASTECH360Z」試験走行開始
06.5.14	交通博物館閉館
06.10.1	安全管理規程の制定
07.2.26	異常時案内ディスプレイを首都圏主要駅に設置開始
07.3.18	Suicaと「PASMO」との首都圏ICカード相互利用サービス開始 埼玉県都市交通、仙台空港鉄道、ジェイアールバス関東とのSuica相互利用開始 ダイヤ改正 ・新幹線及び特急列車全面禁煙化 ・常磐線普通列車グリーン車の営業開始 ・仙台空港鉄道との直通運転開始
07.5.30	東京駅丸の内駅舎保存・復原工事着工
07.7.31	小海線にディーゼルハイブリッド車両(キハE200形)を導入し世界初の営業運転開始
07.10.14	鉄道博物館オープン
07.11.23	ハイグレード車両(E655系「なごみ(和)」)の営業運転開始
07.12.1	首都圏在来線早期地震警報システムの導入
08.3.15	「モバイルSuica」特急券サービス開始
08.3.25	海外向けインターネット指定席予約サービス"JR-EAST Shinkansen Reservation"サービス開始
08.3.29	Suica、JR西日本「ICOCA」、JR東海「TOICA」の相互利用開始
08.3.31	「グループ経営ビジョン2020 -挑む-」発表 新幹線(全エリア)のラーメン高架橋および橋脚の耐震補強対策(せん断破壊先行型)完了
08.5.30	東北縦貫線工事着手
08.6.17	降雨災害との関連性がよい雨量指標「実効雨量」の導入
08.11.4	在来線用試験電車MUE-Train(ミュートレイン)の試験走行開始
09.3.3	「安全ビジョン2013」発表
09.3.10	信濃川発電所における不祥事に対する行政処分により、同発電所での取水を停止
09.3.14	Suicaの利用エリア拡大、JR北海道「Kitaca」とのIC乗車券・電子マネー相互利用開始、東京近郊区間拡大 ダイヤ改正 ・「西府駅」「西大宮駅」開業
09.4.1	首都圏の一定エリアにおける駅の全面禁煙化
09.4.27	在来線早期地震警報システムの全線区導入
09.6.1	会社間直通列車の全面禁煙実施
09.9.1	株式会社ビューカード設立

09.10.1	新型成田エクスプレス（E259系）営業運転開始
09.12.28	埼京線で防犯カメラを試行開始
10.3.1	「JR東日本❤生きる支援の強化月間」を実施
10.3.13	ダイヤ改正 ・横須賀線武蔵小杉駅開業
10.6.9	信濃川発電所において「流水の占用許可」に基づく取水を再開
10.7.31	岩泉線列車脱線事故　発生
10.10.4	「痴漢撲滅キャンペーン」の実施
10.11.7	中央線（三鷹〜立川間）高架化完了
10.12.4	ダイヤ改正 ・東北新幹線八戸〜新青森間開業
10.12.15	山手線LED照明を試行導入
11.2.25	東京駅太陽光発電システム使用開始
11.3.5	東北新幹線「はやぶさ」運転開始
11.3.11	東日本大震災発生
11.4.29	東北新幹線全線運転再開
11.6.24	電力使用制限令に基づき、「夏の特別ダイヤ」を実施
11.7.15	総合企画本部内に「観光戦略室」を設置
11.7.23	JRグループ「つなげよう、日本。〜旅する笑顔を東北の力に〜」キャンペーン実施
11.9.23	東北新幹線全線で通常ダイヤでの運転再開
11.10.10	仙石線で無線を用いた列車制御システム「ATACS」を使用開始
11.11.1	日本コンサルタンツ㈱を設立
12.3.17	ダイヤ改正 ・武蔵野線「吉川美南駅」開業
12.3.30	岩泉線についてバス転換を表明
12.4.2	東急車輛製造㈱の鉄道車両製造事業を吸収分割により継承した会社の全株式を東京急行電鉄㈱から取得し、新たに㈱総合車両製作所として子会社化
12.5.1	総合企画本部内に「復興企画部」を設置
12.8.1	本社復興企画部内に「気仙沼線BRT営業所」を設置
12.10.1	東京駅丸の内駅舎保存・復原工事完成
12.10.30	「グループ経営構想V（ファイブ）〜限りなき前進へ」発表
12.11.1	ブリュッセル事務所を設置
13.2.1	東京駅とニューヨーク・グランドセントラル駅が姉妹駅協定締結
13.3.15	シンガポール事務所を設置
13.3.16	E6系新幹線「スーパーこまち」運転開始
13.3.23	交通系ICカードの全国相互利用サービス開始
13.4.1	北陸営業センターを設置 駅業務専門受託会社の㈱JR東日本ステーションサービスを設立
13.6.10	本社技術企画部内に「知的財産センター」を設置
13.9.3	㈱びゅうトラベルサービスが台湾において新たな訪日旅行ブランド「東日本鉄道ホリデー」を展開
13.9.20	東京駅八重洲口「グランルーフ」完成
13.10.1	本社復興企画部内の「気仙沼線BRT営業所」を盛岡支社へ移管
13.10.19	復興支援と地域活性化への取組みの一環として、乗ること自体が目的となる新しい列車「TOHOKU EMOTION」運転開始
13.10.29	グループ経営構想V「今後の重点取組み事項」発表
13.11.6	タイ王国バンコク都市鉄道パープルラインにおいて、丸紅㈱、㈱東芝と共に車両及び地上設備のメンテナンス事業への参画を発表
13.11.7	世界の鉄道をテーマにした博物館が一堂に会する「世界鉄道博物館会議」を開催
14.1.1	本社内に「政策調査室」を設置
14.2.4	第6次安全5カ年計画「グループ安全計画2018」を策定

14.3.10 お客さまへのタイムリーな情報提供を実現するため、スマートフォン向け「JR東日本アプリ」サービス開始

14.4.1 岩泉線廃止
　　　　会社分割により新津車両製作所の車両製造事業を㈱総合車両製作所へ継承

14.4.15 ロンドン事務所を設置

14.6.3 田町～品川駅間に新駅設置を公表

14.6.23 総合企画本部内に「品川・大規模開発部」を設置し、「ターミナル計画部」を統合

14.7.1 本社附属機関として「構造技術センター」を設置

14.10.28 世界貿易機関(WTO)政府調達協定の対象から除外

14.12.20 東京駅開業100周年

15.3.14 ダイヤ改正
　　　　・北陸新幹線延伸
　　　　・上野東京ライン開業

15.7.7～10 国際鉄道連合と共同主催で「第9回UIC世界高速鉄道会議」を開催

15.9.30 東京駅とドイツ鉄道フランクフルト中央駅が姉妹駅協定締結

15.11.27 列車と宿を自由に選ぶことができる「JR東日本ダイナミックレールパック」の販売を開始

16.3.26 ダイヤ改正
　　　　・北海道新幹線新青森～新函館北斗間開業
　　　　・南武線「小田栄駅」開業

16.6.7 公益財団法人東京オリンピック・パラリンピック競技大会組織委員会と「東京2020オフィシャルパートナー(旅客鉄道輸送サービス)」契約を締結

16.8.6 タイ王国バンコク都市鉄道「パープルライン」開業

16.8.20 「駅ナンバリング」使用開始

16.9.1 運輸車両部内に「TRAIN SUITE 四季島車区」を設置

16.11.8 「技術革新中長期ビジョン」を発表

17.3.4 ダイヤ改正
　　　　・男鹿線に蓄電池電車投入

17.4.1 磐越西線「郡山富田駅」開業

17.5.1 「TRAIN SUITE 四季島」の運行開始

17.6.23 総合企画本部内に設置の「国際業務部」を独立させ、「国際事業本部」を新設

17.11.4 埼京線にて無線式列車制御システム「ATACS」の使用を開始

17.12.1 シンガポールに「JR東日本東南アジア営業センター」開設

17.12.7 東京駅丸の内駅前広場供用開始

17.12.10 英国における「ウェストミッドランズ旅客鉄道事業」のフランチャイズ運営を開始

18.2.20 コーポレートベンチャーキャピタル新会社「JR東日本スタートアップ㈱」設立

18.3.31 「台湾捷爾東事業開発股份有限公司(JR東日本台湾事業開発)」設立

18.4.1 両毛線「あしかがフラワーパーク駅」開業

18.6.22 総合企画本部内の「システム企画部」と「技術企画部」、IT・Suica事業本部の情報ビジネス戦略グループ・ICTビジネス推進グループを統合し、「技術イノベーション推進本部」を新設

18.7.3 グループ経営ビジョン「変革2027」を発表

18.7.5 鉄道博物館南館開業

18.9.30 「ブリュッセル事務所」閉鎖

18.11.6 「グループ安全計画2023」を発表

19.3.16 ダイヤ改正
　　　　・上越新幹線にE7系導入

19.3.23 山田線宮古～釜石間の復旧工事完了、三陸鉄道㈱へ運営移管

19.4.1 新幹線を一元的、専門的に統括する新たな部門として、「新幹線統括本部」を設置

19.4.20 常磐線「Jヴィレッジ駅」開業

19.6.21	人事部および厚生部を統合し「人財戦略部」、法務部および総務部を統合し「総務・法務戦略部」を設置
19.7.1	移動空間の価値向上を目的とした車内サービス提供を創造する新会社「㈱JR東日本サービスクリエーション」が事業を開始
19.11.30	相鉄・JR直通線開業
20.3.14	ダイヤ改正 ・常磐線全線運転再開 ・「高輪ゲートウェイ駅」開業 JR東日本・JR北海道・JR西日本の3社で「新幹線eチケットサービス」開始
20.4.1	復興企画部を廃止し、新たに経営企画部内に「復興企画室」を設置 ㈱日本レストランエンタプライズとジェイアール東日本フードビジネス㈱を合併、新社名を「㈱JR東日本フーズ」とする
20.4.7	「㈱えきまちエナジークリエイト」設立
20.5.12	環境長期目標「ゼロカーボン・チャレンジ2050」発表
20.6.23	「MaaS・Suica推進本部」「エネルギー戦略部」を設置
21.3.13	ダイヤ改正 ・東京100Km圏の主要路線において終電時刻の繰り上げ等を実施 ・奥羽本線「泉外旭川駅」開業
21.4.28	「JR東日本不動産投資顧問㈱」設立
21.12.1	信濃川発電所業務改善推進部、エネルギー戦略部及びエネルギー管理センターを統合し、「エネルギー企画部」を設置
22.3.1	「ロサンゼルス事務所」設置、「ニューヨーク事務所」業務終了
22.3.12	統括センター・営業統括センターの新設
22.4.1	シーズン別の指定席特急料金を改定し、最繁忙期を導入
22.7.5	「エネルギービジョン2027〜つなぐ〜」発表
22.8.31	「台灣捷爾東健身事業股份有限公司」を設立
23.3.18	ダイヤ改正 ・京葉線「幕張豊砂駅」、田沢湖線「前潟駅」開業 ・東京の電車特定区間にて「オフピーク定期券」の発売を開始、また鉄道駅バリアフリー料金制度を活用した料金の収受を開始

ＪＲ東海

87.4.1 東海旅客鉄道株式会社発足

87.7.20 リニア中央新幹線構想推進のため、リニア対策本部を設置

88.1.30 岡多線の廃止、譲渡（1.31愛知環状鉄道として営業開始）

88.2.1 大阪支社、三重支店、飯田線営業所が発足（1989.7.1 大阪支社を関西支社に、1990.3.1 飯田線営業所を飯田支店にそれぞれ組織改正）

88.3.13 東海道新幹線新富士、掛川、三河安城駅、東海道本線西岡崎、三河安城、逢妻駅開業

88.4.1 バス事業を「ジェイアール東海バス株式会社」に営業譲渡

88.10.1 ロサンゼルス（現在はワシントンD.C.へ移設）、ロンドン、シドニーに海外事務所を設置

88.11.16 東海道本線三河塩津駅開業

89.3.11 ダイヤ改正（「ひかり7本ダイヤ」の実施、高山本線特急「ひだ」に新型キハ85系を投入）

89.6.1 「JR東海エクスプレス・カード」サービス開始

89.7.9 東海道本線金山駅開業

89.8.7 リニア実験線、建設地を山梨に決定（運輸省超電導磁気浮上方式鉄道検討委員会）

89.12.16 御殿場線CTC化

90.2.6 運輸大臣より中央新幹線の地形、地質等に関する調査の指示

90.3.1 リニア中央新幹線推進部、リニア実験線部を設置

90.3.10 ダイヤ改正（「ひかり7本ダイヤ」の拡大、「ワイドビューひだ」の増発及びスピードアップ、名古屋都市圏快速網の充実）

90.4.1 「株式会社ジェイアール東海ツアーズ」営業開始

90.6.25 山梨リニア実験線の建設計画を運輸大臣に申請、承認

90.11.28 山梨リニア実験線建設工事の着手式

91.3.16 ダイヤ改正（「ひかり7本ダイヤ」の拡大、通勤通学用「こだま」増発、「ワイドビューひだ」スピードアップ、御殿場線特急「あさぎり」沼津〜新宿間運転開始

91.7.1 中央新幹線計画部、リニア開発本部を設置

91.10.1 東海道新幹線鉄道施設を譲受け

91.12.14 東海道本線豊田町駅開業

92.2.15 自動改札システムが始動（金山・春日井・高蔵寺駅）

92.3.14 ・ダイヤ改正（300系新幹線「のぞみ」の営業運転開始、「ひかり8本ダイヤ」パターンの導入、キハ85系気動車「ワイドビュー南紀」運転開始）
・地震動早期検知警報システムが全面稼働

92.7.23 JR東海太閤ビル竣工

92.7.31 東海道新幹線品川駅新設に関し、鉄道側4者間で基本合意

92.12.6 中央線（名古屋〜中津川間）CTC化

93.3.18 ダイヤ改正（「のぞみ」1時間1本へ増発 博多まで乗り入れ開始）

93.8.1 関西・紀勢・参宮線ダイヤ改正（快速「みえ」にキハ75系気動車を投入）

93.10.17 太多線CTC化

95.1.27 300X試験車両公式試運転

95.3.16 東海道本線尾頭橋駅開業

95.4.29 中央本線特急「しなの」に383系電車を投入

95.10.1 身延線ダイヤ改正（特急「ふじかわ」に373系電車投入）

95.10.10 東海道本線（新所原〜米原間）のCTC化

96.3.16 ダイヤ改正（臨時「のぞみ」増発、新横 浜駅停車「のぞみ」夜1往復増停車、東海道本線特急「東海」、飯田線特急「伊那路」373系電車で運転開始）

96.3.25 東海道新幹線品川駅新設計画に係

る事業基本計画の変更等について
運輸大臣より認可

96.7.1	山梨実験センター発足
96.7.26	300X試験車両が走行試験で国内最高の443.0km/hを記録
97.3.1	東京、名古屋、京都、新大阪の各駅に指定席券売機(ATV)を導入
97.4.3	山梨リニア実験線走行試験開始
97.6.11	新幹線自動改札機を全国で初めて導入(静岡型)
97.10.1	ダイヤ改正(特急列車のダイヤ見直し、中央本線の快速の増発)
97.10.8	名古屋、東京、大阪、京都の4証券取引所へ株式上場
97.11.29	ダイヤ改正(「のぞみ」増発、新横浜駅停車増)
98.3.17	東海道新幹線各駅(新横浜駅を除く)に新幹線自動改札機を設置
98.6.11	山梨リニア実験線すれ違い走行試験開始
98.7.10	ダイヤ改正(285系寝台電車「サンライズ瀬戸・出雲」運転開始)
98.10.30	東海道本線東静岡駅開業
99.2.26	「東海道・山陽新幹線第2総合指令所」完成
99.3.13	ダイヤ改正(700系「のぞみ」営業運転開始、「のぞみ」の増発)
99.9.27	東海道本線(函南〜新所原間)CTC化
99.10.2	ダイヤ改正(700系「のぞみ」増発)
99.12.4	ダイヤ改正(東海道本線に「特別快速」運転開始、中央本線に定員制の「セントラルライナー」を運転開始)
99.12.20	JRセントラルタワーズ竣工
00.3.9	運輸省の超電導磁気浮上式鉄道実用技術評価委員会(以下、「評価委員会」)において「超電導リニアの「実用化に向けた技術上のめどは立ったものと考えられる」との評価
00.3.15	「ジェイアール名古屋タカシマヤ」開業
00.5.17	「名古屋マリオットアソシアホテル」開

業

00.10.1	ダイヤ改正(「のぞみ」の新横浜停車増、「のぞみ」1往復増発)
00.11.26	亀山CTC指令を東海総合指令所に統合
01.1.14	関西本線CTC化
01.2.11	武豊線CTC化
01.3.3	関西本線春田駅開業
01.4.22	東海道本線愛野駅開業
01.9.3	「エクスプレス予約」サービス開始
01.10.1	ダイヤ改正(「のぞみ」の30分間隔運転開始、中央本線の増発)
01.12.1	「旅客鉄道株式会社及び日本貨物鉄道株式会社に関する法律の一部を改正する法律」の施行により、JR会社法の適用対象から除外
02.7.1	愛知県小牧市に研究施設を開設
02.9.7	御殿場線長泉なめり駅開業
03.2.25	丸の内中央ビル竣工
03.10.1	・ダイヤ改正(東海道新幹線品川駅開業、全列車の最高速度270km/h化、1時間あたり最大で「のぞみ」7本となる抜本的なダイヤ改正を実施)
	・50歳以上の方を対象とした旅クラブ・JR東海「50＋(フィフティ・プラス)」がスタート
03.12.2	有人走行で鉄道の世界最高速度となる581km/hを記録
04.2.1	身延CTC指令を静岡総合指令所に統合
04.4.5	JR東海品川ビル竣工
04.5.28	技術開発部ISO14001認証取得
05.3.1	ダイヤ改正(1時間あたり最大で「のぞみ」8本、愛知環状鉄道との直通列車「エキスポシャトル」運転開始)
05.3.11	国土交通省の「評価委員会」において「超電導磁気浮上式鉄道について実用化の基盤技術が確立したと判断できる」との評価
05.3.25	「2005年日本国際博覧会」に「JR東海超電導リニア館」を出展
05.7.29	独立行政法人鉄道建設・運輸施設

整備支援機構国鉄清算事業本部保有の当社株式600,000株の売却

05.8.30 東海道新幹線早期地震警報システム「TERRA-S(テラス)」の稼動開始

05.12.10 「エクスプレス予約」のサービス区間を新神戸駅まで拡大

06.2.26 沼津CTC指令を静岡総合指令所に統合

06.3.18 ・ダイヤ改正(東京〜博多間「のぞみ」終日毎時2本運転)
・東海道新幹線に新ATC(自動列車制御装置)システムを導入

06.4.5 ・自己株式268,686株を取得
・独立行政法人鉄道建設・運輸施設整備支援機構国鉄清算事業本部が保有する全ての当社株式の売却が終了

06.6.23 東海道新幹線21世紀対策本部を設置

06.7.18 「名古屋セントラル病院」開院

06.7.22 「エクスプレス予約」サービス区間を東海道・山陽新幹線全線へ拡大

06.9.25 山梨リニア実験線の設備更新および延伸に係る設備投資計画を決定

06.10.1 在来線ダイヤ改正(313系新製車両を投入、名古屋地区の東海道線で快速列車を大幅に増強)

06.11.25 在来線用ICカード「TOICA」サービスを名古屋地区にて開始

07.1.23 山梨リニア実験線の建設計画の変更を国土交通大臣に申請、承認

07.3.18 ダイヤ改正(静岡地区を中心に313系新製車両を投入、東海道本線野田新町駅が開業)

07.7.1 ダイヤ改正(N700系営業運転開始)

07.8.24 東海道新幹線「地震防災システム」を機能強化(テラス検地点を増設)

07.9.8 2004年10月の台風により一部区間でバス代行輸送を行っていた高山本線が全線で運転再開

07.12.25 「自己負担を前提とした東海道新幹線バイパス、即ち中央新幹線の推進

について」を発表

08.1.27 飯田CTC指令を東海総合指令所に統合(すべてのCTC指令の東海・静岡総合指令所への統合が完了)

08.2.27 新横浜中央ビル竣工

08.3.1 「TOICA」利用エリアを静岡地区へ拡大

08.3.15 ダイヤ改正(N700系「のぞみ」毎時1本運転、品川・新横浜駅全列車停車)

08.3.26 「キュービックプラザ新横浜」開業

08.3.29 東海道新幹線で「EX-IC」サービス開始、「TOICA」「Suica」「ICOCA」による相互利用サービスを開始

08.3.31 在来線への安全装置の整備(運転情報記録装置・緊急列車停止装置等搭載)が完了

08.4.1 「ホテルアソシア新横浜」開業

08.10.15 日本車輌製造株式会社を連結子会社化

08.10.22 1990年に運輸大臣より指示を受けた中央新幹線の地形、地質等に関する調査報告書を国土交通大臣に提出

08.12.24 国土交通大臣より中央新幹線に係る全国新幹線鉄道整備法第5条の残り4項目に関する調査の指示を受け調査開始

09.3.14 ・ダイヤ改正(1時間あたり最大で「のぞみ」8本、東海道・山陽直通列車のダイヤ充実、N700系「のぞみ」毎時2本運転、東海道本線南大高駅開業、在来線ホーム全面禁煙化)
・N700系車内において無線LANによるインターネット接続サービスを開始(東京〜新大阪間)

09.5.11 自己株式90,000株の消却を実施

09.7.28 国土交通省の「評価委員会」において超電導リニアの「営業線に必要となる技術が網羅的に体系的に整備され、今後詳細な営業線仕様及び技術基準等の策定を具体的に進めることが可能となった」との評価

09.8.29	「EX-ICサービス」を山陽新幹線への利用区間拡大及び法人会員向けサービス開始
09.11.16	「高速鉄道シンポジウム」を開催するとともに、N700系車両による最高速度330km/hの実証運転を実施
09.12.24	2008年に国土交通大臣より指示を受けた中央新幹線に係る全国新幹線整備法第5条の残り4項目に関する調査報告書を国土交通大臣に提出
10.1.25	高速鉄道の海外事業展開について、米国2企業と提携し、米国をはじめとする諸外国での市場でいくつかの高速鉄道路線プロジェクトに参入することを表明
10.3.13	・ダイヤ改正(東海道・山陽新幹線直通定期「のぞみ」全N700系化) ・「TOICA」の新サービス(利用エリア拡大、TOICA定期券による新幹線乗車サービス、電子マネー機能の追加)を開始
10.5.19	「名古屋駅新ビル計画」の推進決定を発表
11.3.5	「TOICA」「SUGOCA」の相互利用開始
11.3.12	ダイヤ改正(東海道新幹線の全定期「のぞみ」の概ね9割をN700系で運転)
11.3.14	「リニア・鉄道館」開館
11.5.20	国土交通大臣が当社を中央新幹線(東京都・大阪市間)の営業主体及び建設主体に指名
11.5.26	国土交通大臣が中央新幹線(東京都・大阪市間)の整備計画を決定
11.5.27	国土交通大臣が当社に中央新幹線(東京都・大阪市間)の建設を指示
11.7.1	東海道新幹線21世紀対策本部の名称を中央新幹線推進本部に変更
11.6.7	中央新幹線(東京都・名古屋市間)計画段階環境配慮書を公表(長野県に係る区間については2011.8.7に公表)
11.9.13	国土交通省の「評価委員会」におい

	て超電導リニアの「誘導集電については、車上電源として実用化に必要な技術が確立している」との評価
11.9.27	中央新幹線(東京都・名古屋市間)の環境影響評価方法書を公告
12.3.17	ダイヤ改正(全定期「のぞみ」をN700系で運転、東海道本線相見駅開業)
12.4.21	「TOICA」「manaca」の乗車券機能の相互利用サービスを開始
12.5.11	自己株式90,000株の消却を実施
12.10.1	株式の分割及び単元株制度の採用
12.10.9	既にお手持ちのクレジットカードで東海道新幹線のネット予約とIC乗車サービスを利用できる「プラスEX」サービスを開始
13.2.8	N700A車両営業運転開始
13.3.16	ダイヤ改正(N700AまたはN700系で運転する定期列車の増加、新大阪駅27番線の供用開始、東海道線の快速・普通列車用電車をすべてJR発足以降の新製車両に置き換え)
13.3.23	交通系ICカードの全国相互利用サービス開始
13.8.29	山梨リニア実験線の42.8kmへの延伸と設備更新が完了し、走行試験再開
13.9.20	中央新幹線(東京都・名古屋市間)の環境影響評価準備書を公告
14.3.15	ダイヤ改正(下り・上りともほぼすべての時間帯で、お客様のご利用にあわ せて、1時間に最大10本の「のぞみ」を運転できる「のぞみ10本ダイヤ」、静岡〜沼津間にホームライナー新設)
14.4.9	台湾において台湾高速鉄道を運行している台湾高速鐵路股份有限公司との間で、技術コンサルティングの受託に関する契約を締結
14.8.29	中央新幹線(東京都・名古屋市間)の最終的な環境影響評価書を公告
14.10.1	東海道新幹線開業50周年
14.10.17	国土交通大臣が中央新幹線品川・

名古屋間工事実施計画(その1)を認
可

14.12.17　品川駅・名古屋駅において、中央新
幹線の工事安全祈願式を実施

15.3.1　武豊線電化開業

15.3.14　ダイヤ改正(東海道新幹線で最高速
度を向上し、285km/h運転を開始、
武豊線で夕通勤時間帯に名古屋か
らの直通快速列車や線内の普通列
車を増発)

15.4.21　山梨リニア実験線において、有人走
行で速度603km/hを記録し鉄道の
世界最高速度を更新

15.12.18　中央新幹線の南アルプストンネル新
設(山梨工区)工事について、本格
的な土木工事に着手

16.3.26　・ダイヤ改正(早朝・深夜の一部「の
ぞみ」「こだま」を最高速度285km/hと
し所要時間短縮、特急「ひだ」の運
転時間帯を一部見直し)
　　　　・東海道新幹線の指定席・グリーン席
をご利用のお客様の改札を原則省略

16.10.12　米国テキサス州にある高速鉄道プロ
ジェクトについて、現地子会社「High
- Speed - Railway Technology Consulting
Corporation」が、現地事業開発主体と
技術支援契約を締結

16.11.7　JRゲートタワー　オフィス入居開始

16.11.18　「独立行政法人鉄道建設・運輸施設
整備支援機構法の一部を改正する
法律」が施行され、会社・運輸機構に
対して、中央新幹線の建設の推進
のため、財政投融資を活用した長期
借入を申請

17.2.17　国土交通省の評価委員会において、
超電導リニアの技術開発について
は「営業線に必要な技術開発は完
了」との評価

17.3.4　ダイヤ改正(すべての定期「のぞみ」
「ひかり」をN700Aタイプで運転)

17.4.17　「タカシマヤ　ゲートタワーモール」、
「名古屋JRゲートタワーホテル」が開

業し、JRゲートタワーが全面開業

17.9.30　東海道・山陽新幹線で「スマートEX」
サービス開始

18.3.2　国土交通大臣が中央新幹線品川・名古
屋間工事実施計画(その2)を認可

18.3.17　ダイヤ改正(一部「のぞみ」の所要時
間短縮、特急「あさぎり」の列車名を
特急「ふじさん」に変更)

18.7.1　特急「ひだ」・「南紀」(キハ85系気動
車)車内において無料Wi-Fiサービ
スの提供を開始

18.7.25　東海道新幹線(N700A)車内におい
て無料Wi-Fiサービスの提供を開始

18.10.17　国土交通大臣が中央新幹線品川・
名古屋間の大深度地下使用を認可

19.3.2　「TOICA」利用エリアを拡大

19.3.16　・ダイヤ改正(「のぞみ」70本の所要
時間を3分短縮)
　　　　・ホームページにおける新幹線・在
来線の各列車の走行位置や遅延状
況等の運行情報の提供、Twitterに
よる運行情報の配信等を開始

19.5.24　N700S確認試験車による360km/hの
速度向上試験を実施

20.3.14　ダイヤ改正(1時間あたり最大で「の
ぞみ」12本、東海道新幹線全列車の
最高速度285km/h化、東海道本線
御厨駅開業)

20.5.20　東海道・山陽・九州新幹線「特大荷
物スペースつき座席」サービス開始

20.7.1　N700S車両営業運転開始

21.3.13　ダイヤ改正(一部「のぞみ」の所要時
間短縮、東海道・山陽直通列車のダ
イヤ充実)

21.4.20　東海道・山陽新幹線に車いすスペー
スを6席設置したN700S車両を投
入

22.3.12　ダイヤ改正(定期「のぞみ」の平均所
要時間短縮、中央本線に315系を投
入)

22.6.25　「エクスプレス予約」及び「スマート
EX」の九州新幹線区間へのサービ

スエリア延伸

22.7.1	高山本線の特急「ひだ」にHC85系を投入
23.3.18	ダイヤ改正(一部「のぞみ」の所要時間短縮、東海道・山陽直通列車のダイヤ充実)
23.7.1	紀勢本線の特急「南紀」にHC85系を投入

ＪＲ西日本

87.4.1	西日本旅客鉄道株式会社発足
87.7.13	信楽線廃止(信楽高原鉄道開業)
87.7.25	岩日線廃止(錦川鉄道開業)
87.10.14	若桜線廃止(若桜鉄道開業)
87.11.1	境線新駅(5駅)開業
87.12.2	関西空港アクセス(空港～日根野間) 第二種鉄道事業免許取得
88.2.5	線区愛称名決定(近畿地区7線)
88.3.13	山陽新幹線(新尾道、東広島)開業
88.3.20	本四備讃線(茶屋町～児島間)開業
88.3.25	能登線廃止(のと鉄道開業)
88.4.1	山陽本線、宮内串戸駅開業
88.5.25	関西高速鉄道株式会社設立
88.7.16	宮福鉄道貸受開業
88.10.1	北陸本線 明峰駅開業
88.10.28	片福連絡線第二種鉄道事業免許取得
88.12.4	湖西線 小野駅開業
89.3.5	山陰本線(嵯峨～馬堀間)複線新線 使用開始
89.3.11	片町線 松井山手駅、山陰本線 太秦駅、和歌山線 玉手駅開業 「グランドひかり」、「221系」営業運転開始
89.7.20	「トワイライトエクスプレス」運行開始
89.8.11	山陽本線 中野東駅、阿品駅開業
89.11.11	関西本線 東部市ъ駅開業
90.3.10	山陰本線(京都～園部間)電化
90.3.31	大社線、鍛冶屋線、宮津線廃止
90.4.1	博多南線(博多～博多南間)営業開始 加古川線野村駅に「西脇市駅」に駅名改称 近畿圏主要線区にラインカラー導入 (10線区)
90.8.26	221系電車「ローレル賞」受賞
90.11.14	嵯峨野観光鉄道株式会社設立
91.2.26	東海道・山陽新幹線30億人輸送達成
91.3.16	東海道本線 栗東駅開業
91.4.27	嵯峨野観光鉄道 観光トロッコ列車「ロマンチックトレイン嵯峨野」営業開始
91.4.30	「207系通勤形電車」営業運転開始

91.9.1	七尾線(津幡～和倉温泉間)電化開業 七尾鉄道発足 七尾線(和倉温泉～輪島間)の運営をのと鉄道に移管
91.9.14	北陸本線(米原～長浜間)直流化開業
91.10.1	山崎新幹線譲渡受け
91.12.1	知的障害者の運賃割引適用開始
92.3.15	山陽新幹線(新大阪～岡山間)開業 20周年
92.3.19	呉線・呉ポートピア開業
92.3.30	新本社ビル完成
92.5.16	新大阪総合指令室開設
92.8.8	WIN350高速試験で350.4km/hを達成
92.10.22	奈良線六地蔵駅開業
93.3.14	広川ビーチ駅開業
93.3.18	のぞみデビュー、山陰線・東山公園駅開業
93.6.1	京都・大阪・神戸の3支社発足
94.6.15	関西空港線開業
94.8.20	可部線・大町駅開業
94.9.4	関西国際空港開港(「はるか」デビュー、琵琶湖線「南草津駅」開業、嵯峨野線嵯峨、湖西線叡山、大和路線湊町駅を、それぞれ「嵯峨嵐山」「比叡山坂本」「JR難波」に改称
94.10.1	呉線・安芸長浜駅開業
94.12.3	「スーパーやくも」「スーパーはくと」(智頭急行)デビュー
95.1.17	阪神・淡路大震災発生(山陽新幹線、JR神戸線などに大きな被害)
95.4.1	JR神戸線74日ぶりに全線開通
95.4.8	山陽新幹線が81日ぶりに全線開通
95.4.20	「スーパー雷鳥」、「関空特快ウイング」デビュー、山陰線綾部～福知山間の電化工事完成
95.4.28	早期地震検知警報システム「ユレダス」を山陽新幹線新大阪～西明石間で使用開始
95.5.14	震災で被災したSL(C57－1号機)が「SLやまぐち号」に復帰

96.3.16	山陰本線高速化・電化開業
96.7.31	「スーパーくろしお・オーシャンアロー」デビュー
96.10.8	大証、東証、名証で株式上場
96.11.28	山陽新幹線全線で「ユレダス」を使用開始
97.3.8	JR東西線（京橋～尼崎間）開業
97.3.8	JR宝塚線（新三田～篠山口間）複線化
97.3.22	「500系のぞみ」、「はくたか」（北越急行）デビュー
97.7.12	新しい京都駅の駅施設開業
98.3.14	播但線（姫路～寺前間）電化開業
98.4.28	在来線に早期地震検知警報システム「ユレダス」導入
98.7.10	新型特急寝台電車「サンライズエクスプレス」デビュー
99.2.26	東海道・山陽新幹線の第2指令所が完成
99.3.13	・「700系のぞみ」デビュー
	・山陽新幹線「厚狭駅」開業
99.5.10	「紀州路快速」デビュー
99.6.27	福岡トンネルで走行中のひかりの屋根にコンクリート片が落下
99.8.31	博多総合車両所ISO14001認証取得
99.10.2	舞鶴線、綾部～東舞鶴間電化開業
99.10.9	北九州トンネルでコンクリート片が落下
00.2.1	JR神戸線 兵庫～鷹取間に「神戸乗務員訓練センター」設置
00.3.1	JR電話予約サービス「5489サービス」を開始
00.3.13	「ひかりレールスター」デビュー
00.4.1	網干総合車両所 発足
00.4.7	交通科学博物館・梅小路蒸気機関車館と英国ヨーク国立鉄道博物館が姉妹提携
00.9.23	嵯峨野線・円町駅開業 嵯峨野線二条～花園間 複線新線使用開始
00.11.6	インターネットによるきっぷ予約サービス「e5489」を開始
00.12.1	新築移転した大阪鉄道病院を開院
01.3.1	JRゆめ咲線に「ユニバーサルシティ駅」開業
01.3.3	奈良線輸送改善「JR小倉駅」開業 683系「サンダーバード」デビュー
01.5.14	英国ヨーク国立鉄道博物館に「0系新幹線車両」を譲渡
01.7.7	山陰本線高速化特急「スーパーおき」「スーパーくにびき」デビュー
01.10.1	TiS本部が統合
01.11.13	「中期経営目標」を発表
02.3.23	呉線・新広駅開業
02.7.1	学研都市線・大阪環状線に「女性専用車」を試行的に導入
02.7.29	JR京都・神戸線（草津～西明石間）に運行管理システムを導入
02.10.1	大阪環状線および学研都市線に「女性専用車」本格導入
	（12/2 JR京都線・神戸線・東西線・宝塚線に拡大、夕時間帯にも導入）
03.3.15	小浜線、敦賀～東舞鶴間電化開業
03.4.1	「JR西日本案内センター」開設
03.9.3	上海に現地事務所「上海代表処」開設
03.10.1	・のぞみ増発、自由席設置、のぞみ料金改定、小郡駅を「新山口駅」に改称
	・山陰本線（鳥取～米子）高速化開業「スーパーいなば」・「スーパーまつかぜ」デビュー
03.11.1	ICカード「ICOCA」サービス開始
03.11.30	可部線可部～三段峡間（46.2km）を廃止
04.3.12	株式の完全売却（完全民営化の達成）
04.3.13	山陽本線・天神川駅、和歌山線・JR五位堂駅開業、和歌山線下田駅を「香芝駅」に改称
04.6.1	映像制作などを支援する窓口「JR西日本ロケーションサービス」を発足
04.6.21	「JR西日本お客様センター」開設
04.8.1	「Suica」・「ICOCA」相互利用開始「こどもICOCA」発売開始
04.12.10	梅小路運転区「扇形車庫」が国の重要文化財に指定

04.12.19	加古川線(加古川～谷川間 48.5km)が電化開業
05.3.1	・寝台特急「さくら」「あさかぜ」、特急「いそかぜ」を廃止 ・JR神戸線・ひめじ別所駅開業、山陰線坂崎駅が「城崎温泉」駅に改称
05.4.25	福知山線尼崎～塚口間で快速電車が脱線、死者107名、負傷者563名
05.5.31	国土交通大臣に「安全性向上計画」を提出
05.11.11	「福知山線列車事故対策審議室」を設置
05.12.1	「321系」通勤形車両の営業運転開始
06.1.21	「ICOCA」「PiTaPa」の相互利用開始
06.1.24	伯備線で保線作業中の社員と特急列車が接触、4名が死傷
06.3.1	富山港線(富山～岩瀬浜間 8.0km)を廃止(富山ライトレール㈱が運行を引き継ぐ)
06.3.1	「福知山線列車事故ご被害者対応本部」を設置
06.4.1	新たな「企業理念」、「安全憲章」施行開始、「制定式」を開催
06.4.25	「福知山線列車事故追悼慰霊式」を開催(以降毎年4月25日に開催)
06.6.23	・鉄道本部内に「新幹線統括部」を新設 ・「安全研究所」を設置 ・広報室、監査室を「部」に改正
06.10.21	北陸線・湖西線直流化開業
06.11.30	新型交直流電車521系がデビュー
07.3.18	JR神戸線・さくら夙川駅開業
07.4.3	「鉄道安全考動館」を開設
07.6.1	「鉄道安全報告書」を公表
07.7.1	・「新幹線管理本部」「IT本部」を設置 ・「開発本部」を「創造本部」に改称 ・東海道・山陽新幹線「のぞみ」に「N700系」デビュー
07.7.3	「安全諮問委員会最終報告書」を発表
07.7.20	「みやじま丸」がシップ・オブ・ザ・イヤー2006の小型船舶部門賞を受賞
08.3.15	・おおさか東線の一部区間、放出～

	久宝寺間を開業 ・JR京都線・島本駅など新駅7駅が開業
08.3.18	「ICOCA」と「Suica」の電子マネー相互利用を開始
08.3.26	「安全基本計画」を発表
08.3.29	「ICOCA」と「Suica」(JR東日本)、「TOICA」(JR東海)の相互利用開始
08.5.16	「JR西日本グループ中期経営計画2008-2012」を発表
08.7.1	「保安システム室」、「構造技術室」を設置
08.9.15	Jスルーカードの販売を終了
08.10.1	大阪環状線、JRゆめ咲線全22駅のホームおよびコンコースで全面禁煙をスタート
08.10.18	JR京都線・桂川駅開業
08.11.30	0系新幹線の定期運転が終了
08.12.1	湖西線(比良～近江舞子間)に防風柵が完成
09.3.14	姫路線に新型車両(キハ122系、127系)投入
09.3.31	関西線(八尾～杉本町間)を廃止
09.4.1	一般財団法人「JR西日本あんしん社会財団」を設立
09.6.1	在来線特急列車などを全座席禁煙化 サンダーバード号に新型車両(683系4000代)投入
09.7.1	京阪神近郊エリアの在来線ホームを禁煙化
09.8.3	「JR西日本お客様センター」運営子会社として、新会社「株式会社JR西日本カスタマーリレーションズ」を設立
09.8.29	山陽新幹線(新大阪～博多間)で「EX-ICサービス」をスタート
09.11.18	福知山線列車事故調査における重大なコンプライアンス問題に関して、社内調査の最終報告を国土交通大臣に提出
09.12.1	「企業再生推進本部」「企業倫理・リスク統括部」を設置
10.3.13	嵯峨野線京都～園部間複線化

	ICOCAとSuica、TOICAの電子マネー相互利用開始
10.8.12	山陰線鎧～餘部間余部新橋りょうの架け替え工事が完了
10.11.7	特急「はまかぜ」に新型車両(キハ189系)を投入
10.12.1	「近畿統括本部」発足
11.3.5	・新たなインターネット列車予約サービス「e5489」サービス開始 ・TOICA・ICOCA・SUGOCAの相互利用サービス開始
11.3.12	九州新幹線開業に伴い山陽・九州新幹線直通列車「みずほ」「さくら」がデビュー
11.5.4	大阪ステーションシティグランドオープン
11.6.1	こうのとり号に新型車両(287系)投入
12.3.16	寝台特急「日本海」、急行「きたぐに」の定期運転が終了
12.3.17	くろしお号に新型車両(287系)投入
12.9.24	当社、スペイン国鉄、スペイン鉄道インフラ管理機構と3社連携協定の覚書を締結
13.3.13	「JR西日本グループ中期経営計画2017」「安全考動計画2017」を発表
13.3.15	183系特急電車の定期運転が終了
13.3.23	10の交通系ICカードの全国相互利用開始
13.12.5	JRゆめ咲線桜島駅で昇降式ホーム柵試行運用開始
14.4.6	交通科学博物館が閉館
14.6.1	・「監査役室」「技術企画部」などを設置、技術部を「技術開発部」へ改称 ・「社長特別補佐制度」を「安全統括管理者補佐制度」へ移行
15.3.12	寝台特急「トワイライトエクスプレス」の運転が終了
15.3.14	・北陸新幹線 長野～金沢間が開業 ・北陸本線金沢～直江津間が各第三セクター会社に移管 ・城端線・新高岡駅、山陽本線新白島駅が開業
	・北陸本線・寺井駅を能美根上駅に改称 ・広島エリアに新型車両(227系(Red Wing))を導入
15.4.2	「LUCUA 1100(ルクアイーレ)」グランドオープン
15.7.1	「シンガポール事務所」を設置
15.8.30	梅小路蒸気機関車館が閉館 北陸新幹線「W7/E7系」車両が「ブルーリボン賞」を受賞
16.2.26	民間企業による国内公募普通社債として最長年限となる40年債を発行
16.3.26	JR神戸線「麻耶駅」「東姫路駅」開業
16.4.1	医療法人JR広島鉄道病院の設立に伴い広島鉄道病院の業務を移管
16.4.28	京都鉄道博物館開業(4/29グランドオープン)
16.6.15	安全管理体制に対する第三者評価を公表
16.8.17	京都鉄道博物館に収蔵の233号機関車が、当社が所有する車両として初めて国の重要文化財に指定
16.9.30	株式会社五万石千里山荘の株式を追加取得し、発行済株式総数の100%を取得
16.10.14	京都鉄道博物館が「日本鉄道大賞」受賞
16.10.30	菱重プロパティーズ株式会社の株式取得
16.12.1	JR西日本イノベーションズ設立
16.12.23	大阪環状線専用新型車両323系デビュー
17.3.4	可部線電化延伸(可部～あき亀山間)、山陽本線 寺家駅開業
17.4.1	会社発足30周年
17.6.17	「TWILIGHT EXPRESS瑞風」運行開始
17.9.30	東海道・山陽新幹線「スマートEX」を開始
17.12.11	「のぞみ34号」で台車に亀裂が発生(重大インシデント)
18.3.17	JR京都線 JR総持寺駅、おおさか東

線衣摺加美北駅を開業
18.4.1 三江線（三次〜江津間）を廃止
18.4.27 「JR西日本グループ中期経営計画2022」を発表
18.6.1 「新幹線鉄道事業本部」の設置
18.9.14 「祈りの杜 福知山線列車事故現場」ご案内開始
18.10.1 「ICOCAポイント」「PiTaPaポストペイサービス」開始
18.12.9 SL「やまぐち」号35系客車のブルーリボン賞受賞
19.3.16 おおさか東線 新大阪〜放出駅間が開業
嵯峨野線 梅小路京都西駅が開業
JR神戸線・JR京都線・琵琶湖線の一部新快速に有料座席サービス「Aシート」を導入
19.4.1 当社初となる企業内保育所「かものはし保育園かたやま」を開設
19.7.10 なにわ筋線の鉄道事業許可証受理
20.6.1 「企画統括部」、「イノベーション本部」を設置
20.10.30 「JR西日本グループ中期経営計画2022」見直しを公表
20.11.1 「デジタルソリューション本部」を設置
20.12.26 名古屋証券取引所（市場第一部）、福岡証券取引所への株式上場を廃止
21.3.17 「将来にわたる鉄道の安全の実現に向けて」の策定
21.4.9 令和3年度 知財功労賞（オープンイノベーション推進企業）経済産業大臣表彰を受賞
21.4.30 環境長期目標「JR西日本グループ ゼロカーボン2050」の策定ならびにTCFD提言への賛同及び情報開示を公表
21.6.1 「地域共生部」、「ビジネスデザイン部」、「IT部」、「コーポレートコミュニケーション部」、「ガバナンス推進本部」、「法務部」、「総務・秘書部」を設置
21.9.1 新株式発行及び株式の売出し決定

22.3.1 京橋駅リニューアル工事が完成
22.6.1 「経営戦略本部」、「地域まちづくり本部」を設置。「経営戦略本部」内に「経営戦略部」を設置するとともに、「財務部」、「コーポレートコミュニケーション部」を編入。「地域まちづくり本部」内に「交通まちづくり戦略部」を設置するとともに、「地域共生部」を編入。
22.6.23 監査等委員会設置会社への移行
22.10.1 近畿統括本部、和歌山支社及び福知山支社を統合し新たな「近畿統括本部」を設置
岡山支社、米子支社及び広島支社を統合した「中国統括本部」を設置
「新幹線本部」、「山陽新幹線統括本部」を設置
23.3.18 大阪駅（うめきたエリア）開業
奈良線第2期複線化事業開業
23.3.22 「モバイルICOCA」サービス開始
23.4.28 「私たちの志」を策定
「JR西日本グループ長期ビジョン2032・中期経営計画2025」を発表
23.6.27 Apple PayのICOCA サービス開始

ＪＲ四国

87.4.1	四国旅客鉄道株式会社発足
87.10.2	予讃線(坂出〜多度津間)電化開業
88.4.1	中村線を土佐くろしお鉄道㈱に移管、営業開始
88.4.9	宇高連絡船廃止
88.4.10	瀬戸大橋線開通
89.3.11	世界初の振り子式ディーゼル特急車両2000系デビュー、土讃線に投入
90.11.3	牟岐線 文化の森駅開業
90.11.21	予讃線(伊予北条〜伊予市間)電化部分開業
91.3.16	高松〜宇野間の高速艇廃止
91.3.16	予讃線 大浦駅開業
91.11.21	四国内全線自動信号化完成
92.3.26	阿佐海岸鉄道と相互乗入開始
92.7.23	振子式特急電車8000系デビュー
92.7.23	予讃線(観音寺〜新居浜、今治〜伊予北条間)電化部分開業
92.9.15	徳島駅新駅舎開業
93.3.18	予讃線、高松〜伊予市間の全面電化が完成
93.7.27	高徳線・佐古駅付近の高架が完成
93.9.21	予讃線・坂出〜丸亀間複線化完成
94.12.3	予讃線「高瀬大坊」を「みの」に駅名改称
95.9.20	予讃線全通50周年、高徳線全通60周年、土讃線(多度津〜須崎間)開通60周年
96.3.16	徳島線で初めての特急「剣山」(185系)が運転開始
96.4.26	近郊型電車6000系デビュー
96.11.24	観光船「讃岐丸」の廃止を記念して最終航海を実施
97.2.21	高松駅、坂出駅、宇多津駅開業100年
97.2.26	予讃線坂出駅高架化完成
97.7.11	予土線の愛称が「しまんとグリーンライン」に決定
97.7.28	予土線初の特急列車「Ｉ ＬＯＶＥしまんと号」、新型トロッコ列車デビュー
97.10.1	土佐くろしお鉄道㈱の宿毛線(中村〜宿毛間23.6km)が営業開始
97.11.1	土讃線阿波池田〜大歩危間で「おおぼけトロッコ列車」の運転開始
97.11.18	瀬戸大橋線の利用者数が1億人突破。開通から3,510日目
98.3.14	高徳線高速化工事が完成。時速130km/hの新型2000系「うずしお」デビュー
	高徳線オレンジタウン駅営業開始
98.6.10	宇和島駅ビルグランドオープン
98.7.11	客車寝台特急「瀬戸」を電車化
98.9.24	高知県を中心に集中豪雨、土讃線に築堤崩壊等の災害発生
98.12.25	土讃線92日ぶりに全線開通
99.9.1	185系リニューアル車「アイランドエクスプレスⅡ」デビュー
00.4.1	113系リニューアル車営業運転開始
00.5.29	徳島線の愛称が「よしの川ブルーライン」に決定
00.8.17	予讃線・鬼無駅の愛称名「鬼無桃太郎駅」を使用開始
00.10.14	土讃線の特急「南風」にアンパンマン列車を運転開始
01.3.3	ダイヤ改正に合わせ、土讃線の特急「南風」にアンパンマン列車2号を運転開始
01.4.25	土讃線後免駅の新駅舎が開業
01.5.13	サンポート高松のオープンに伴い、予讃線高松駅新駅舎開業
01.10.1	ダイヤ改正に合わせ、予讃線にアンパンマン列車の運転を開始
02.3.23	予讃線高松地区輸送改善工事が完了。快速「サンポート」デビュー
02.6.26	牟岐線と阿佐海岸鉄道㈱の愛称が「阿波室戸シーサイドライン」に決定
02.7.13	予讃線・市坪駅の愛称「野球(の・ボール)駅」使用開始
02.10.6	「ゆうゆうアンパンマンカー」が高徳・徳島線で運転開始

02.10.6	高松駅が「鉄道建築協会作品賞 国土交通省鉄道局長賞」を受賞
02.11.15	高松駅が「交通バリアフリー優秀大賞」を受賞
03.3.21	瀬戸大橋開通15周年を記念して「瀬戸大橋トロッコ号」が岡山〜琴平間で運転
03.4.8	「フリーゲージトレイン」が予讃線・高松〜松山間での走行試験のため四国に登場
03.7.14	瀬戸大橋線の利用者数が1億5千万人突破、開通から5,555日目
03.10.1	ダイヤ改正実施(新型快速「マリンライナー」登場)
03.11.19	牟岐線 阿南駅新駅舎が開業
04.7.1	鉄道友の会が選定する2004年ブルーリボン賞を快速「マリンライナー」が受賞
04.10.1	快速「マリンライナー」がグッドデザイン賞を受賞
04.10.13	8000系特急電車をリニューアルし営業開始
05.10.1	予讃線のアンパンマン列車に「アンパンマンシート」
05.10.3	8000系リニューアル車両が2005年度グッドデザイン賞を受賞
05.10.28	SL急行「讃岐魂義経号」運転(予讃線・高松〜多度津間)
06.3.1	駅番号表示(駅ナンバリング)を導入
06.5.25	1500型気動車営業運転開始
06.10.6	アンパンマントロッコデビュー
06.11.23	SL急行「土佐二十四万石博 一豊&千代号」運転
07.4.1	JR四国発足20周年謝恩ツアー「20周年記念号で行く 四国一周鉄道の旅」を催行
07.10.5	「ゆうゆうアンパンマンカー」リニューアルデビュー
08.2.26	土讃線 高知駅新駅舎開業
08.3.15	土讃線 小村神社前駅開業
09.10.2	南風アンパンマン列車リニューアル
09.10.22	瀬戸大橋線の利用客が、2億人を突破
11.7.9	予土線で「海洋堂ホビートレイン」の運行開始
12.3.17	高松駅および坂出駅でICカード「ICOCA」のサービスを開始
13.4.1	一部の普通列車で実施しているドアの半自動扱いを通年化
13.4.10	瀬戸大橋開業25周年
13.7.14	予土線で運行している「海洋堂ホビートレイン」をリニューアル
13.10.5	予土線で運転していたトロッコ列車「清流しまんと号」をリニューアルした「しまんトロッコ」がデビュー
13.10.13	予讃線松山駅と台湾政府交通部鉄路管理局の松山(しょうざん)駅が友好駅協定を締結
14.3.1	予讃線・高松駅〜多度津駅間と瀬戸大橋線・児島駅〜宇多津駅間でICカード「ICOCA」のサービスを開始
14.3.15	ダイヤ改正を実施、「鉄道ホビートレイン」が予土線で運行開始
14.4.1	消費増税に伴う運賃改定を実施
14.6.23	予讃線高松〜松山間に新型特急電車「8600系」運行開始
14.7.26	観光列車「伊予灘ものがたり」運行開始
14.9.5	瀬戸内海国立公園指定80周年を記念して、寝台特急「サンライズ瀬戸」(下りのみ)高松〜琴平間延長運転を実施
15.3.21	瀬戸大橋アンパンマントロッコ リニューアルデビュー 土讃線琴平〜大歩危間で「絶景！土讃線秘境トロッコ」運転
15.3.22	高徳線全線開通80周年記念列車「みどりの友達☆オリーブ号」を運転
15.6.20	予讃線全線開通70周年記念「ええとこ南予！がいな町並み旅」を運転
16.2.21	えひめいやしの南予博PR列車「おさんぽなんよ」運行開始
16.2.25	台湾鉄路管理局と友好鉄道協定を締結

— 297 —

16.3.26　ダイヤ改正を実施、「8000系予讃線アンパンマン列車」、「8600系しおかぜ」運行開始

16.5.11　イメージキャラクター「すまいるえきちゃん、れっちゃくん」デビュー

16.7.2　「海洋堂ホビートレイン　かっぱうようよ号」がリニューアルデビュー

17.3.17　土讃線　高知駅に「アンパンマン列車ひろば」がオープン

17.3.30　台湾鉄路管理局「EMU800型電車」のデザインをラッピングした8000系特急電車が運行開始

17.4.1　「四国デスティネーションキャンペーン」が開幕、「四国まんなか千年ものがたり」運行開始

17.9.18　台風18号により、予讃線海岸寺駅〜詫間駅間の護岸が損傷し一部不通に

17.9.23　土讃線トロッコ列車「志国高知　幕末維新号」運行開始

17.10.14　「ゆうゆうアンパンマンカー」リニューアルデビュー

17.12.2　新型特急気動車「2600系」運行開始

18.4.10　瀬戸大橋開業30周年記念式典を開催

18.6.28　台風7号及び梅雨前線の大雨により、JR四国管内各地で災害が発生(平成30年7月豪雨)

18.7.3　世界初の制御付振子式特急形気動車「2000系試作車・愛称TSE」の定期運行終了

18.10.11　宿泊特化型ホテル「JRクレメントイン高松」が開業

18.11.17　簡易宿泊所「4S STAY 阿波池田駅前」が開業

19.2.1　宿泊特化型ホテル「道後やや」運営を開始

19.3.16　ダイヤ改正を実施し、牟岐線に「パターンダイヤ」を導入

19.8.6　新型特急気動車「2700系」が高徳線「うずしお」で営業運転開始

19.11.30　トロッコ列車「志国高知　幕末維新号」がラストランを迎え、運行を終える

20.3.14　ダイヤ改正を実施。予讃線・北伊予駅〜伊予横田駅間に新駅「南伊予駅」が開業(松山運転所・新車両基地運用開始)

20.7.4　観光列車「志国土佐 時代の夜明けのものがたり」が土讃線・高知駅〜窪川駅間で運行開始

20.7.18　2700系特急気動車「土讃線あかい・きいろいアンパンマン列車」が土讃線・高知駅〜岡山駅間で運行開始

20.10.10　徳島線「藍よしのがわトロッコ」が徳島駅〜阿波池田駅間で運行開始

20.10.31　牟岐線・阿波海南駅〜海部駅間の鉄道事業を廃止。同区間は、阿佐海岸鉄道(株)が運行

20.11.28　宿泊特化型ホテル「JRクレメントイン高知」が開業

21.3.13　ダイヤ改正を実施。土讃線(高知駅〜土佐山田駅間)・徳島線(徳島駅〜穴吹駅間)にパターンダイヤを導入

21.7.4　「鬼」をテーマとしたラッピング列車「鬼列車」が開業

21.9.16　宿泊特化型ホテル「JRホテルクレメントイン今治」が開業

21.10.1　「四国デスティネーションキャンペーン」開幕

22.1.29　ラッピング列車「しまんと開運汽車すまいるえきちゃん号」が運行開始

22.3.15　特急列車「しおかぜ」「南風」が運行開始50周年を迎えた

22.4.2　観光列車「伊予灘ものがたり」の2代目車両が運行開始

22.11.30　宿泊特化型ホテルブランド「JRクレメントイン」で四国外初出店となる「JRクレメントイン姫路」が開業。

23.6.14　「アンパンマン列車」のご利用者数が100万人を達成した。

ＪＲ九州

87.4.1	九州旅客鉄道株式会社発足
87.7.1	新駅開業(鞍手駅)
87.10.1	新駅開業(西小倉駅)
88.3.13	ダイヤ改正
	・ハイパーサルーン「有明」号デビュー(博多～西鹿児島間)
	・新駅開業(小森江駅など13駅)
88.3.20	新型特急「オランダ村特急」デビュー
88.8.28	SL「あそBOY」デビュー(熊本−宮地間)
88.12.19	門司港駅 国指定重要文化財に
89.3.11	ダイヤ改正
	・「かもめ」にハイパーサルーン投入
	・特急「ゆふいんの森」デビュー
	・新駅開業(春日駅など14駅)
89.4.1	消費税導入に伴う運賃、料金の改定(改定率3.0%)
90.3.10	ダイヤ改正
	・新駅開業(けやき台駅、長里駅)
90.5.2	「ビートル」就航(博多－平戸－長崎オランダ村航路)
91.3.16	ダイヤ改正
	・篠栗線に新型気動車200形投入
	・新駅開業(吉野駅)
91.3.25	国際航路開設 福岡−釜山間「ビートル2世」就航(2時間55分)
91.4.6	熊本駅ビルオープン
91.9.7	九州新幹線鹿島ルート(八代-西鹿児島間)起工式
91.9.30	新駅開業(千鳥駅)初の女性駅長誕生
92.3.10	大村線早岐−ハウステンボス間電化完成
	・新駅開業(ハウステンボス駅)
92.3.25	特急「ハウステンボス号」運転開始
92.3.27	博多駅コンコースグランドオープン
92.7.15	ダイヤ改正
	・新型特急787系「つばめ」デビュー
	・特急「ゆふ」「あそ」「ゆふいんの森Ⅱ」デビュー
	・新駅開業(平成駅)

92.12.1	「ホテルブラッサム福岡」開業
93.3.6	日豊本線宮崎駅付近連続立体交差事業完成、宮崎駅高架開業
93.3.18	ダイヤ改正
	・特急「にちりんシーガイア」、夜行特急電車「ドリームつばめ」「ドリームにちりん」新設
93.5.27	787系特急「つばめ」ブルーリボン賞受賞
93.10.1	「宮崎フレスタ」オープン
94.3.1	ダイヤ改正
	・長崎本線に787系つばめ型車両投入
	・新型近郊電車813系投入
	・新駅開業(舞松原駅、高田駅)
94.3.31	「ビートル」(博多－平戸－ハウステンボス間)休止
94.7.1	ダイヤ改正
	・ハイパーサルーンリニューアル
	・ジョイフルトレインの廃止
94.7.12	787系特急「つばめ」ブルネル賞受賞
94.12.3	寝台特急「みずほ」廃止
95.4.20	ダイヤ改正
	・新型特急883系「ソニックにちりん」デビュー
	・特急「きりしま」新設
	・新駅開業(吉富駅)
95.6.1	「ハウステンボスジェイアール全日空ホテル」開業
95.9.1	普通列車、快速列車の全面禁煙実施
95.10.28	新駅開業(美咲が丘駅)
95.11.30	大分駅リニューアルオープン
96.1.10	初の運賃改定実施(改定率7.8%)
96.3.16	ダイヤ改正
	・「つばめ」をつばめ型車両に統一
	・グリーン車両の全面禁煙実施
96.5.31	883系特急「ソニック」ブルーリボン賞受賞
96.6.19	西鹿児島駅リニューアルオープン
96.7.3	883系特急「ソニック」ブルネル賞受賞

96.7.18　ダイヤ改正
・宮崎空港線開業
・新駅開業(田吉駅、宮崎空港駅)
97.3.22　ダイヤ改正
・博多─大分間の特急「にちりん」を「ソニック」に名称変更
・新駅開業(一本松駅)
97.4.1　消費税率見直しに伴う運賃・料金の変更実施(改定率1.9%)
97.11.29 ダイヤ改正
・豊肥本線に「キハ200」投入
・特急列車 禁煙車両のデッキもすべて禁煙に
97.12.18 総合指令システム使用開始(鹿児島本線 羽犬塚〜袋)
98.3.5　博多総合指令システム第Ⅰ期工事終了
98.3.14　新小倉駅ビル「アミュプラザ」オープン
98.3.21　九州新幹線鹿児島ルート(船小屋─新八代間)起工式
98.4.27　「ステーションホテル小倉」開業
98.5.1　ビートル2隻体制での運航開始
99.3.13　ダイヤ改正
・「新ゆふいんの森」、「シーボルト」デビュー
・行橋駅高架開業
99.7.2　新駅開業(スペースワールド駅)
99.7.30　南福岡駅ビルオープン
99.10.1　豊肥本線 電化開業(熊本〜肥後大津間)
・ダイヤ改正
・特急「有明」豊肥本線乗り入れ、新型近郊電車815系投入
99.12.4　ダイヤ改正
・寝台特急「さくら」(東京〜長崎・佐世保間)と「はやぶさ」(東京〜熊本間)を東京〜鳥栖間で併結し「さくら(東京〜長崎)・はやぶさ(東京〜熊本間)」として運転
00.1.22　筑肥線 下山門〜筑前前原間複線化開業
・ダイヤ改正
・筑肥線に303系近郊電車投入

00.2.21　博多総合指令第Ⅱ期工事終了
00.3.11　ダイヤ改正
・新型特急885系「かもめ」デビュー
・特急「ひゅうが」新設
・寝台特急「あかつき」の肥前山口〜佐世保間を廃止し、「彗星」と統合
・新駅開業(久留米大学前駅)
00.9.21　「アミュプラザ長崎」グランドオープン
00.9.22　「JR九州ホテル長崎」オープン
00.11.21 新駅開業(陣原駅)
01.2.5　ジェイアール九州バス㈱設立
01.2.26　総合指令システム(JACROS)第3期完成、開発工事全て完了
01.3.3　ダイヤ改正
・885系特急「白いソニック」デビュー
・新駅開業(弥生が丘駅)
01.4.6　ビートル3隻体制での運航開始
01.5.18　885系特急「かもめ」ブルーリボン賞受賞
01.6.2　九州新幹線鹿児島ルート(博多─船小屋間)起工式
01.7.24　885系特急「かもめ」、815系近郊形電車 ブルネル賞受賞
01.8.1　「JR九州ホテル鹿児島」開業
01.10.6　ダイヤ改正
・篠栗線・豊豊本線(福北ゆたか線)電化開業
・特急「かいおう」誕生
・新型近郊電車817系投入
01.12.26 佐世保駅高架開業
02.3.23　ダイヤ改正
・新駅開業(大分大学前駅)
02.12.1　箱崎駅 高架開業
03.3.15　ダイヤ改正
・特急「ゆふいんの森」リニューアル
・新駅開業(本城駅)
・特急「シーボルト」廃止
03.7.1　ビートル4隻体制での運航開始
03.7.7　新駅開業(千早駅)
03.8.9　九州鉄道記念館オープン
03.10.1　ダイヤ改正
・宮崎地区に817系近郊電車投入

03.12.12　九州新幹線 運賃・料金認可
04.3.3　船舶事業部に釜山支店設置
04.3.9　「JR九州ホテル熊本」開業
04.3.13　ダイヤ改正
　　　・九州新幹線 新八代～鹿児島中央
　　　開業
　　　・新駅開業(九州新幹線 新八代駅、
　　　新水俣駅)
　　　・駅名改称(西鹿児島駅→鹿児島中
　　　央駅)
　　　・観光特急「はやとの風」、特急「九州
　　　横断特急」、特別快速「なのはなDX」、
　　　観光列車「いさぶろう・しんぺい」、特
　　　急「ゆふDX」登場
　　　・日豊本線 大分～佐伯間 高速化完
　　　成
　　　・寝台特急「なは」運転区間変更(新
　　　大阪～熊本)
04.3.13　鹿児島駅 箱崎駅・吉塚駅上り線
　　　高架開業
04.9.17　「アミュプラザ鹿児島」グランドオー
　　　プン
05.3.1　ダイヤ改正
　　　・寝台特急「さくら」廃止
05.3.24　「新・ソニック883」運転開始
05.7.1　JR九州リテール㈱発足
05.8.1　JR九州高速船㈱設立
05.8.28　SL「あそBOY」さよなら運転
05.9.23　新駅開業(九大学研都市駅)
05.10.1　ダイヤ改正
　　　・リレーつばめにDXグリーン新設
　　　・寝台特急「彗星」廃止
05.10.1　「JRホテル屋久島」開業
06.2.14　JR九州高速船㈱と未来高速㈱業務
　　　提携契約 調印式
06.3.18　ダイヤ改正
　　　・新駅開業(光の森駅)
06.7.15　新「ビートル」デビュー 「グリーン席」
　　　新設
06.7.22　観光列車「あそ1962」デビュー
06.12.17　日向市駅高架開業

07.3.18　ダイヤ改正
　　　・全車禁煙の特急列車拡大
07.5.15　㈱ドラッグイレブンホールディングス
　　　の株式取得
07.8.31　九州鉄道リネンサービス㈱の株式取
　　　得
07.9.30　「JR九州ホテル小倉」開業
08.2.17　武雄温泉第1期開業 高架駅での
　　　営業を開始
08.3.15　ダイヤ改正
　　　・肥薩おれんじ鉄道-熊本・鹿児島中
　　　央間に直通快速列車を新設
　　　・寝台特急「なは・あかつき」廃止
　　　・新駅開業(歓遊舎ひこさん駅)
　　　・駅名改称(筑前新宮駅→福工大前駅)
08.4.1　旅行事業の支店名を「JR九州旅行支
　　　店」に変更
08.4.28　九州新幹線西九州ルート(武雄温泉
　　　-諫早間)起工式
08.8.24　豊肥・久大本線大分駅高架開業
08.10.1　日向市駅ブルネル賞受賞
09.2.26　山陽・九州新幹線直通列車の列車
　　　名を「さくら」に決定
09.3.1　ICカード乗車券「SUGOCA」サービ
　　　ス開始
09.3.14　ダイヤ改正
　　　・新駅開業(ししぶ駅、広木駅、久留
　　　米高校前駅)
　　　・寝台特急「富士・はやぶさ」廃止
　　　・九州内全ての特急列車を全車禁煙
　　　化
09.4.25　「SL人吉」デビュー(熊本一人吉間)
09.8.22　九州新幹線 新800系運転開始
09.10.10　日南線観光特急「海幸山幸」デビュー
09.11.29　トロッコ列車「TORO-Q」運行終了
09.12.5　武雄温泉駅付近連続立体交差事業
　　　完成
10.2.18　鹿児島中央駅リニューアル
10.3.13　ICカード乗車券「SUGOCA」相互利
　　　用開始
　　　・新駅開業(新宮中央駅、神村学園前駅)

09.3.22	九州新幹線鹿児島ルート レール締結式
10.4.1	上海事務所開設 ・農業生産法人㈱JR九州ファーム大分設立
10.6.4	JR九州リテール㈱・㈱ファミリーマート 九州地区のファミリーマート店展開における基本合意締結
10.7.1	JR九州パトニ・システムズ㈱設立
10.8.31	九州新幹線(博多～新八代)試験列車運転開始
10.10.20	山陽・九州新幹線直通列車 最速達タイプの名称を「みずほ」と発表
10.12.22	九州新幹線運賃・特急料金認可
11.3.3	「JR博多シティ」グランドオープン
11.3.5	JR東海「TOICA」、JR西日本「ICOCA」との相互利用開始
11.3.12	ダイヤ改正 ・九州新幹線全線開業、山陽新幹線との直通運転開始 ・観光特急「指宿のたまて箱」デビュー ・特急「リレーつばめ」、「ドリームにちりん」廃止 ・485系車両廃止 ・「かもめ」「みどり」「にちりん」「ひゅうが」「きりしま」に787系車両投入 ・新駅開業(新鳥栖駅、新大牟田駅、新玉名駅、富合駅) ・駅名改称(船小屋駅→筑後船小屋駅) ・新八代駅～宮崎駅間に高速バス「B&Sみやざき」運行開始
11.6.4	特急「あそぼーい!」デビュー
11.3.13	「祝!九州」キャンペーンがカンヌ国際広告祭にて3部門受賞
11.8.1	「JR九州たまごファーム」設立
11.8.10	N700系7000/8000番代、新鳥栖駅ブルネル賞受賞
11.10.1	高速船ビートル 対馬～釜山航路就航
11.10.8	特急「A列車で行こう」デビュー
11.11.3	「JR九州ホテル宮崎」オープン
12.3.17	ダイヤ改正 ・山陽・九州新幹線直通「みずほ」「さくら」増発 ・一部の「ゆふ」「ゆふいんの森」の運転区間を博多～別府に ・新型通勤車両817系(ロングシート)投入
12.3.17	大分駅高架開業
12.3.20	「赤坂うまや上海静安本店」オープン
12.4.1	福岡・北九州都市圏の一部エリアの在来線駅 全面禁煙実施
12.4.1	「ホテルオークラJRハウステンボス」リブランドオープン
12.5.28	クルーズトレイン「ななつ星in九州」運行概要発表
12.8.18	九州新幹線西九州ルート(武雄温泉―長崎間)起工式
12.9.3	JR九州ファーム宮崎㈱設立
12.9.29	門司港駅保存修理工事に伴い仮駅舎での営業開始
12.10.1	クルーズトレイン「ななつ星in九州」第1期予約受付開始
12.12.1	ICカード「SUGOCA」エリア拡大(長崎、大分、熊本、鹿児島)
13.3.15	「JQ SUGOCA」募集開始
13.3.16	ダイヤ改正 ・広島始発着の山陽・九州新幹線直通「さくら」新設 ・特急「A列車で行こう」1往復増発、3往復運転に
13.3.23	交通系ICカード全国相互利用サービス開始
13.3.27	都城太陽光発電所 発電開始
13.4.1	博多ターミナルビル㈱を㈱JR博多シティに、ジェイアール九州都市開発㈱をJR九州ホテルズ㈱に社名変更
13.4.8	「JR九州ホテルブラッサム博多中央」オープン
13.5.24	タイ国鉄と協力関係構築に関する覚書締結
13.6.27	「JR九州シニアライフサポート㈱」設立

13.10.15	クルーズトレイン「ななつ星in九州」運行開始
14.3.1	住宅型有料老人ホーム「SJR千早」開業
14.3.15	ダイヤ改正 ・新鳥栖・久留米両駅に全ての「さくら」停車
14.4.1	消費税率の引上げに伴う運賃・料金変更(改定率2.857%) (株)レンタカー九州を(株)JR九州レンタカー＆パーキング(株)に社名変更
14.7.1	農業生産法人 JR九州ファーム(株)設立
14.8.8	「JR九州ホテル ブラッサム新宿」オープン
14.10.1	大分ターミナルビル(株)を(株)JR大分シティに社名変更
14.10.15	「ななつ星in九州」ブルネル賞受章
15.2.5	筑肥線に新型車両305系電車導入
15.3.14	ダイヤ改正 ・柚須駅に全ての快速列車が停車 鹿児島本線熊本地区一部高架開業および上熊本駅舎落成 香椎線Smart Support Stationサービス開始
15.4.16	「JRおおいたシティ」オープン
15.7.18	特急「ゆふいんの森」1両増結、5両編成での運行開始
15.8.8	JRKYUSHU SWEET TRAIN「或る列車」運行開始(大分コース)
15.11.1	JRKYUSHU SWEET TRAIN「或る列車」長崎コースでの運行開始
15.11.14	宮崎エリアでICカード「SUGOCA」サービス開始
16.1.27	株式会社おおやま夢工房の株式取得
16.3.15	JR九州スマートフォンアプリダウンロード開始
16.3.26	ダイヤ改正 ・「九州横断特急」・「いさぶろう・しんぺい」の運転区間変更 ・新駅開業(西熊本駅) ・谷山駅・慈眼寺駅 高架開業
16.4.1	改正JR会社法施行
16.4.7	「ななつ星in九州」肥薩おれんじ鉄道への乗り入れ開始
16.4.14	熊本地震前震発生(4.16本震発生)
16.4.27	九州新幹線 全線運転再開(熊本地震による影響)
16.5.20	「JR九州グループ 中期経営計画2016-2018」発表
16.6.13	「ななつ星in九州」第1回日本サービス大賞 内閣総理大臣賞受賞
16.7.4	九州新幹線 通常本数での運転再開(熊本地震による影響)
16.7.9	豊肥本線豊後荻〜宮地・阿蘇運転再開(熊本地震による影響)
16.10.19	架線式蓄電池電車「DENCHA」運行開始
16.10.25	東京証券取引所市場第一部上場
16.10.26	福岡証券取引所上場
16.12.22	「JR九州アプリ」で列車位置情報「どれどれ」サービス開始
17.3.4	ダイヤ改正 ・九州新幹線徐行運転解除 通常速度での運行開始(熊本地震による影響) ・特急「かわせみやませみ」運行開始 ・若松線の全ての列車を蓄電池電車「DENCHA」に置き換え
〃	筑豊本線(若松〜新入間)でSmart Support Stationサービス開始
17.4.1	新制服着用開始
17.4.27	811系リニューアル車両運行開始
17.5.2	バンコク事務所設置
17.5.24	架線式蓄電池電車「DENCHA」ブルーリボン賞受賞
17.6.24	「JR九州ホテル ブラッサム那覇」オープン
17.7.15	特急「ゆふいんの森」小倉・大分経由で運行開始(17.7.5 平成29年九州北部豪雨の影響)

18.3.17	ダイヤ改正 ・運転本数、運転区間大幅見直し ・大分市内の一部の駅(日豊本線牧駅、幸崎駅、豊肥本線滝尾駅)でSmart Support Stationサービス開始 ・熊本駅 鹿児島本線および豊肥本線ホーム 高架開業
18.3.27	「ななつ星in九州」新ルートでの運行開始(運行開始後の大幅ルート変更)
18.7.1	JR九州メンテナンス㈱、JR九州鉄道営業㈱、㈱ケイ・エス・ケイを再編し、JR九州サービスサポート㈱、JR九州エンジニアリング㈱設立
18.7.14	ダイヤの一部を修正 久大本線日田～光間運転再開(平成29年7月九州北部豪雨の影響)
18.12.1	豊肥本線大分大学前駅、敷戸駅でSmart Support Stationサービス開始
19.2.1	新型ホームドア本格導入開始 筑肥線(下山門～筑前前原間)に順次設置
19.3.9	原田線桂川～原田間運転再開(平成30年7月豪雨による影響)
19.3.10	門司港駅グランドオープン(復原工事終了)
19.3.16	新駅開業(糸島高校前駅) JR鹿児島本線等連続立体交差事業熊本駅舎完成 鹿児島本線に821系電車投入、香椎線(西戸崎～宇美間)に蓄電池電車「DENCHA」投入
19.4.1	JR九州駅ビルホールディングス㈱、JR九州ホテルズアンドリゾーツホールディングス㈱、JR九州パレットワーク㈱設立
19.4.25	黒崎駅グランドオープン
19.5.30	第一交通産業㈱と業務提携契約締結
19.8.20	「THE BLOSSOM HIBIYA」オープン
19.9.25	「THE BLOSSOM HAKATA Premier」オープン
19.10.1	消費税率の引上げに伴う運賃・料金変更(改定率1.850%)
〃	JR九州フィナンシャルマネジメント㈱を分割し、JR九州ビジネスパートナーズ㈱、JR九州FGリース㈱発足
19.11.28	トヨタ自動車×西日本鉄道×JR九州マルチモーダルモビリティサービス「my route」福岡市・北九州市で本格実施 九州新幹線みやまき電区分所「電力融通装置」運用開始
19.12.12	長崎市とまちづくりに関する連携協定締結
19.12.16	㈱萬坊の株式取得
20.2.4	㈱JR熊本シティ、㈱JR宮崎シティ設立
20.3.6	社員研修センター安全祈願祭
20.3.14	長崎地区にYC1系ハイブリッド車投入
20.3.28	長崎本線長崎～浦上間高架開業
20.4.1	カメラシステム搭載の811系電車「RED EYE」運用開始 JR九州内すべての駅の全面禁煙実施
20.5.30	指宿枕崎線(郡元～喜入間)でSmart Support Stationサービス開始
20.8.8	豊肥本線肥後大津～阿蘇間運転再開(平成28年熊本地震による影響)
20.10.16	新D&S列車「36ぷらす3」運行開始
20.10.28	九州新幹線(武雄温泉・長崎間)の列車名「かもめ」に決定
20.11.20	「アミュプラザみやざき」グランドオープン
20.12.24	香椎線(西戸崎～香椎間)自動運転装置営業列車での実証運転開始
21.1.2	折尾駅新駅舎 使用開始
21.2.17	「気候関連財務情報開示タスクフォース(TCFD)提言」への賛同表明、気候関連情報の開示
21.3.1	久大本線全線で運転再開(令和2年7月豪雨による影響)
21.3.13	ダイヤ見直し 特急「有明」運転取りやめ 筑肥線(下山門～筑前前原間)に軽量型ホームドア設置
21.3.14	「流れ星新幹線」特別運行

21.4.1	JR九州アセットマネジメント株式会社設立
	地域特化型ファンド「合同会社 JR九州企業投資」設立
21.4.23	「アミュプラザくまもと」グランドオープン
	「THE BLOSSOM KUMAMOTO」オープン
21.4.28	九州新幹線(武雄温泉・長崎間)の路線名称「西九州新幹線」に決定
21.5.18	九州新幹線を使用した貨物混載事業開始(博多～鹿児島中央)
	九州新幹線荷物輸送サービス「はやっ!便」開始(博多～鹿児島中央)
21.6.30	シェアオフィス事業に参入 博多駅に「コワーキング&コラーニングスペースQ」開業
21.8.10	株式会社ヌルボン設立
21.10.1	「36ぷらす3」第20回「日本鉄道賞」にて特別賞を受賞
21.11.13	「或る列車」コース内容、コンセプト、運行区間(博多～由布院間)変更
21.12.3	811系RED EYE 列車巡視支援システムが第5回「インフラメンテナンス大賞」にて国土交通大臣賞受賞
21.12.15	新長崎駅ビル(仮称)工事着手
22.1.31	長崎本線(肥前山口～諫早間) 第二種鉄道事業許可
22.3.1	私募REIT「JR九州プライベートリート投資法人」運用開始
22.3.3	社員研修センター新校舎完成式
22.3.12	自動列車運転装置の実証運転区間・対象列車を拡大(香椎線全線に拡大)
22.3.12	駅体制見直し(一部駅での駅係員終日不在やきっぷの販売窓口の廃止及びきっぷの販売窓口営業時間の短縮等)
22.3.18	長崎駅高架下商業施設「長崎街道かもめ市場」開業
22.3.21	特急「はやとの風」運行終了
22.3.22	九州鉄道記念館展示の「キハ四二〇五五号気動車(キハ〇七形四一号気動車)」国の重要文化財に指定
22.3.23	「JR九州グループ中期経営計画2022−2024」発表
22.4.21	日南市指定文化財の武家屋敷を改修した宿泊施設「茜さす 飫肥」開業
22.4.23	「小倉工場鉄道ランド」開設
22.5.10	西九州新幹線(武雄温泉～長崎)試験列車運転開始
22.5.26	西九州新幹線運賃・特急料金認可
22.6.1	「JR九州あんしんサポートネット」サービスを開始
22.6.25	九州新幹線で「EXサービス」が利用可能に
22.7.1	「JR九州アプリ」の列車位置情報提供機能「どれどれ」の対象路線に九州新幹線を追加
22.8.26	「THE BLOSSOM KYOTO」オープン
22.9.23	ダイヤ改正
	・西九州新幹線 武雄温泉～長崎間開業
	・新D&S列車「ふたつ星4047」運行開始
	・博多～佐賀・肥前鹿島間に在来線特急「かささぎ」新設
	・新駅開業(嬉野温泉駅、新大村駅、大村車両基地前)
	・駅名改称(肥前山口駅→江北駅)
	・特急「みどり」に885系投入
	・特急「かわせみ やませみ」運行区間見直し(豊肥本線熊本～宮地)
22.11.4	高速船「QUEEN BEETLE」海外航路に就航(福岡～釜山)
23.1.23	JR九州ホテルマネジメント㈱設立
23.3.7	JR熊本春日北ビル竣工
23.3.18	ダイヤ改正
	・九州新幹線 運転時刻パターン化
	・鹿児島本線 通勤通学時間帯のダイヤ見直し
23.4.14	JR鹿児島中央ビル「AMU WE」オープン
23.4.26	佐賀駅高架下に商業施設「サガハツ」オープン

JR貨物

87.4.1	日本貨物鉄道株式会社発足
87.10.1	30フィートコンテナ使用開始
88.1.20	活魚コンテナ輸送開始
88.3.13	ダイヤ改正、津軽海峡線開業
	110km/hスーパーライナー列車新設
88.4.10	瀬戸大橋線開業
88.10.1	日本縦貫ライナー運転開始(福岡貨物ターミナル～札幌貨物ターミナル間)
89.5.24	スライドヴァンシステム営業開始
90.3.10	ダイヤ改正1300トン牽引列車新設
90.6.19	EF200形式直流電気機関車試作車完成
90.7.18	EF500形式交直流電気機関車試作車完成
91.3.25	エフ・プラザ梶ヶ谷営業開始
91.10.14	自動車専用コンテナ使用開始
92.3.25	DF200形式電気式ディーゼル機関車完成
92.4.3	エフ・プラザ札幌営業開始
92.7.1	EF200形式機関車営業運転開始
	エフ・プラザ東京営業開始
93.2.26	エフ・プラザ隅田川営業開始
93.3.10	DF200形式機関車営業運転開始
93.4.19	宇都宮(タ)駅に初のパレットサービスセンター開設
93.6.23	東海道線貨物輸送力増強工事起工式
93.8.28	EF200形式機関車「ローレル賞」受賞
94.1.3	貨物情報ネットワークシステム(FRENS)が始動
94.3.15	営業支店(26箇所)設置
94.3.21	姫路機関区開設
94.9.15	DF200形式機関車「ローレル賞」受賞
95.3.6	カーラックシステム営業開始(名古屋貨物ターミナル～新潟貨物ターミナル間)
95.7.6	エフ・プラザ梅小路営業開始
95.10.2	海上コンテナ輸送開始
95.10.6	廃棄物輸送開始
96.2.16	EF210形式直流電気機関車試作車完成
96.5.14	ワイドコンテナ輸送開始
96.9.21	船舶代行輸送開始
96.11.30	通信衛星を利用した列車位置検知システム使用開始
97.1.26	さいたま新都心建設site土砂輸送開始
97.2.19	日中複合一貫輸送事業で中国鉄道部と事業提携
97.6.17	EH500形式交直流電気機関車試作車完成
97.9.15	本社、文京区後楽に仮移転
97.10.2	JR初の女性運転士誕生
97.12.5	EF210形式機関車営業運転開始
98.2.1	「ホテルメッツ田端」開業
98.10.20	インターネットホームページ開設
98.12.25	四日市港の可動橋「末広橋梁」重要文化財指定
99.5.31	本社、千代田区飯田橋の新社屋に移転
99.6.16	エフ・プラザ新座営業開始
00.3.11	EH500形式機関車営業運転開始
00.8.16	高松貨物ターミナル駅開業
00.10.10	羽生オフレールステーション開業
00.12.2	京葉臨海ルート営業開始
01.6.20	EH200形式直流電気機関車試作車完成
01.12.12	EF510形式交直流電気機関車試作車完成
02.3.23	北九州貨物ターミナル駅開業
03.1.9	M250系特急コンテナ電車(スーパーレールカーゴ)試作車完成
03.2.5	ガーデンエアタワー竣工
03.6.12	金沢貨物ターミナル駅移転開業
03.12.1	神戸貨物ターミナル駅開業
04.3.13	M250系特急コンテナ電車営業運転開始
04.3.13	鹿児島貨物ターミナル駅移転開業
04.6.21	山形コンテナセンター移転開業
04.11.9	姫路貨物駅～富山貨物駅でLNG(液化天然ガス)鉄道輸送開始

05.3.17	新中期経営計画「ニューストリーム2007」策定	10.3.25	HD300形式ハイブリッド機関車試作車完成
05.6.2	東京貨物ターミナル駅構内に「車両技術検修所」開設	10.6.2	小名木川貨物駅跡地商業施設「アリオ北砂」完成
05.8.15	「IT-FRENS&TRACEシステム」稼動	10.9.24	八王子駅南口立体駐車場開業
05.9.7	刈谷コンテナセンター移転開業	11.2.14	本社 渋谷区移転
05.10.23	スーパーレールカーゴが鉄道友の会「ブルーリボン賞」を受賞	11.3.12	鹿児島線(北九州・福岡間)輸送力増強事業完成
06.3.18	鳥栖貨物ターミナル駅開業		全国8駅 駅名改称
06.3.20	「スーパーグリーンシャトル列車」営業運転開始	11.3.18	東日本大震災による備蓄減のため各地へ緊急石油輸送を実施
06.10.13	社歌を制定	11.11.2	東日本大震災で発生した災害廃棄物の輸送開始
06.11.15	携帯電話向けインターネットサイトを開設	12.10.27	汎用31ftウイングコンテナ使用開始
06.11.15	自動車部品専用列車(ロング パス エクスプレス)営業運転開始	12.11.18	HD300形式ハイブリッド機関車「ローレル賞」受賞
07.3.18	山陽線鉄道輸送力増強事業完成	12.11.27	EH800形式交流機関車試作車完成
07.3.26	「日韓RAIL-SEA-RAILサービス開始	13.3.15	梅田駅138年の営業終了
07.6.14	「貨物鉄道百三十年史」発刊	13.3.16	吹田貨物ターミナル駅開業
07.7.12	「JR貨物による輸送品質改善アクションプラン」発表		百済貨物ターミナル駅リニューアル開業
07.11.20	「写真でみる貨物鉄道百三十年」発刊	13.3.16	「隅田川駅鉄道貨物輸送力増強事業」竣工
07.11.29	エフ・プラザ東京L棟完成		
08.3.12	中期経営企画「ニューストリーム2011」策定	13.10.18	「調達部」新設
08.3.24	I-TEMセンター発足	14.1.1	「海外事業室」新設
08.4.1	運転支援システム「PRANETS」使用開始	14.3.25	「コンプライアンス室」「計画推進室」新設
08.7.5	PCB廃棄物輸送開始	14.3.31	「新中期経営計画2016」を発表
08.10.14	「PRANETS」「SEA&RAILサービス」が日本鉄道賞を受賞	14.10.22	「新形式機関車運転シミュレータ」の導入
08.10.24	「貨物鉄道百三十年史」「写真でみる貨物鉄道百三十年」が優秀会社史特別賞受賞	15.1.1	「マーケティングセンター」新設
		15.3.14	伯耆大山駅へ米子駅(貨物)機能移転
09.2.23	四日市港の可動橋「末広橋梁」近代化産業遺産認定	15.6.15	「戦略推進室」「鉄道収支管理室」新設
09.2.24	「安全改革委員会」設置	15.8.7	四日市港の可動橋「末広橋梁」機械遺産認定
09.3.14	運転支援システム「PRANETS」を使用した列車位置情報の提供開始	15.9.16	インド国貨物専用鉄道の運営・維持管理プロジェクトを受託
09.10.1	運転支援システム「PRANETS」が「情報化月間推進会議議長表彰」を受賞	16.3.18	江差線脱線対策として輪重測定装置を4駅で運用開始
09.11.8	「鉄道コンテナ輸送50年記念列車出	16.3.26	海峡線において北海道新幹線と共

21.3.29　東海道・山陽・鹿児島線におけるブロックトレイン「カンガルーライナーNF64」の運転を開始

21.6.15　車両システム荷役機械の検査・修繕管理機能導入

21.6.22　「総合物流部」、「国際営業室」、「バンコク駐在員事務所」の新設

21.8.19　西日本地区を中心とする大雨に伴う不通で代行輸送を実施

21.9.21　東海道・山陽線におけるブロックトレイン「カンガルーライナーTF60」の運転開始

21.9.28　植物工場事業の合弁会社「山村JR貨物きらべジステーション」を設立

21.10.1　次世代バイオディーゼル燃料の使用開始

21.10.15　九州向けEF510形式交直流電気機関車「ECO-POWERレッドサンダー」の製作を発表

22.3.11　公募社債[グリーンボンド]の発行条件を決定

22.3.24　関東・関西間における「フォワーダーズブロックトレイン」の運行開始

22.5.31　「DPL札幌レールゲート」竣工

22.7.13　環境長期目標「JR貨物グループカーボンニュートラル2050」を策定

22.7.15　「東京レールゲートEAST」竣工

22.10.12　「今後の鉄道物流のあり方に関する検討会」中間とりまとめに対するKGI/KPIを設定

22.12.1　愛知機関区所属の「DF200形式電気式ディーゼル機関車」へのラッピング実施

22.12.14　次世代ITインフラシステムの導入計画完了

23.2.1　環境に配慮した輸送「飛脚JR貨物コンテナ便」サービス開始

23.3.30　安治川口駅新事務所竣工

23.4.12　災害時の代行輸送力強化に向けた内航船の共同発注の契約を締結

23.4.24　ガイダンス・セミオート機能搭載のコンテナ用フォークリフトの共同開発

契約を締結

23.5.18　タイ王国GMLと危険品複合一貫輸送事業の検討に関する協力覚書を締結

23.5.22　秋田臨海鉄道株式会社解散

23.6.1　トラックドライバー用アプリ「T-DAP」の情報参照3機能 全国運用開始

都市内交通

83.3.3 福岡市1号線((仮)博多～博多0.3km)開業

85.3.14 横浜市1号線(上永谷～舞岡2.0km)3号線(横浜～新横浜7.0km)開業

85.4.5 大阪市4号線(深江橋～長田3.2km)開業

85.6.18 神戸市西神線(学園都市～名谷3.5km)山手線(大倉山～新神戸3.3km)開業

86.1.31 福岡市2号線(馬出九大病院前～箱崎九大前1.6km)開業

86.9.14 東京都新宿線(船堀～篠崎4.9km)開業

86.11.12 福岡市2号線(箱崎九大前～貝塚1.0km)開業

87.3.18 神戸市西神線(学園都市～西神中央5.9km)開業

87.4.18 大阪市1号線(我孫子～中百舌鳥5.0km)開業

87.5.24 横浜市1号線(舞岡～戸塚1.6km)開業

87.7.15 仙台市南北線(八乙女～富沢13.6km)開業

87.8.25 営団有楽町線(和光市～営団成増2.2km)開業

88.3.28 千葉都市モノレール㈱2号線(スポーツセンター～千城台8.0km)開業

88.6.8 営団有楽町線(新富町～新木場5.9km)開業

88.6.11 京都市烏丸線(京都～竹田3.3km)開業

88.12.2 札幌市東豊線(栄町「豊水すすきの8.1km)開業

89.1.26 営団半蔵門線(半蔵門～三越前4.4km)開業

89.3.19 東京都新宿線延伸(篠崎～本八幡2.8km)開業

89.9.10 名古屋市桜通線(中村区役所～今池6.3km)開業

90.3.20 大阪市7号線(京橋～鶴見緑地5.2km)開業

90.10.24 京都市烏丸線(北山～北大路1.2km)開業

90.11.28 営団半蔵門線(三越前～水天宮前1.3km)開業

91.6.12 千葉都市モノレール㈱2号線延伸(千葉～スポーツセンター　4.0km)開業

91.11.29 営団南北線(駒込～赤羽岩淵6.3km)開業

91.12.10 東京都12号線(練馬～光が丘3.8km)開業

92.7.15 仙台市南北線(八乙女～泉中央1.2km)開業

93.3.3 福岡市1号線(博多～福岡空港3.3km)開業

93.3.4 大阪市6号線(動物園前～天下茶屋1.5km)開業

93.3.18 横浜市3号線(新横浜～あざみ野10.9km)開業

93.8.12 名古屋市3号線(上小田井～庄内緑地公園1.4km)開業

93.9.27 東京モノレール㈱東京モノレール羽田線(羽田整備場～羽田空港5.1km)開業

94.3.30 名古屋市6号線(今池～野並8.6km)開業

94.8.20 広島高速交通㈱広島新交通1号線(広城公園前～本通18.4km)開業

94.9.30 大阪高速鉄道㈱大阪モノレール線(千里中央～柴原4.3km)開業

94.10.14 札幌市3号線(豊水すすきの～福住5.6km)開業

95.8.1 千葉都市モノレール㈱1号線(千葉みなと～千葉1.5km)開業

95.11.1 ㈱ゆりかもめ東京臨海新交通臨海線(新橋～有明12.0km)開業

95.12.7 営団有楽町線(小竹向原～新線池袋3.1km)開業

96.3.26	営団南北線(駒込～四ッ谷7.1km)開業
96.3.28	神戸電鉄㈱公園都市線(フラワータウン～ウッディタウン中央3.2km)開業
96.3.30	東京臨海高速鉄道㈱臨海副都心線(新木場～東京テレポート4.9km)開業
96.4.27	東葉高速鉄道㈱東葉高速線(西船橋～東葉勝田台16.2km)開業
96.12.11	大阪市7号線(京橋～心斎橋5.7km)開業
97.4.1	大阪高速鉄道㈱大阪モノレール線延伸(大阪国際空港～柴原3.1km)開業
97.6.3	京都市烏丸線延伸(北山～国際会館2.6km)開業
97.8.22	大阪高速鉄道㈱大阪モノレール線延伸(南茨木～門真市7.9km)開業
97.8.29	大阪市7号線延伸(鶴見緑地～門真南1.3km、心斎橋～大正2.9km)開業
97.9.30	営団南北線延伸(四ツ谷～溜池山王2.3km)開業
97.10.12	京都市東西線(醍醐～二条12.7km)開業
97.12.18	大阪港トランスポートシステム㈱テクノポート線(大阪港～コスモスクエア2.4km)、ニュートラム線(コスモスクエア～中ふ頭1.3km)開業
97.12.19	東京都12号線延伸(新宿～練馬9.1km)開業
98.4.1	北九州高速鉄道㈱北九州都市モノレール小倉線延伸(平和通～小倉0.4km)開業
98.8.28	スカイレールサービス㈱広島短距離交通瀬野線(みどり口～みどり中央1.3km)開業
98.10.1	大阪高速鉄道㈱国際文化公園都市モノレール線延伸(万博記念公園～阪大病院前2.6km)開業
98.11.27	多摩都市モノレール㈱多摩都市モノレール線(立川北～上北台5.4km)開業
99.2.25	札幌市東西線延伸(琴似～宮の沢2.8km)開業
99.3.24	千葉都市モノレール㈱1号線延伸(千葉～県庁前1.7km)開業
99.8.29	横浜市1号線延伸(戸塚～湘南台7.4km)開業
00.1.10	多摩都市モノレール㈱多摩都市モノレール線延伸(多摩センター～立川北10.6km)開業
00.1.19	名古屋市4号線延伸(大曽根～砂田橋1.7km)開業
00.4.20	東京都大江戸線延伸(新宿～国立競技場2.1km)開業
00.7.22	北総開発鉄道㈱北総・公団線延伸(印西牧の原～印旛日本医大3.8km)開業
00.9.26	営団南北線延伸(溜池山王～目黒5.7km)開業
00.9.26	東京都三田線延伸(三田～目黒4.0km)開業
00.11.26	筑豊電気鉄道㈱(黒崎駅前～熊西0.6km)開業
00.12.12	東京都大江戸線延伸(都庁前～国立競技場25.7km)開業
01.3.23	名古屋ガイドウェイバス㈱志段味線(大曽根～小幡緑地6.5km)開業
01.3.28	埼玉高速鉄道㈱埼玉高速鉄道線(赤羽岩淵～浦和美園14.6km)開業
01.3.31	東京臨海高速鉄道㈱臨海副都心線延伸(東京テレポート～天王洲アイル2.9km)開業
01.7.7	神戸市海岸線(新長田～三宮・花時計前7.9km)開業
01.7.27	㈱舞浜リゾートラインディズニーリゾートライン(5.0km)開業
02.10.27	芝山鉄道㈱芝山鉄道線(東成田～芝山千代田2.2km)開業
02.12.1	東京臨海高速鉄道㈱臨海副都心線延伸(天王洲アイル～大崎4.4km)開業
03.3.19	営団半蔵門線(水天宮前～押上6.0km)開業

03.3.27 上飯田連絡線㈱上飯田連絡線(味鋺～上飯田3.1km)開業(第2種:名古屋市、名古屋鉄道)

03.8.10 沖縄都市モノレール㈱沖縄都市モノレール線(那覇空港～首里12.9km)開業

03.12.13 名古屋市4号線(砂田橋～名古屋大学4.5km)開業

04.2.1 横浜高速鉄道㈱みなとみらい21線(横浜～元町・中華街4.1km)開業

04.10.6 名古屋市4号線(名古屋大学～新瑞橋5.6km)開業

04.10.6 名古屋臨海高速鉄道㈱あおなみ線(名古屋～金城ふ頭15.2km)開業

04.11.26 京都市東西線(六地蔵～醍醐2.4km)開業

04.12.1 東京モノレール㈱羽田線(羽田空港第1ビル～羽田空港第2ビル0.9km)開業

05.1.29 中部国際空港連絡鉄道㈱空港線(常滑～中部国際空港4.2km)開業(第2種:名古屋鉄道)

05.2.3 福岡市七隈線(橋本～天神南12.0km)開業

05.3.6 愛知高速交通㈱東部丘陵線(藤が丘～万博八草8.9km)開業

05.8.24 首都圏新都市鉄道㈱常磐新線(秋葉原～つくば58.3km)開業

06.2.2 神戸新交通㈱ポートアイランド線延伸(市民広場～神戸空港4.3km)開業

06.3.27 ㈱ゆりかもめ東京臨海新交通臨海線延伸(有明～豊洲2.7km)開業

06.3.27 近畿日本鉄道㈱けいはんな線延伸(生駒～学研奈良登美ヶ丘8.6km)開業

06.12.24 大阪市今里筋線(井高野～今里11.9km)開業

07.3.18 仙台空港鉄道㈱仙台空港線(名取～仙台空港7.1km)開業

07.3.19 大阪高速鉄道㈱国際文化公園都市モノレール線延伸(阪大病院前～彩都西4.2km)開業

08.1.16 京都市東西線延伸(二条～太秦天神川2.4km)開業

08.3.15 西日本旅客鉄道㈱おおさか東線(放出～久宝寺9.2km)開業

08.3.30 東京都日暮里・舎人ライナー(日暮里～見沼代親水公園9.7km)開業

08.3.30 横浜市4号線(日吉～中山13.0km)開業

08.6.14 東京地下鉄㈱副都心線(池袋～渋谷8.9km)開業

08.10.19 京阪電気鉄道㈱中之島線(中之島～天満橋3.0km)開業

09.3.20 阪神電気鉄道㈱阪神なんば線(西九条～大阪難波3.8km)開業

10.7.17 京成電鉄㈱成田空港線延伸(印旛日本医大～成田空港高速鉄道線接続点 10.7km)開業

11.3.27 名古屋市交通局桜通線延伸(野並～徳重4.2km)開業

15.12.6 仙台市東西線(八木山動物公園～荒井13.9km)開業

19.3.16 西日本旅客鉄道㈱おおさか東線(放出～新大阪11.1km)開業

19.10.1 沖縄都市モノレール㈱沖縄都市モノレール線(首里～てだこ浦西4.1km)開業

19.11.30 相鉄新横浜線(西谷～羽沢横浜国大2.1km)開業

23.3.18 相鉄新横浜線(羽沢横浜国大～新横浜4.2km)開業

23.3.18 東急新横浜線(新横浜～日吉5.8km)開業

23.3.27 七隈線(天神南～博多1.6km)開業

用語解説

索 引

〈統計単位〉

営 業 キ ロ	旅客又は貨物の輸送営業を行うことを明示した営業線の長さで，輸送量又は運賃計算の基礎となる。停車(留)場の中心距離をもって表わす。
建 設 キ ロ	実際に工事が行われる区間の長さを表わす。
輸 送 人 員	輸送した旅客の総人員数。
輸 送 人 キ ロ	輸送した各々の旅客(人)にそれぞれの旅客が乗車した距離(キロ)を乗じたものの累積。
輸 送 ト ン キ ロ	輸送した各々の貨物(トン)にそれぞれの貨物を輸送した距離(キロ)を乗じたものの累積。
輸 送 ト ン 数	輸送した貨物の総トン数。
輸 送 密 度	旅客営業キロ1キロメートル当たりの1日平均旅客輸送人員 線区年間輸送人キロ÷営業キロ÷営業日数
列 車 キ ロ	駅間通過列車回数に駅間キロを乗じたもの。
車 両 キ ロ	駅間通過車両数に駅間キロを乗じたもの。客車走行キロと貨車走行キロの合計。
客 車 走 行 キ ロ	駅間通過客車数に駅間キロを乗じたもの。
貨 車 走 行 キ ロ	駅間通過貨車数に駅間キロを乗じたもの。
1人平均乗車キロ	輸送人キロ÷輸送人員
混 雑 率	輸送人員÷輸送力×100
集 中 率	最混雑時間帯(1時間)の輸送人員÷1日平均輸送人員×100
乗車効率(客車走行定員利用効率)	人キロ÷(客車走行キロ×客車平均定員)×100

〈事業種別〉

第1種鉄道事業	自らが鉄道線路を敷設し，運送を行う事業であり，自己の線路の容量に余裕がある場合には，第2種鉄道事業者に自己の線路を使用させることができる。

第2種鉄道事業	第1種鉄道事業者又は第3種鉄道事業者が敷設した鉄道線路を使用して運送を行う事業。
第3種鉄道事業	鉄道線路を敷設して第1種鉄道事業者に譲渡するか、又は、第2種鉄道事業者に使用させる事業であり自らは運送を行わない。

〈運　賃〉

対 キ ロ 制	キロ当り賃率に乗車区間の営業キロを乗じて運賃を算出する制度。
対キロ区間制	一定の距離を基準として区間運賃を定め、発駅を起点としてこの区間運賃により運賃を定める制度。
区 間 制	営業路線を、おおむね等距離にある駅を基準として2つ以上の区間に分割し、運賃を算出する制度。
均 一 制	乗車キロに関係なく運賃を均一にする制度。
乗継運賃制度	乗継ぎ旅客の運賃負担の軽減と利便向上を目的とした運賃制度。
共通運賃制度	鉄軌道線とバスの併行区間における輸送調整と旅客の利便向上を目的とした運賃制度。
運 賃	運輸事業における運賃計算の基礎となる単価。
運賃計算キロ程	運賃計算上の基礎となるべきキロ程である。均一運賃制度を採用する場合を除き運賃は運送距離に応じて計算される。実測キロをそのまま使用する場合と、割増または短縮したものを使用する場合とがある。

〈財　務〉

地下高速鉄道整備事業費補助	大都市における交通混雑の緩和及び都市機能の維持・増進を図るため、地下高速鉄道の新線建設費、耐震補強工事費及び大規模改良工事費の一部を補助する。 補助率　補助対象建設費の 35%　地方公共団体も基本的に同様の補助を実施

空港アクセス鉄道等 整備事業費補助	都市の国際競争力の向上や、地域の連携・交流の促進を通じた地域の活性化等の観点から、空港アクセス鉄道及びニュータウン鉄道の新線建設費等の一部を補助する。平成20年度予算からニュータウン鉄道等整備事業費補助を改称。 補助率　補助対象建設費の18％等 　　　　　地方公共団体も同様の補助を実施
踏切保安設備整備費 補助金(踏切補助)	交通事故の防止及び交通の円滑化に寄与するため、踏切保安設備の整備を行う経営困難な事業者に対し、その整備費を国が1/3又は1/2、地方公共団体が1/3で補助する。

〈土　木〉

踏　　切　　道	
第1種踏切道	昼夜を通じて踏切警手がしゃ断機を操作している踏切道又は自動しゃ断機が設置されている踏切道。
第2種踏切道	1日のうち一定時間だけ踏切警手がしゃ断機を操作している踏切道。
第3種踏切道	警報機が設置されている踏切道。
第4種踏切道	踏切警手もおらず、しゃ断機も警報機も設置されていない踏切道。
連続立体交差化	鉄道と幹線道路(一般国道、都道府県道及び都市計画決定された道路)とが複数箇所で交差する鉄道区間について、踏切道を除却することを目的として、鉄道を連続的に高架化又は地下化することをいう。

〈　そ　の　他　〉

LRT（Light Rail Transit)	従来の路面電車から走行空間、車両等を向上させたもので、高い速達性、輸送力等を持った、人や環境に優しい都市公共交通システム。

地下鉄の工法
〔開削（オープンカット）工法〕

　従来から最も一般的に用いられている工法である。まずトンネル位置の両側に土留めのため杭を打ちこみ、その内側を順次掘削し、終わると鉄筋を組みコンクリートを流しトンネルをつくる。このとき、路面交通を確保する必要があるときは、掘削に先だって土留めの上に桁をかけ履工板を敷いておく。またガス、水道等の地下埋設物はその位置で防護するか、あらかじめ移設しておく。トンネルが完成したら、埋め戻してもとの状態に復旧する。

開削工法の実施例（横断面）

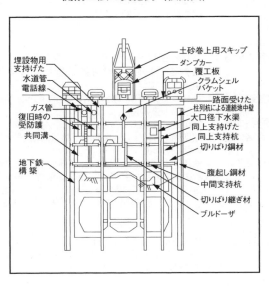

- 土砂巻上用スキップ
- ダンプカー
- 覆工板
- クラムシェルバケット
- 路面受けた
- 柱列杭による連続地中壁
- 大口径下水渠
- 同上支持けた
- 同上支持杭
- 切りばり鋼材
- 腹起し鋼材
- 中間支持杭
- 切りばり継ぎ材
- ブルドーザ

- 埋設物用支持けた
- 水道管
- 電話線
- ガス管
- 復旧時の受防護
- 共同溝
- 地下鉄構築

〔シールド工法〕

　家屋密集地帯の地下や、丘陵、河川の地下等深いところを掘削する場合の工法である。まず立坑を掘り発進基地を設け、円形の鉄わくをジャッキで押しながらトンネルを掘り進め、鉄製又は鉄筋コンクリート製のセグメントを組み立てていく。地上の建物や路面交通に影響を与えないで、ずい道を造れる利点がある。反面、他の工法に比べて現在では工事費が高くつく欠点がある。

シールド工法の実施例（縦断面）

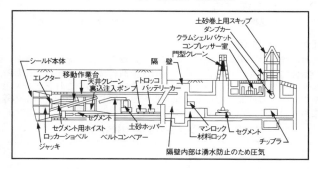

〔NATM〕

　ロックボルトを吹付けコンクリートを主たる支保部材として、地山の強度的劣化を極力抑えてトンネルを掘り進めていこうとするトンネル工法であり、地質の変化に対応しやすく、掘削中の地山のゆるみが少なく、地表沈下を最小とすることができる。また、従来シールド工法が施工された都市トンネルにも適用できる場合がある。

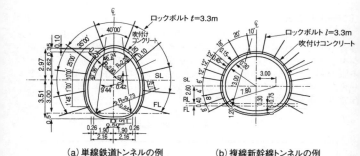

(a) 単線鉄道トンネルの例　　　　(b) 複線新幹線トンネルの例

〔ケーソン（潜函）工法〕

　河底横断や、地形、地質、周囲の建造物などの関係で施工条件の悪
い場合にはよく使われる工法で、河底横断の場合は、川の中に島をつ
くり、その島の上でトンネルとなる箱を組み立て、これを沈下させた
のち、所定の位置まで掘削しながら埋設し同じ工法でいくつかの箱を
沈めていって長いトンネルをつくる。

ケーソン工法の手順（横断面）

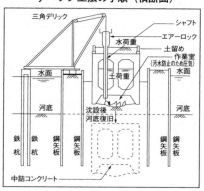

〔沈埋工法〕

　あらかじめ浚せつ機で河底に掘っておいた穴に、トンネルを沈めて埋める工法で、川をせき止めたり航行を妨げる時間が短いので、過密した都市の河川や港では最適の工法といわれている。しかし、一般にはケーソン工法より工費が割高になる。

沈埋工法の手順（横断面）

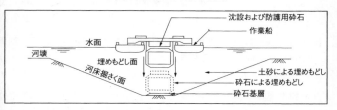

（資料：交通営団「地下鉄の話」、東京都「都営地下鉄建設概要」、名古屋市「名古屋の地下鉄」による。）

ロ ン グ レ ー ル　　通常 200m以上の長さのレール。乗り心地がよく、軌道保守に有利である。
　　　　　　　　　　（参考）　一般のレールの長さは、25m程度である。

〈電気・運転〉

　電力管理システム　　変電所の機器の操作、故障時の処理等の業務を電子計算機により自動的に行い、電力運用を安全かつ総合的に行うシステム。

列車集中制御装置 Centralized Traffic Control（CTC）	中央指令所から各駅の信号設備を集中制御し、かつ列車運行状況を監視し、列車運転をより安全に、能率的に行う装置。
自動列車停止装置 Automatic Train Stop（ATS）	列車又は車両の運転に関して、信号現示の誤認や曲線等の速度制限箇所等での速度超過があった場合に、自動的にブレーキを作動させて停止又は、安全上支障のない速度まで減速させる装置。
自動列車制御装置 Automatic Train Control（ATC）	列車の走行速度を自動的に制限速度以下に制御する装置。
自動列車運転装置 Automatic Train Operation（ATO）	列車の起動、加速、速度の一定保持、減速、定位置停止をすべて自動的に行う装置。
運転管理システム	CTC 装置と電子計算機を組合わせて、各駅の進路制御、ダイヤ管理、あるいは各駅の案内放送、表示等をすべて自動的に行うシステム。
表　定　速　度	列車の運転区間の距離を、運転時間（駅間の走行時間に途中駅の停車時間を加えた時間）で除したもの。
平　均　速　度	列車の運転区間の距離を、駅間の走行時間で除したもの。

線 路 の 構 造

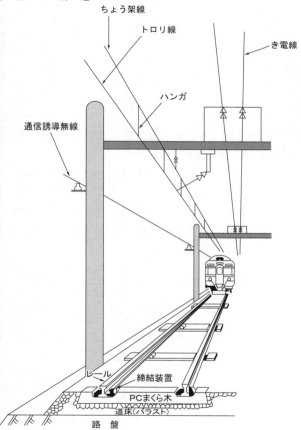

ちょう架線

トロリ線

き電線

ハンガ

通信誘導無線

レール

締結装置

PCまくら木

道床(バラスト)

路 盤

国土交通省鉄道局関係組織図

(令和5年7月1日現在)

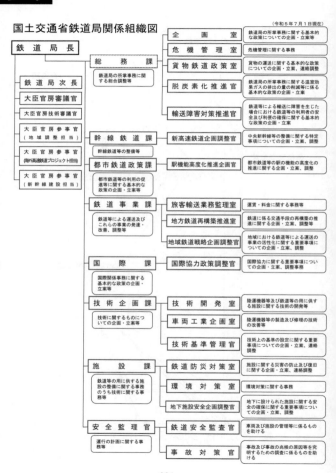

鉄道局長

- 鉄道局次長
- 大臣官房審議官
- 大臣官房技術審議官
- 大臣官房参事官（地域調整担当）
- 大臣官房参事官（幹線鉄道プロジェクト担当）
- 大臣官房参事官（新幹線建設担当）

総務課
鉄道局の所掌事務に関する総合調整等
- 企画室 — 鉄道局の所掌事務に関する基本的な政策についての企画・立案等
- 危機管理室 — 危機管理に関する事務
- 貨物鉄道政策室 — 貨物の運送に関する基本的な政策についての企画・立案、連絡調整等
- 脱炭素化推進官 — 鉄道局の所掌事務に関する温室効果ガスの排出の量の削減等に係る基本的な政策の企画・立案
- 輸送障害対策推進官 — 鉄道等による輸送に障害を生じた場合における鉄道等の利用者の安全及び利便の確保に関する基本的な政策の企画・立案

幹線鉄道課
幹線鉄道の整備等
- 新高速鉄道企画調整官 — 中央新幹線の整備に関する特定事項についての企画・立案、調整

都市鉄道政策課
都市鉄道等の利用の促進等に関する基本的な政策の企画・立案等
- 駅機能高度化推進企画官 — 都市鉄道等の駅の機能の高度化の推進に関する企画・立案、調整

鉄道事業課
鉄道等による運送及びこれらに係る事業の発達・改善、調整等
- 旅客輸送業務監理室 — 運賃・料金に関する事務等
- 地方鉄道再構築推進室 — 鉄道に係る交通手段の再構築の推進に関する企画・立案、調整等
- 地域鉄道戦略企画調整官 — 地域における鉄道等による運送の事業の活性化に関する重要事項についての企画・立案、調整

国際課
国際関係事務に関する基本的な政策の企画・立案等
- 国際協力政策調整官 — 国際協力に関する重要事項についての企画・立案、調整事務

技術企画課
技術に関するものについての企画・立案等
- 技術開発室 — 陸運機器等及び鉄道等の用に供する施設に関する技術の開発等
- 車両工業企画室 — 陸運機器等の製造及び修理の技術の改善等
- 技術基準管理官 — 技術上の基準の設定に関する重要事項についての企画・立案、連絡調整

施設課
鉄道等の用に供する施設の整備に関する事務のうち技術に関する事務等
- 鉄道防災対策室 — 施設に関する災害の防止及び復旧に関する企画・立案、連絡調整等
- 環境対策室 — 環境対策に関する事務
- 地下施設安全企画調整官 — 地下に設けられた施設に関する安全の確保に関する重要事項についての企画・立案、調整

安全監理官
運行の計画に関する事務等
- 鉄道安全監査官 — 車両及び施設の管理等に係るものを助ける
- 事故対策官 — 事故及び事故の兆候の原因を究明するための調査に係るものを助ける

数字でみる鉄道 2023

令和6年1月発行　　定価：990円（本体価格900円＋税10%）

監修　国土交通省鉄道局

発行　一般財団法人　運輸総合研究所

〒105-0001　東京都港区虎ノ門3丁目18番19号　UD神谷町ビル

電　話　（03）5470－8410

ＦＡＸ　（03）5470－8411

ISBN　978-4-910466-20-0 C0065　¥900E